U0594898

日语教学与思维创新探索研究

张　昀　著

全国百佳图书出版单位
吉林出版集团股份有限公司

图书在版编目（CIP）数据

日语教学与思维创新探索研究 / 张昀著． — 长春 ：
吉林出版集团股份有限公司，2023.6
ISBN 978-7-5731-3620-6

Ⅰ．①日… Ⅱ．①张… Ⅲ．①日语－教学研究 Ⅳ.
① H369.3

中国国家版本馆 CIP 数据核字（2023）第 115318 号

RIYU JIAOXUE YU SIWEI CHUANGXIN TANSUO YANJIU

日语教学与思维创新探索研究

著：张　昀

责任编辑：朱　玲

封面设计：冯冯翼

开　　本：787mm×1092mm　1/16

字　　数：260 千字

印　　张：10.75

版　　次：2023 年 6 月第 1 版

印　　次：2023 年 6 月第 1 次印刷

出　　版：吉林出版集团股份有限公司

发　　行：吉林出版集团外语教育有限公司

地　　址：长春市福祉大路 5788 号龙腾国际大厦 B 座 7 层

电　　话：总编办：0431-81629929

印　　刷：河北创联印刷有限公司

ISBN　978-7-5731-3620-6　　　　　定价：65.00 元

前　言

　　语言是思维的直接反映，只有对语言背后的思维意识有了一定的理解，才能更好地运用语言这个表达工具。基础日语是日语专业的入门课程，在入门阶段就有意识地在教学中突出日语思维方式特点，将有助于学生理解中日思维方式差异，顺利进入日语思维模式中，自然形成日语思维习惯，从而地道地表达日语。日语思维方式的培养策略有：树立中日思维方式对比意识、听读日语原文以培养语感、采用情景教学方式和营造日语语言环境。

　　语言是文化的载体，文化中的心理状态、思维模式等因素会在语言中得以反映，呈现出不同的表达方式。斯大林说："语言是直接与思维联系的，它把人的思维活动的结果、认识活动的情景，用词及由词组成的句子记载下来，巩固起来，这样就使人类社会中的思想交流成为可能。"没有思维就没有语言，用词汇组成不同句子表达不同的意思正是思维在起作用。毋庸多说，语言与思维的关系极为密切。

　　在日本独特的自然风土所孕育的文化背景下，日本人具有独特的思维方式。日语学习者在学习日语的词汇、语法规则时，不仅要关注形式，还要关注其背后的思维方式，只有以日本人的思维方式表达出的日语才是比较自然地道的日语。日语专业大都是零起点的学习，而基础日语又是最主要的专业基础课，因此，在基础日语教学中就应该有意识地培养学生的日语思维方式，让学生尽量减少汉语思维方式的影响，尽早进入日语思维模式中，这对日语学习是非常有意义的。正确的思维方式是学好日语的根本，但是思维方式的培养并不是孤立的，而是贯穿于教学活动的全过程之中。

　　在教学中，教师要着重注意培养学生的日语思维方式，这也将有助于学生理解中日思维方式差异，并顺利进入日语思维模式中，只有形成日式思维才能自然地道地用日语进行交流。

目 录

第一章　日语教学的基本理论

第一节　日语教学中的问题

传统的基础日语教学容易忽略学生的自主能动性，不利于提高学生的日语综合运用能力。本节试分析传统基础日语教学中存在的问题，并结合教学实际，探讨基础日语教学的新模式，为基础日语课程教学改革提供新的思路。

基础日语是日语专业的学科基础课程，其教学效果直接影响着日语专业其他课程的教学。传统的基础日语教学以语法为中心，教师讲解为主体。此教学法有助于培养学生的书面翻译能力，但极大地忽略了学生的自主能动性，不利于提高学生的日语综合运用能力。随着社会经济的不断发展，基础日语教学也必须与时俱进，进行新教学模式的探讨与实践，使其符合社会发展的需要。

一、基础日语教学改革的必要性

基础日语教学改革是社会进步的需要。在过去，日语作为小语种，开设日语专业的高校相对较少，日语教学主要集中在东北地区。社会对日语人才的数量和质量的要求也相对较低。随着国内经济的发展，对日贸易越来越频繁，社会对日语人才的需求量也在不断增大。同时，对日语水平的要求也呈现出越来越高的趋势。不仅要求学生的日语读写能力，更加看重学生的日语实际运用能力。在一些行业，除了日语能力以外，甚至还要求学生拥有行业相关技能。传统基础日语教学模式下培养出的学生已经不能适应现代社会和市场的需求。

基础日语教学改革是个人发展的需要。学生要胜任将来的工作，谋求人生的发展，就必须具备越来越全面的素质。而学校和课堂就是育人、塑人的地方，教学环节如果跟不上时代的步伐，学生个人的长远发展也必然会因之受到限制。基础日语作为日语专业学生的必修课程，其教学效果的好坏对学生日语专业水平的影响毋庸置疑。所以进行基础日语教学改革，让课堂变得更加科学、高效，对学生个人的发展是意义深远的。

二、传统基础日语教学中存在的问题

传统的日语教学是以词汇、语法为载体，教师母语讲解为中心的方式展开。这种教学方式在提高学生日语的读写能力，尤其是日译汉的翻译能力上所起到的作用是不可否认的。经过多年的发展，传统的日语教学法已形成了完整的教学体系，教师授课相对轻松，现阶段在外语类专业中仍然十分流行。但是在多年来的教学实践中，其缺点也越来越明显。

在传统日语教学法中，由于只注重知识点的讲解，忽视了培养学生科学的学习方法和对日语的兴趣。学生像学习数学那样，用一个一个的语法公式去套用模仿，使日语的学习变得机械而缺少乐趣，学生在课堂之外很少主动地练习日语、使用日语，日语作为一门语言，其交流工具的属性因此被遗忘、淡化了许多。

老师"填鸭式"的知识点讲解，让学生处在被动学习的状态，教学往往达不到预期效果。在课堂上，老师逐条讲解语法，学生记录知识点，90分钟的课堂学生几乎没有开口讲日语的机会。在讲解中，教师只重视语法现象的说明，忽略语法现象背后的日本节化介绍，导致学生只能够通过"死记硬背"的方式进行学习。任课老师一堂课激情澎湃地讲了10个知识点，然而，在实际运用中，学生却只掌握了不到一半，类似这种情况普遍存在。

传统基础日语教学主要通过背诵的方式来训练学生的口语表达能力，学生背得很好，但是在实际运用日语交流时，却经常词不达意，或说成"中式日语"。究其原因，背诵是对现有的可预测性的内容进行机械性日语输出，而实际交流中却存在许多不可预测的情况。因此，仅仅通过背诵来培养学生的口语表达显然是存在很大问题的。

另外，基础日语课程教学容易忽视与其他日语课程教学的关联性，不注重与其他课程间的交流和配合，这也是教师在教学中经常犯的错误。

三、创新基础日语教学模式的对策与建议

构造以日语为主的课堂教学。考虑到大部分学生是在零基础的情况下学习日语，所以在传统日语教学中教师多采用汉语授课的形式进行教学。如前文所述，这种方式不利于学生口语交际能力的培养。因此，在教学中，可以采用日语为主的教学模式，相对传统方式，这更加考验老师的口语能力和教学能力；同时，还需要教师在课下做好充分的备课。比如，在讲解"…は…です"的句型时，老师可以携带笔、笔记本等道具。用日语向学生介绍"これはペンです""これはノートです"等。让学生在日语的语境下理解句子的含义，而不是直接用中文告诉学生此句型为判断句，中文意思为"……是……"，然后让学生进行模仿造句。

这种教学方式有两个好处。第一，避开母语干扰，用日语理解日语。如此一来，学生在表达日语的时候，会采用日语的思维来思考问题，而不会绕道母语进行思考切换。第二，语法讲解、听力练习、日语输出三者合为一体，避免各个部分的脱节，学生也不会因为枯

燥的语法练习而对日语产生倦怠。

教学中穿插日本文化介绍。语言是文化的一部分，在基础日语课堂上加入日本文化介绍，有助于学生更好地理解日语这门语言。比如，在传统教学中，在讲解"……と思います"时，单纯解释为"我想""我认为"是不妥的，应该穿插介绍日本节化的"暧昧性"，这样文化特点在语言中也得以体现。在理解文化背景的情况下，也能够更好地理解此句型与"……は……です"的不同之处，理解中日两国间不同的思维习惯。

再如，以《新经典日本语》教材为例，第一册第11课介绍"着物"，即日本的和服。教师应该将课堂变成实践课，通过看、穿和服的实物，学习课文中关于和服的词汇以及相关句型。在此基础上，向学生介绍和服的历史来源等，提高课堂的趣味性，让学生在生动的气氛中积极主动地学习日语。

有针对性地开展教学。传统的基础日语教学中，背诵是必不可少的，其缺点是：不利于培养学生自由表达日语的能力。目前，主流的基础日语教材，如《新编日语》《新经典日本语》等，都设有会话和正文部分。会话旨在培养学生的口语交际能力，正文旨在培养学生的日语写作能力。传统教学中，会话和正文一般都是通过讲解—翻译—背诵的模式进行教学，教学目标不明确，胡子眉毛一把抓。

会话部分可以通过"情境再现"的模式进行教学。在学习书本上的会话之后，老师给出一个类似的场景让学生在规定时间内完成新的会话内容，并进行课堂表演。比如，《新经典日本语》第五课中的应用会话2"音楽について話す"，老师可以给出一个新题目"ドラマについて話す"。正文部分可以通过文章仿写的形式进行教学。在学习课本内容后，作为作业让学生进行仿写。再如，《新经典日本语》第一册第四课的"私の生活"，老师可以要求学生按照自己的实际生活情况进行写作练习。有针对性地开展教学，有利于课堂目标的完成，从而实现基础日语课程的总体目标。

加强课程间的交流合作。基础日语课程既是核心课程，同时也是日语课程中的一个部分。所以基础日语课程改革也必须以考虑日语专业整体课程的协调为前提。一是教材方面，可以采用同一系列的相关教材。基础日语课上的内容可以在其他课上进一步加深印象，有利于学生学习的连贯性，也符合一般的记忆规律。二是教师方面，可以采用集体备课的方式。各个课程的老师协同合作，合理制订教学方案、教学目标。让日语各个课程串联起来，成为一个有力的整体。

综上所述，基础日语教学改革是十分必要的。不仅需要模式的创新，同时也需要教师不断提高自身的日语能力和教学能力，不断尝试和改进教学方法，与时俱进，让基础日语课程达到预期的教学效果，培养符合社会需求的日语人才。

第二节　从语言的本质谈日语教学

目前，日语虽已成为仅次于英语的第二大外语，但在教学方法上仍然保持着单一的语言讲授模式，以致培养出来的高校日语专业学生毕业之后面对实际的日语工作时显得力不从心。这一现象表明日语教学急需改革和创新。日语教学归根而言是外语教学的一种，而外语教学的方法多种多样，每一种教学方法都是由对语言的本质认识决定的。因此，想要改革和创新日语教学，应从语言的本质认识出发、结合日语本身的特点进行探讨。

一、语言的本质

（一）关于语言本质的研究

由于任何外语教学原则方法的选择都取决于对语言本质的认识，故本节首先来论证语言的本质。20 世纪以来，随着人类对语言及相关问题的不断深入，人类在有关语言本质问题的认识上也取得了一些成就。但就总体情况看，基本上已逐渐形成三种思想为主流的态势：语言工具论和语言符号论之语言本质观在一定程度上得到进一步的阐发，在 19 世纪学术界拥有广泛的市场。但随着 19 世纪、20 世纪之交西方哲学发生"语言转向"等时代思潮的影响，以语言本体论为代表的新的语言本质观激荡涌生，开启了人类有关语言本质认识的新路向。

萨丕尔提出语言是人类的一种重要交际工具。与此相近，中国学者于根元提出，"语言是人类最重要的认知、思维、交际的工具"，并主张交际是语言的本质。素有"现代语言学之父"之称的瑞士语言哲学家索绪尔强调："语言是一种符号系统，是社会约定俗成的表达观念的符号，具有任意性、线条性、传承性、可变性等特点，语言的本质跟语言符号的声音性质没有什么关系。"与此相对，英国语言学家帕默尔提出，"语言在本质上是人类发出的声音"，这些声音是造成语言的材料，否定了索绪尔提出的语言符号与声音性质无关的主张。乔姆斯基从语言的心理和认知的基础角度出发，提出语言是一种能力，是人脑中的一种特有机制。梅耶强调语言中人的存在，认为语言是一种社会现象。海德格尔从语言本体论的角度出发，把语言和人、存在联系起来，推导出"语言说话"的论断，提出语言是存在的家。

（二）语言本质的总结

以上语言学家和哲学家对语言下的定义都涉及了语言的本质特征，但显然都是不全面的。因为它们对语言本质的认识往往都是站在各自的视角上，从语言的某一层面或某一角度出发思索出来的结论，这就像欣赏文学作品一样，读者阅读的视角不同，对作品的解读也就不同。语言本身涉及的面太广，想揭示语言的本质绝不是单凭语言学一个科目就能做到的。中国学者王希杰指出，解决语言的本质问题，要求语言学家同哲学家、心理学家、逻辑学家、生物学家、人类学家、美学家、自然科学家等合作才能得以实现。这一构想或许真的可以全面揭示语言的本质，但其可行性颇有难度。因此，笔者认为想要给语言一个严格完整的定义或许根本不可能，人类的认识始终是有限的，人们只能经历时间的积累不断提高对语言本质的认识。既然对语言本质的认识说法不一，倒不如集各家所长归纳已被公认的语言的本质特征，这样更便于指导日语教学。通过总结前文中各语言学哲学家的观点，得到以下几个关于语言本质的特征：

语言是社会约定俗成的音义结合的符号系统。语言由语意、语法和语音构成，其中，语义是核心，语法是约定俗成的语言规律，而语音则是语义的体现形式。每个要素又各自是规则严密、丰富的系统，各个语言单位之间和分支系统之间既相互独立又相互依赖。

语言是人类最重要的交际工具。语言是社会交际需要和实践的产物，只有在交际中才有生命。

语言是人类的思维工具和文化载体。人类的思维依赖语言这个工具，而语言又是思维过程和结果的体现，人类的思维方式和规律必然要在语言中反映出来，而语言结构和语言习惯在一定程度上又会反作用于思维方式；语言是文化信息的代码，一种语言的历史可以说是该民族思维活动和文化发展的历史。

二、日语教学中文化的认识

不同民族、不同地域有着不同的语言，而语言经过几千年的沿用积淀，形成了众多的文化元素和文化习俗，因而，语言教学不单单是简单的语义表达，更要了解母语、外语的文化背景和地方习俗。目前，文化习俗相对于语言学习还处于次要地位，师生惯性思维的重点均在母语文化圈里，不少学生形成了失语文化症。

（一）语境文化

通常语境文化的表达分为高、低两种，前者运用的语言蕴含信息量不仅仅存在于语言的表达上，包括语音信息、环境背景、社会关系、个人情感等；而低语境则只是对表达的事物的直接描述。在生活中，文字、环境一起分担着口语交流的功能。但是语境对文字字义的表达影响因习俗的不同而变化。在高语境文化中，大量语义并不通过口语表达，寓意往往置于意境里；反之，低语境强调意在言中，任何信息必须明确表达。日语属于高语文化，而英、美等国家则是低语文化的代表，其强调字义分明，语义直接。低语境表达的任务是完成实际的表象。如欧洲国家的生活用品和外来商品的说明书总是长达数页，方方面面均详细解释。

因此，在学生学习的提高阶段，日语学习重点之一：一定要把握住对日语语境文化的深厚了解以及和汉语文化的对比与分析，这样方能做到日语语言学习的准确理解和翻译。

（二）多元时间文化和线性时间文化

在日语学习的初级阶段，由于学生之前外语学习的思维与方式基本都停留在初高中时期英语的学习阶段，而英语和中日为代表的东方语言体系的一个主要文化差异之一就是时间文化理解的不同。在时间认知上，东西方认知迥异：西方国家日常的生活交流中，一段时间可完成不同的任务，这种时间的认识是单一循环，属多元性。在日本，惯性地把时间认为是线性的，一段时间只完成同一任务，属线性时间文化，这类人群，行事严谨，日常时间的分配和策划在数天前或者一月之前就已安排，一般不随便更变。

因此，日语学习重点之二：要把握好东西方时间文化的认知度。

（三）个人主义文化和集体主义文化

日语学习重点之三：个人和集体的关系理解。在不断深入学习日语的过程中，会发现存在很多的误差，教师要有效地引导。日本受传统孔孟思想的影响，所以中、日两国为代表的集体主义文化强调集体和谐、少数服从多数、互帮互扶，达到和谐的氛围。但日本，在推崇集体观念之时，更夸大地强调个人英雄主义。这里可以点出日本社会的一个典型文化现象——"耻文化"，这种文化从个人主义的角度映衬着对集体的忠心和效忠。著名学者鲁思·本尼迪克特曾称日本文化为"耻文化"，在日常生活中，日本民众很在意羞耻感，对于负面的评价和批评特别敏感，即使是善意的建议，也会使其觉得是对自身的否定，会认为是自己的问题影响到了集体的荣誉。日本当地人在收到外人的过低评价后会有两种回应：一是把这种羞耻当作动力，改进自我。二是轻视自己。轻视自己的最高表现就是如武士剖腹，以此宣泄心中对集体的愧疚。在日语教学中，一定要了解日本集体和个体文化的差异与内在关系。

（四）性别文化中的男女差异

日语学习重点之四：性别差异文化的相似度。虽说东方文明在性别文化当中都是以保守、含蓄、内敛为主，但是自日本明治维新时期以来，其外来的文化是以吸收欧美等西方文化为主，性别文化的取舍尤为明显。现实中中日都是以男权为主的社会观为主，自信、成就、意志、物质上的所属是男子的价值取向，女子的贤淑、顺从、教子是历史的习俗，沿袭至今。中日两种性别文化的价值取向在社会和事业方面都有着类同的世界观却又存在异化，日本社会里，女性是遭受差别对待的。男性鼓励竞争，事业拼打，升职加薪，女性的社会责任基本属于服务属性。因此，在日语教学中要更加深入了解复杂而又矛盾的日本性别文化，与我同根，但异化明显。在教学中教师要做好性别文化的讲授与指正。

三、从语言的本质特征谈日语教学

前章总结出了语言的三个本质特征。本章将以此为基础，结合日语的特点论述日语教学应采取的教学原则和方法。

语言是社会约定俗成的音义结合的符号系统。这表明语言包含语音和语义两个基本内容，而语法是从语义的演示中总结出来的规律。因此，语言的教学应十分注意语音和语义两个基本的内容，而语法的讲解不应该占用过多的时间。根据一语习得理论，婴幼儿学习语言的顺序是先听，然后学会模仿大人的发音并逐渐开始说话。小孩儿并不知道烦琐的语法规则，但照样可以进行日常的会话交流。这告诉我们外语的习得应该遵从听说领先的原则，让每个学生在听和说方面都得到充分练习，使学生听得懂别人的外语，能用外语表达自己的意思。日本父母在教小孩儿说话时，通常会对孩子采用一些命令句式，如"バイバイと言いなさい""パパを見て、笑って"等句式，目的就是通过语音传达语义，让孩子在听懂话语的前提下做出反应，以训练孩子的听力。面对高校学生的日语教学虽然不能像父母教婴儿那样采用过多命令句式，但是可以换用邀请和劝说的句式对学生发出语音指示，如用"~しましょう"的句式。关于听力的训练这种语音指示方法只是一种，而如果采用课堂问答模式训练法的话，不仅能训练学生的听力，更能锻炼学生的会话能力，让学生主动去表达。教授初学者平假名和片假名时也可采用听说领先的方式，先让学生练习准确的发音并熟背 50 音图后再教假名的写法，这样能使基础打得更牢。

当然这里并不是说外语教学不需要语法讲解，完全忽视语法讲解的纯听说教学也是不可取的。语法教学是外语教学中必不可少的，但语法教学的出发点是引导学生在语言交际中理性地发现、认识、理解语言现象的变化规律，而不是把语法作为静态规则传授给学生。中国学者潘莹指出语法教学应以"实用"为主，"够用"为度。实用和够用的基本原则在于一个"用"字，即讲授一般实际生活中听、说、读、写、译所需的基本语法知识就已足够。教授日语初学者时，应尽可能多地让学生自己去练习听和说，当听与说的能力提高了，对语言的规律也自然会形成一种独立的认知。在学生拥有这种认知的前提下再进行一些基本的语法讲解，将更能使学生掌握语法知识，达到事半功倍的效果。

语言是人类最重要的交际工具。语言的目的就是交际，传递信息、交流思想、表达情感，人们在交际中使用语言，并在交际中掌握语言。因此，无论讲授哪门外语，培养学生的交际能力都是外语教学的基本目标。这里笔者想要强调的是交际能力并不等同于语言能力，语言能力是语言学习的基础，交际能力是语言学习的目的，语言知识并不决定语言运用的程度。这就是说语言知识掌握的高低（语言能力的高低）与实际会话能力（交际能力）并不对等，中国高校的日语专业学生经常会出现一些专业课分数较高但不会说日语的学生，这些学生的存在就表明他们虽然掌握了大量的日语单词、句型和语法，但却不会用于实际交际的事实。固然对日语学习者来说，掌握丰富的日语知识尤为重要，但是如果不会在实际交际中使用这些知识，结果只能变成哑巴日语。想要解决这一问题，任课教师在教学方法上必须加以改进。面向初级学习者授课时，可采取交际教学法，这需要一改往常老师讲、学生听的"满堂灌"式单一教学模式，需要以学生为中心，老师作为一个主持人的身份听学生讲，具体可以采用日语问答练习、让学生做命题发表等；而面对中高级水平学生时，可采用直接法，老师用日语进行课堂讲解，学生也用日语发言，这要求任课老师具有较强的外语驾驭能力。因此，任课老师必须提高自身的专业交际素养。

语言是人类的思维工具和文化载体。语言与思维有着密切的联系，人类不仅在说话的时候离不开语言，在思考问题时同样离不开语言，因此说，语言是人类思维的工具。通常来说，一门语言的表述在一定程度上能反映一个民族的思维方式，而这种思维方式正是该民族和国家文化的体现。可以说学习一门外语就是在学习该民族的思维方式和文化。想要真正掌握好一门语言，必须学会用外语进行思维，为了达到这个目的必须了解其思维方式背后的文化原因。日语的特殊之处在于其在日本全国各地都能通用，这与许多语言国家不同。瑞士、印尼、比利时等国家都拥有多种标准语，而日本的标准语就只有日语，这从一定程度上正反映了日式语言思维的高度统一性。对日语学习者来说，学习日语只需掌握日式的思维就能在日本全国通用，倒是一件很愉快的事。日语思维的培养不仅需要多练习听说，更应注重日本节化导入。比如，日本人遇熟人寒暄时首先会说天气情况反映的是日本人对自然的敏锐观察力，劝诱（お茶でも～）和拒绝（それはちょっと）对方时都不把话说绝对反映的是日本人说话的暧昧等。此外，文化的导入可以利用当下的网络资源进行，如"音の日本語マンダラ""影絵で語る民話の世界"等都是较好的视听类网站，既可以练习听力又可以获取日本的文化知识。

本节从语言的本质出发、结合日语自身的特点，对高校的日语教学给出自己的看法。单从语言的本质去谈日语教学或许存在片面性，但是探讨语言的本质可以从宏观上了解日语教学乃至外语教学的大方向，对外语教学具有重要的指导意义。本节提出的一些观点总体上来说对于教授日语的初学者应该有一定的借鉴意义，但是对于教授中高水平的日语学习者的教授法却涉及甚少，这是本节的一个缺陷。

笔者一直对那些通过自学日语成为日语达人的学习者抱有很强的好奇心，这样的人可能确实有语言学习的天赋，但是他们的学习方法应该也值得广大日语学习者借鉴。据笔者认识的几位自学日语的达人所说，他们的日语水平在学到一定程度之后就开始遇到瓶颈，但是通过阅读原版日本节学，他们的日语水平得到了极大的提高。因此，笔者认为对中高水平的日语学习者而言，老师应引导学生多阅读有代表性原版日本的文学作品，这样的方法将能有效突破学习的瓶颈，取得质的提高。

第三节　日语教学中的非言语交际处理

跨文化交际中，非言语行为作为文化的载体，在意愿交流中与语言表达具有同样重要的地位。鉴于日本节化中非言语肢体行为特色鲜明，有计划地将非言语交际内容融入课堂教学，培养学生对日语文化内涵的理解能力，提高学生的日语交际能力。将言语教学与非言语行为培养有机结合，是提高日语课堂教学质量的必要方式。

外语教学，旨在提高学生的跨文化交际能力，竭力培养适于国际交流与合作的复合型人才。中日两国一衣带水，有效交流在两国之间日益频繁的交际活动中需求明显。这对日语教学提出了更高要求。

传统语言教学，尤其是日语教学活动中，以言语培养为主，侧重语言本身，较为强调词汇、语法和读写能力的重要性。而在交际沟通能力的概念中，以肢体语言为代表的非言语交流具有重要的地位。

非言语行为与言语媒介相比，具有开放的不确定特征，也因文化背景的不同而具有可变性。母语的习得是在自然成长过程中完成的，很多非言语的表达方式的学习也是不自觉地就达成了。而外语的学习通常是以课堂或网络的教学视频来进行的，其重点在于语言形式而非内涵。对非言语行为的无视直接造成交际中的尴尬困境。

受到传统文化氛围的影响，日本人的肢体语言非常丰富。不同的肢体动作，辅以简单的言语，透射出的是其民族文化的内涵。鉴于非言语行为的重要性，有必要强调，日语教学不能仅以文法、词汇为中心，只有熟知其非言语肢体动作的内涵，才能在跨文化交流中准确理解对方并有效表达自我。

一、日本节化中含蓄的肢体语言

日本深受儒家文化的影响，其文化具有强烈的谦卑和隐忍特点。受其文化的影响，日本的肢体语言内容丰富，从礼节动作的鞠躬、微笑到头、手、腿部的示意都有着各自的内涵。

鞠躬。无论是在影视作品还是在现实生活中，日本人很少握手，鞠躬是两人见面时最常用的问候方式。鞠躬的幅度从点头示意到低头弯腰的深鞠躬，礼仪正式程度因人因事而异。一般来讲，一句"おはよう"，搭配简单的点头致意，便足以完成同学同事间的友好招呼。而在两人第一次正式见面时，则要用 45° 的弯腰程度，较为正式地表达致意。如果在正式场合，特别面对的是师长、领导等辈分较高的人，则需要致以 90° 弯腰的郑重鞠躬。而这种非常正式的致意方式更多地用于致歉的场合，如在新闻节目中见到的公司高层因产品质量问题向消费者致歉的场景。

鞠躬致意被日本人认为是基本的交际礼节。同事小聚、老友相逢需要鞠躬，接待客户、出入会场需要鞠躬，甚至夫妻道别、亲子互动都有鞠躬的意味。所以日本人每日鞠躬过百的说法并不为过。

微笑。微笑在日本被奉为基本社交义务。日本人常常是满脸笑容，彬彬有礼，给人的第一印象非常好。然而，他们不仅在高兴时微笑，在处于窘迫发怒时，也会发笑，以掩饰自己的真实情感。

《日本人的微笑》是英国文学家拉夫卡迪奥的随笔，其中，对日本人微笑的描述耐人寻味："日本人的微笑给人的第一印象大体上是非常愉快的。在开始时觉得日本人的微笑很有魅力。但以后有时会丈二和尚摸不着头脑……苦恼、羞愧、失意时的微笑让人不知所措……即使是心乱如麻，脸上也要凛然地微笑，这在日本被认为是社交上的义务。"

日本人的微笑和日本品牌都是全球闻名的。特别是日本的服务行业，面带微笑的服务人员都是出了名的亲切；而着装干净，谨慎仔细，常带微笑的日本游客，也给其他国民以良好的印象。在微笑面孔的遮掩下，欧美国家大都无法理解中国和韩国、朝鲜为何对日本多有指责。他们忽视了这些笑容背后日本曾带给亚洲近邻的可怕历史往事。

拒绝／否定。日本人的表达多委婉含蓄，尤其是自己的观点可能与别人的看法不一致的时候。日本人选择在胸前交叉双手表示"不可以"，却不会轻易将"不"说出口。在日常交流中"……けど"或"……が"的半句表达频率非常高，这里没有说出来的后半句就是反对的意见了。

日本教育家高桥敷在这个问题上曾表示："日本人一味地隐藏自己的意见和思想，唯恐与别人的观点相违……"日本人在表达个人立场时的做法比较委婉。他们非常在意对方的感受，所以在决定发言前，大都会试探对方的感觉和立场。只有准确把握了日本人的这种思维方式，才能避免与日本人的交往中产生误会。日本人用双手交叉于胸前的肢体语言明确地表达否定的意图，既避免了言语冲突的尴尬，又达到了传意的目的，发挥了超出语言表达的作用。初到日本的外国人通常会有这样的疑惑：这个日本人没有拒绝我啊，我要争取一下啊。其实，对方的表情和语气早就表明：不可以。

例外的情况会出现在级别不对等的两人之间。比如，父母对孩子就是个例外。在制止熊孩子的无理取闹时，"だめ"也常有出现。而在陌生人之间，永远不会出现这个词汇。

以上的三类列举是日本人较为常用的非言语肢体表达方式。进行更多的日本节化学习，则可以了解到这些行为产生的背景及其深刻内涵。日语课堂，是跨文化交际的基础场地，重视非言语行为认知的培养，准确把握交际者的完整内容，增进相互理解，才能更好地进行交流活动。由于非言语行为具有非结构、无符号和非连续性等特征，在课堂教学中的融入需要更多的技巧。

二、教学中的非言语交际能力培养

非言语交际和语言交际在交流活动中相互作用，相辅相成，是有机的统一体。在日语课堂教学中，可尝试从以下几个方面优化教学组织：

教师的认识与自我约束。首先，教师需要提高自己在思想上的认识，抛弃完成语言培训就可顺利交流的错误认识，充分认识到非言语行为对学生跨文化交际能力的重要意义；其次，在知识积累中注重对日本节化和习俗的学习，提高自己对日本节化中非言语行为的理解能力，具有较高的日语文化修养；最后，利用多种途径积极参与日本节化交流，在实践中提高自身的文化交际能力，并有意识地规范使用非言语方式进行意愿表达。

教学内容的精心设计。教学内容的设计以教材为中心，却不能以课本为全部。结合课程进度，有计划地增加日语文化背景的知识含量；结合阅读训练，适时进行俗约、习惯及文化禁忌的介绍。为了使非言语教学的设计不显得突兀，所设计教学内容需要与相应的语言内容密切相关。以日常交际场景为基础设计练习环节，课堂教学与交际实际紧密结合。可采用音像资料充实教材，拓展交际训练环节的深度，结合场景故事将非言语交际知识有机融入教学内容之中。

教学方法的恰当选取鉴于非言语教学的无结构、非连续特点，在课堂教学中要选用适当的教学方法。小组交流、场景应用等教学手段效果较好。融入角色的场景教学过程形象，带入感强。在教学手段上要灵活利用现代教学设备，如音频、视频资料的加入可以活跃课堂气氛，为学生提供更加自然、真实的学习题材，达到有效学习和领会语言交际与非言语交际及其文化差异的培养目标。

试炼机会的充分给予。面对面与日本人进行交流的方式是最直接有效的训练和提高手段，是最好的学习途径，教师和学校应尽力给学生创造实际锻炼机会。将学生送出去和聘请高质量的外籍教师都是捷径，但教育投入成本太高，无法满足多数普通高校学生的需求。不过，在国际交往频繁，外籍人士增多的今天，应鼓励学生利用自身条件，走向社会，寻找机会，尽可能参加一些跨文化交际活动，也是提高日语交流水平的一种方式。如与外国留学生的各种联欢交流活动，参加涉外导游活动或涉外宾馆的接待活动，以及中外学校之间正式或非正式的学生交流活动等。

非言语交际能力的培养是日语教学中的重要组成部分。培养熟练的日语交流能力，仅停留在词汇和文法的训练教学上是远远不够的。正确地理解和使用肢体语言等非言语内容，有助于提高日语工作者的交际能力。在教学过程中，将非言语行为培养与语言教学有机融合，以避免在跨文化交际中产生误解，提高日语课堂的教学质量和水平。

第四节　目标式教学对日语教学的意义

随着我国社会经济的快速发展，越来越多的大学生开始运用第二语言进行交流与沟通，这也成为以后必要的工作方式之一。在日语教学的发展过程中，相关的日语教学研究者在不断地探索新型的教学模式，在传统的日语教学模式中，教师往往会将自己作为课堂教学的主体，而忽略了学生的主体地位，不利于培养学生的自主学习能力，学习积极性也难以调动。要想改变这一现状，就需要推出一种新型的教学模式，本节就对目标式教学对日语教学的意义进行具体研究。

目前，我国与日本之间的贸易往来较为频繁，因此，在我国高校日语教学越来越普遍，日语逐渐受到教育工作者的重视，而我国在日语教学方式上也发生了很大的变化。在语言教学工作中，课堂教学与教师占据着十分重要的地位，但是在日语教学过程中，还是存在很多的问题，如学生口语能力不强、日语应用能力不够等。因此，还需要不断探索新的教学理论与方法以提高教学质量，很多学校都针对出现的问题提出了改革要求。随着信息技术的快速发展，教学方式也发生了巨大的改变，并推出了一种新型的教学模式，即目标式教学。目标式教学已经成为当今日语教学中比较常见的教学方式，其具体概念与意义需要更深入的了解，希望通过本节的介绍能为以后的日语教学工作提供帮助。

一、目标式教学的概念

目标式教学模式主要是以现代教育为基础，根据国外一些教育专家提出的理论思想，同时以教学目标为主要核心，以学生为主体的教学活动。目标式教学方法包含了多种教学模式，通过各种教学手段将学生与教师紧密联系，真正起到激发学生积极性、调动学生主动性的作用。通过多年的教学实验能够得出，目标式教学的应用效果十分显著，也是语言类以及技术类教学中最常见的教学方式。课堂教学目标主要是在教学过程中，通过师生的互动来达到最佳的教学效果，主要的教学目标可以分成三个层次：第一个层次是课程目标，第二个层次是教学目标，第三个层次是成才目标。将这三个目标结合起来就能形成完整的教学系统，它也是每一个教学工作者都需要接触的问题。在目前的目标式教学中保证教学工作的开展是促进教学进步的关键所在。

目标式教学是一种全新的教学体系，其各个要素之间的关系是一个重点、在教学之前要编制教学目标，其中包括教师的目标设计以及学习者的目标设计。教师的目标设计是教师选择教学内容并设计大纲，而学习者的目标设计是学习者的行为结果，对学生的学习动机以及态度等都有具体要求。国内外教学实验证明，教学目标具有导向、启动、调控以及制约的心理作用，有学习目标的学生可以用较短的时间掌握所学知识，这样高效率的学习能够提升学生的成绩，锻炼学生的能力。展示教学目标的方式有很多种，从层次与时间上来说，可选择在课前展示或课上展示；同时，根据学生年龄的不同，展示方式也不一样。低年级的学生可以利用说明的方式，而高年级则需要明确目的。与此同时，选择合适的教学方法并运用注意规律的艺术，让有意注意与无意注意相结合，从而使课堂教学变得有规律可循。

利用多种评价手段来对学生进行管理，通过目标分析，教师在制定目标的时候需要注意以下几点：说明掌握的学习内容与技能；目标应该按照内容意义来进行分组；在每个领域的目标序列中，都可以找到不同的突破点。由于教育环境不同，学生水平层次不同，有些适用于教学实践中，有些则适用于动作技能方面。通过不同的评价，教师可以随时了解学生能达到怎样的目标，从而制订合理的计划。如果发生错误或有不合理之处，也可以及时采取补救措施。

二、目标式教学对日语教学的意义

教学过程是教与学相辅相成的双向行为，在教学过程中，教师要树立起以学生为主体的教学理念，并以提高教学质量为核心。目标式教学是在一种理论基础之上的模式，通过比较科学的教学方式研究出合理的评价体系，不断开发学生的思考能力，调动学生的学习积极性，并且只有明确了教学目标，才能真正达到目标式教学的目的，提供更科学高效的教学。一般可以将目标式教学分为三个类别，分别是认知领域、情感领域及动作领域，在情感领域中分为五个类别的目标，而不同的类别又包含若干个子类别，这些目标由简单到复杂，最后形成一套可靠、清晰的层次结构。与传统的教学模式不同，目标式教学模式是以教学为核心，让整个教学过程实施起来更加顺利，也让课堂教学效果得到改善，通过对目标式教学的研究与改善，推动教学教育体制改革的发展。同时也培养了学生的学习兴趣与学习信心，让学生得到全面发展，提高学生整体素质，学校也应该将本校优势与日语课程相结合，实现日语教学评价的量化管理与过程化管理，将具体的评价体系运用到日语教学中。

三、目标式教学模式对日语教学的促进作用

（一）目标式教学在日语教学中的应用

第一，日语教学管理目标的设计问题。在日语教学过程中，提升教学质量十分必要，这需要制定出完善的日语教学过程。学校管理总目标可作为一个整体导向，是制定教学目标的大前提，对于人才培养的目标还可以有更加具体的指导。而在目标设计的时候专业目标设计最为主要，其中包括对市场的调研以及职业需求的分析等，根据不同学校来设定教学目标，具有更强的针对性。

第二，日语教学管理目标的实施途径。在设置日语课程的时候，应该对人才需求进行全新设置，根据学校管理的目标来提高学生的综合实践能力，还能培养学生的专业技能、科学知识等。在以往的学校日语教学中，管理目标方面都会出现偏差，这导致在课程设置上也出现误差，利用目标式教学可以将日语课程与实践课程的时间分配开，让学生不断提高自身的语言能力，掌握更多的语言应用技能，为以后的工作和发展打下坚实的基础。同时，学校也可以组织一些专业技能培训活动，加强学校与企业之间的合作，借助各种资源进行实践教育，这也是实现学校日语教学的最主要步骤。

第三，要加强日语教学评价的改革。在学校日语教育过程中，考核与评价是十分关键的部分，借助科学的考核与评价体系，能够及时发现各种问题，通过采取相应的措施进行解决来提高教育质量。随着社会的不断进步，人们的理念也在不断更新，教师只有及时掌握日语教学现状，才能了解采取怎样的手段进行改革。在考核评价过程中，也可以多借鉴一些国外的经验实现多元化的目标。与此同时，加强学校与企业之间的合作，构建起技能考核评价体系对日语教学的实施十分有效。

最后，加强日语教学资源的整合。如果在日语教学过程中整合力度不够的话，那么日语教学效率必然会受到影响。为了不让此类现象发生，就需要在学校教育的过程中对资源进行整合，如教师资源、教材资源、多媒体资源等。将各类资源都整合完成之后，就能促进各种问题的解决，最终实现日语教学管理目标。

（二）目标式教学模式对日语教学的作用

目标式教学模式是从全方位的教学目标出发最后形成完整的教学过程，这种层层深入

的方式使日语学习由初级到后期，具有阶段性的特点。日语教学能够根据不同阶段学生的日语能力来开展学生听说读写的训练，教师在日语教学过程中起到了很大的作用，通过设定科学的教学目标，有效开发学生的思考与实践能力，也能很好地调动学生学习日语的积极性与主动性。

利用目标式教学模式能够提高学生的综合能力。首先，目标式教学是设定好教学目标，从而增强学生在学习过程中的主体地位，学生不再盲目学习，而是从兴趣出发培养自身能力。与此同时，学生在学习日语的过程中还能掌握很多学习策略。其次，目标式教学能够发挥出教师的引导作用并调动学生的积极性，营造出良好的日语学习氛围。目标式教学模式让学生从被动学习转为主动学习，培养学生的自主学习能力以及语言综合应用能力，使学生能够在现实生活中利用日语来进行交流与沟通。

目前，对传统日语课程教学没有给出具体反馈，而日语教学改革也得不到很好的参考信息。高校日语课程的教学与评价往往只由任课教师负责，要想评价学生的日常课堂表现，也只有任课教师最有发言权。但是由于任课教师比较少，所以给出的评价往往具有单一性与片面性，这样的评价模式直接导致教学评价缺乏科学性，学生也会渐渐不信任教师给出的教学评价，学生无法从教学评价中得到学习动力。若学生失去了学习的积极性，则对学生以后的发展十分不利，利用目标式教学就能很好地改变这一状况，也能使得目标式教学建立起多方位的评价体系。

本节主要对目标式教学对日语教学的意义进行阐述，可以看出，目标式教学是经过反复的研究论证，逐渐发展成为合理的特色教学模式，并将目标教学模式与日语教学相结合，实现高效率的日语教学活动。学生在学习日语的过程中能够建立起良好的师生关系和生生关系，提升学生对日语的使用能力。相信在众多教育工作者的共同努力之下，目标式教学模式会得到推广，随着日语教学方法的革新，目标式教学会得到更好的发展。

第二章 日语教学思维

第一节 日语与慕课教学思维

  "慕课"（MOOC，Massive Open Online Course）是一种以信息网络作为教育媒介的群体性网络课程，它主要利用信息技术把课堂教学、知识传授、学习任务、课后作业、教学问题、学生与教师间的互动交流、教师对学生的评价等步骤、环节紧密地组合在一起。群体性、开放性、远程性、自由选择性是慕课教学的主要特点，而目前我国高等素质教育的特征是面向世界、面向未来，注重大学生群体素质建设。因此，慕课教学的特征与我国高等教育特征高度吻合，二者在我国高等教育体系建设中相互联系、相互辅助，推动我国高等教育体系快速转型。

一、慕课的兴起

  慕课兴起于 2011 年，汇聚了世界顶级大学种类繁多的精品课资源。2011 年，秋斯坦福大学创办了 Udacity，最初只局限于计算机和数学等领域；2012 年 4 月，哥伦比亚大学和普林斯顿大学等推出 Coursera 网络平台，主要使用英语，也有少数课程使用汉语、西班牙语、法语和意大利语等；2012 年 5 月，哈佛大学和麻省理工学院联合推出了 edX，其后全球上百所高校加入了 edX。

  在国内，2013 年 4 月，香港科技大学教授 Naubahar Sharif 在 Coursera 开设了亚洲第一门慕课课程"中国的科学、科技与社会"；5 月，清华大学成为第一个加盟 edX 的大陆高校；7 月，上海交大联合中国 C9 高校和部分"985"高校共同签署了《中国高水平大学"在线开放课程"共享协议》；8 月，台湾大学教授叶丙成开设了第一门以中文授课的慕课课程"概率"。仍然是在 2013 年 4 月，我国成立了东西部高校课程共享联盟，复旦大学、上海交大、重庆大学、中国人民大学、北京航空航天大学、北京理工大学、哈尔滨工业大学、四川大学、兰州大学等近 70 个成员单位加入。2015 年年末，东西部高校课程共享联盟年工作会议在北京大学举行，联盟理事长、北大副校长高松院士在会议上公布了一组数据，经过两年半的发展，联盟成员已经增加到 93 家，包括近 30 所 985 高校，和近 70 所 211 高校。目前，已累计开设课程近 200 门，全国受益学校超过 1000 所，覆盖大学生人群 1000 万，已有近 50 万学生通过联盟课程获得了学分，累计有超过 100 万大学生修读了学分课程。

二、基于慕课的日语会话教学现状

从目前我国高等教育的发展趋势来看，我国外语高等教育正处在历史变革的关键时期，大学生会话交流、语言应用能力的培养日益重要。日语专业会话课程通常是精品小班化授课模式，以 25 人左右的专业小班作为课堂组织主体，时间设定为 90 分钟。虽然小班模式的日语会话课程设计能体现出课堂教学的系统性、完整性和持续性，但固定的教学方式会降低学生日语会话练习的兴趣，不利于学生形成完整的日语认知架构，而慕课教学这一新型教学形式的出现改变了这种教学状态。

到目前为止，很多高校都将慕课作为英语教学的主要媒介，使用慕课作为英语教学工具的高校占高校总数的 95% 以上。而 2016 年果壳 MOOC 研究学院权威统计数据显示，在数以千计的慕课精品课程资源中，使用日语作为教学语言的课程只有 27 门，不足课程总数量的 1/10；以日语作为教学语言培养学生日语应用能力的课程只有 12 门（日语会话课仅 3 门），这 12 门课程是远程学习中心开设的课程，并非高校联盟成员创办的。这表明以日语作为教学媒介的语言应用类课程在慕课领域有着广阔的发展空间，因此，根据学生日语学习的现实需求，以慕课为教学工具构建完善、科学的课堂教学模式已成为当务之急。

三、基于慕课的日语会话教学模式构建的创新思路

在互联网情景中，虽然慕课具有传统教学模式不具备的优势，慕课的应用也会给高校传统日语会话教学模式带来影响。但慕课作为一种依托信息传媒工具发展形成的远程网络教育机制，其在语言交互运用、对话情景塑造方面还有着一定的局限，不能完全取代传统的日语会话教学。为改变这一现状，有必要将慕课与传统日语课堂会话教学结合起来，各取所长，在发挥传统教学模式情景性、引导性的基础上，利用慕课软件整合线上教学资源，为学生塑造积极、活跃的课堂情景，进而构建完善的课堂教学体系。

在沿用传统教学方法的基础上，以慕课作为工具维度的教学模式调整，实质上是一种关于日语会话课程教学模式创新的尝试，这种创新性的尝试应基于互联网工具、教师、学生三者共同构建。互联网工具应是对话素材、知识信息的来源，教师和学生可借助互联网工具搜索对话素材直接应用；教师应发挥"知识信息中转站"的作用，按照科学化的教学思路引导学生；学生应是知识信息的接收主体，在信息化情景中或与教师对话，或是借助慕课完成教学任务。值得注意的是，在慕课与传统教学方法相结合的日语会话教学模式的基础上，要注重教学任务的设置，即根据学生的日语会话水平科学合理布置教学任务。

四、基于慕课的日语会话课程教学模式的构建途径

（一）利用创新工具，完善课堂组织架构

众所周知，日语会话课堂与普通语言类课程最大的不同在于日语会话课堂以语言实践为主，是学生与学生之间、教师与学生之间进行对话交流的互动实践，课程主要以对话或角色扮演的方法完成，有着明显的动态性特征。所以创新性工具的使用要突出群体性教学理念，即教师应以慕课网络作为课堂教学媒介，借助网络以音视频的方式向学生传递知识信息，进而扩大学生的认知来源。此外，要根据学生群体的学习特点，突出对话素材，引导学生主动从素材练习开始，不断深化语言认知，形成较强的语言交流能力。

（二）设置课堂教学目标，突出学生主体地位

日语会话教学是学生与教师互动交流的过程，是教师引导学生关注课堂知识的客观引导机制。教学目标的设置要具有"双向性"特点，即教学目标不仅要体现课程目标，也要表现出教学情境目标，且目标的设置要尽可能细化，尽可能保持目标的引导性。为了实现课堂教学目标，教师要注重学生主观能动性的发挥。一方面，教师要利用慕课网络在课堂教学活动开始之前仔细搜集日语会话素材，设置课堂教学主题，让学生围绕教学主题展开交流探讨；另一方面，教师要根据学生学习的特点，利用慕课系统与学生进行对话、交流，让学生利用网络及时反馈学习成果，方便教师及时做出评价。

（三）创建慕课教学情景，塑造良好的教学氛围

日语会话课程教学取得良好效果的基础条件是教学情景的构建，优质的教学情景、良好的教学氛围可以让学生放松身心。第一，在教学过程中，教师要学会利用慕课工具选择一些与日语文化知识相关的问题或故事当作开场白，从具体事例的角度对学生进行引导；第二，针对学生学习的特点，教师要利用慕课资源构建个性化课堂，结合学生的认知模式调动学生的兴趣，以学生作为课堂教学主体，将多种教学方法，如信息化教学方法、情景化教学方法、实践性教学方法等融入课堂实践中，健全学生的认知模式；第三，教师要有目的、有选择地在课堂教学的不同环节设置教学问题，以问题为导向鼓励学生交流探讨；第四，在上课前或是上课后，教师最好以一些日文歌曲来活跃教学氛围，这样有助于学生在良好的氛围中形成自主性学习意识。

综上所述，基于慕课的日语会话课程课堂教学模式的构建，首先，了解慕课的教学特点及功能优势；然后结合学生日语学习特点，将传统形态的日语会话课程教学模式与慕课教学有机结合起来；最后，通过设置教学目标、创新课堂情景等方法健全课堂组织体系，活跃课堂氛围，促使学生在日语会话实践中形成较强的语言应用能力。

第二节　翻转课堂教学与微课日语教学思维

翻转课堂是在信息化环境中，课程教师提供以微视频为主要学习形式的学习资源，学生在课前完成对学习资源的学习，师生在课堂上一起完成作业答疑、协作探究和互动交流等活动的一种新型的教学模式。这一教学模式为教师与学生的互动互换角色提供了平台，使得实际教学活动中，教师的教与学生的学处于平等的地位，教师成为学生学习的引导员，教师与学生成为"学习共同体"，共同进步。

一、翻转课堂概述

（一）翻转课堂与传统课堂的差异

传统教学模式下的课堂，80%以上的时间是教师在讲解，学生回答问题等发挥自主性学习的时间特别少。而翻转课堂则是一半以上的教学时间让学生自主参与，课堂变成了教师与学生之间、学生与学生之间关于所学知识互相交流、共同学习、答疑解惑的场所。可见，翻转课堂与死板的且不能发挥学生自主学习能力的传统教学模式相反，其教学模式是让学生事先预习，也就是课前学生要观看拟学习知识的视频，在课堂上通过讨论等方式，让学生积极参与教学，使学生兴趣盎然地掌握知识，提高课堂教学效果。

（二）翻转课堂的构成要素

翻转课堂由技术、流程和环境三个基本要素构成。技术要素以微视频为主导，流程要素是指"课前—课中—课后"教学活动的安排，环境要素以拥有智能诊断功能的学情分析系统为主导。

（三）翻转课堂的学习资源特点

举一个具体实例加以说明，在翻转课堂所用视频中，萨尔曼·汗的数学辅导教学视频最为突出。其特点主要表现为：第一，短小精悍。针对一个特定问题只有几分钟的视频，查找方便，适合发布，学生预先观看不会厌烦。第二，信息清晰明确。在萨尔曼·汗的视频中，只能看到他的手在不停地书写一些数学符号，一点一点地填满整个屏幕，而且有配合书写讲解的画外音。用萨尔曼·汗的话来说："这种方式，它似乎并不像我站在讲台上为你讲课，它让人感到贴心，就像我们同坐在一张桌子面前，一起学习，并把内容写在一张纸上。"可见，翻转课堂的教学视频信息清晰明确，视频中没有教师的头像身姿，不会出现教室里物品摆设的情景画面，有利于学生集中精力进行自主学习。

二、翻转课堂的演变历史

翻转课堂自产生以来发生了多次演变，主要表现为以下几方面：第一，学习场所转变为教学活动的全过程；第二，单一学习行为转变为包含学生、教师、教学内容、媒体利用方式、教学环境等多因素的繁杂教育行为；第三，在线视频观看转变为以学生为中心在智能诊断系统支持下的多媒体环境；第四，信息技术的使用转变为学生自觉将信息技术与教学全过程相融合，从而唤醒学生课堂学习的主动性。

三、微课和翻转课堂

翻转课堂译自"Flipped Classroom"或"Inverted Classroom"，一般被称为"反转课堂式教学模式"。传统的教学模式是教师在课堂上讲课，布置家庭作业，让学生回家练习。与传统的教学模式不同，在翻转课堂教学中，学生在家完成知识的学习，而课堂变成教师答疑解惑和师生间互动的场所。在这种教学模式下，教师和学生的角色发生变化，学生不再是知识的被动接受者，而成为主动的知识探究者，教师也由知识的传播者变成了学习的指导者和帮扶者，当学生遇到学习上的困难时可以在课堂上寻求教师的帮助，这也促进了教师与学生之间的交流。

微课是指教师在课堂内外教育教学过程中围绕某个知识点（重点、难点、疑点）或技能等单一教学任务进行教学的一种教学方式，其具有目标明确、针对性强和教学时间短的特点。微课的核心组成是课堂教学视频，还包含与该教学主题相关的教学设计、素材课件、教学反思、练习测试及学生反馈、教师点评等辅助性教学资源。由此可见，微课和翻转课堂是相辅相成的，微课是翻转课堂的必要元素，是为翻转课堂服务的。翻转课堂是微课呈现的重要载体。

四、几种常见的微课类型

微课的类型主要按照微课的内容进行分类，常见的微课类型有以下几种：（1）知识讲授类。此类微课主要以知识点的讲授为特点，教师运用口头语言向学生传授知识。这是最常见、最主要的一种微课类型。（2）练习类。此类微课一般为教师收集某知识点的相关练习，然后通过讲解演示的方式向学生传授解题方法，引导学生发现方法，再准备一定量的习题帮助学生检验知识的掌握程度。（3）演示类。此类微课主要用录像的方式记录教师示范和操作的过程，学生通过观看微视频观察操作步骤及要点获得对知识的理性认识，并掌握具体实务操作技能。（4）实验类。此类微课一般使用录像将教师所做实验记录下来，学生通过观看微视频观察实验现象的变化，并从这些现象的变化中验证知识①。

---

① 林莉丽.翻转课堂教学下微课在日语教学中的应用［J］.教育观察（上半月），2016，5（15）：73-75.

五、新形势下翻转课堂在日语教学中的应用

翻转课堂是一种新型教学模式。目前，其已成为笔者课堂教学的重要方式，并取得了良好的教学效果。

（一）日语教学中翻转课堂的特点

翻转课堂强调以"教师为主导，学生为主体"的双向互动教学。这一教学特点在日语教学中体现为：一是将语言知识的讲授融于语言实践互动活动中，充分考虑每个学生的个体差异，尽量想办法发挥学生在学习中的主观能动性，调动学生的学习积极性，积极参与课堂活动，建立教师与学生互动学习的过程。二是在课堂教学中始终围绕培养学生探索学习规律的能力，提高学生听说读写译的语言能力，培养学生分析问题、解决问题、实际运用日语的能力展开。三是在日语课堂教学中，教师充分考量学生的个人能力和兴趣因素，精心设计安排组织课堂活动；在合适的时机补充涉及日本社会现象、文化影响、历史背景方面的知识，营造一个丰富多彩、生动活泼、感同身受的语言学习氛围；通过分角色进行模拟表演、知识演讲、模拟情景会话等方式引导学生进行语言实践运用，鼓励学生在设定语境下学习和灵活运用语言，提高语言综合运用能力和文化影响，提高学生学习积极性和主动参与热情，将日语知识学习与日语实际运用能力的提高紧密结合在一起。

（二）日语教学中翻转课堂的应用

在日语教学过程中使用翻转课堂模式，应做好以下几方面的工作：

（1）在课前，教师应根据授课内容和学生实际，确定教学重点和难点，并制作5分钟左右的微视频上传至学校平台网络共享。学生通过手机电脑等方式独立学习基本知识。在这一阶段，要求教师必须对即将学习的知识内容进行重点和难点的准确界定，提出问题要有深度，问题涉及的知识范围要有广度，知识设计要先易后难，循序渐进，以便引导学生自主学习知识。例如，在日本商务礼仪课程中，关于举止规范这部分内容的讲授中，教师应先给学生设立问题，让学生说出自己对于日本商务礼仪举止的了解，教师再在视频中展示日本商务礼仪举止视频，激发学生的学习兴趣。学生观看视频学习后，应将疑问和困惑通过微信、电邮、QQ等方式反馈给教师，教师根据学生反馈情况制作上课教学课件。

（2）在课堂教学过程中，教师与学生之间的交流和学生与学生之间的交流要占课堂时间的一半以上。这就翻转了教师作为课堂主体的传统教学模式，课堂主体变更为学生，通过师生交流和生生交流，了解学生日语语言知识的掌握程度，并实施有针对性的指导；在教师指导下，组织建立学习小组，加强学生间的交流，组内设计特定学习讨论任务，要求学生在完成小组特定学习讨论任务时，要积极参与，尽自己能力完成任务，增加学生的课堂参与度，使知识掌握得更加牢固，且教师与学生之间的交流得以加强。

（3）在课堂教学结束后，教师可以与学生进行一次学术知识交流活动，通过交流来了解学生掌握知识的程度，及时帮助学生查漏补缺，以便学生更加牢固地掌握日语基础知识。

例如，在交流活动中，基础知识掌握熟练的学生会积极主动地与教师同学进行探讨，使全体学生都能够获取更多的知识和应用经验，从而使学生的基础知识得到进一步的巩固和提高。

总之，在大学日语教学中使用翻转课堂教学，教师要认真总结和深入探讨学生在课堂上的知识收获与缺漏，不断总结经验教训，以便在下一次教学中能够以翻转课堂教学带给学生更好的学习效果。

当然，翻转课堂也有其局限性。例如，在大学日语课堂教学中有巩固课、复习课、练习课、新授课、试卷讲评课、研究性学习课等多种课型，不同课型，教学重点难点不同。所有课型的授课都采用翻转课堂这一教学模式，会导致有些课型的教学任务无法按时完成，而且不利于教师准确把握教学重点难点，进而影响教学效果。因此，教师要根据课程内容和课型选择恰当的教学方式，避免进入翻转课堂教学使用误区。

随着各高校校园网和局域网的建立，学生拥有了方便实用的网络学习条件，翻转课堂教学可以选用题材广泛、内容丰富且体裁多样的语言语料库材料，实现课程内容知识性和趣味性的融合。翻转课堂教学过程中，重视学生主体性发挥，调动学生学习积极性，学生自主参与学习过程，使"以学生为中心"的建构主义理论精髓深入日语教学之中，可以有效促进大学日语的教学改革。

六、微课在日语教学中的应用

（一）微课适用的日语课程

日语专业学习者学习的专业知识内容涉猎广泛，专业课程门类众多，但并非所有的知识点和课程都适合做成微课。从日语学科的特点来看，日语专业课程多适合制作成知识讲授类微课和练习类微课。例如，语法类课程中的日语授受表达，被动语态，敬语，相似词汇、语法的辨析，文学文化类课程中的文化现象的解释，不同文学流派的比较，各类商务日语文书的写法等内容都可以采用知识讲授型微课。此外，还可以制作演示型微课来拓展学生的知识面。例如，日文输入法的使用、日本浴衣的穿法、日本寿司的制作方法等。

（二）微课应用的教学环节

在翻转课堂教学中，学生学习知识主要在课外，因此，课前和课后成为学生自主学习的时间。微课视频的最大特点是短小精悍、简单易懂，是十分宜于学生自主学习的教学资源。根据日语学科的特点，笔者认为微课可以应用于以下几个方面。

1. 课前预习部分

（1）课前复习和新课导入。在学习新课之前，一般会复习已学内容，课前复习可根据学生已有的知识基础和新知识所需的衔接知识点制作微课，让学生在巩固已学知识的同时，为新课程做好准备。新课程导入环节，教师可以根据新课程知识点的内容，制作可以和新课内容衔接起来的微课，以吸引学生的注意力，为新课的讲解做好铺垫。

（2）难点讲解。由于日语的语法体系和中文有很大不同，在日语学习中，有很多学习者难以弄懂，或者经常弄错的语法知识点。例如，日语的授受表达、被动语态、敬语表达等，对这类日语学习中的重点、难点、易错点，可制作微视频引导学生探究规律。

（3）词汇语法辨析。日语里有很多意义用法类似的词汇、语法和概念等，如果学习到与已学知识相似的知识点，学生很有可能会产生"这和过去所学的某个相似的知识点有什么异同"这样的疑问，教师可以制作对此类相似知识点进行详细说明的微课，在帮助学生很好地掌握新学知识的同时，帮助他们复习已学知识，加深对知识的理解。

2.课后总结拓展部分

（1）知识的归纳总结。教师制作微课对本节知识进行归纳总结，帮助学生把新学内容和已学知识串联起来，把知识的框架向学生清楚地展示出来。对于学生在课堂中没有弄懂或是掌握的知识点，可以在课后通过回顾微课的方式，加深其对这部分知识的理解记忆。

（2）巩固练习。教师可设计与本节知识点相关的习题制作成微课，用于巩固本节知识。例如，学习完日语的自他动词后，可以制作微课练习来测试学生的掌握程度。

（3）知识能力拓展。拓展学生学习范围，引导学生总结本节重点及规律，让学生将知识纳入已有的知识体系。可设计一些与本节课相关知识点的微视频，如在学习完日语的授受表达之后，可以制作微视频介绍授受表达背后所隐藏的日本人的恩惠意识，让学生在学习语言知识的同时，了解日本的社会和文化，突破课堂教学的局限性，开阔学生的视野。

七、微课应用的思考

作为翻转课堂教学中的重要一环，微课的应用对教学效果的影响深远。合理恰当地应用微课提升教学效率，应注意以下几点。

（一）微课中教师的作用

作为翻转课堂顺利实现的主要依托，微课的作用和地位不言而喻。但微课的应用并不意味着弱化教师的作用，在微课应用之外，教师还需要进行精心的准备，用课堂上的时间来帮助学生内化知识，真正做到因材施教。另外，在学生使用微课的过程中，教师的点拨至关重要，学生观看微课只能停留在"知道""理解"的能力层次上，教师在适当的地方进行讲解与点拨，可以使学生观看微课后不仅仅停留在"识记"的学习层次上，还可以运用该知识点分析实际问题。

（二）微课与传统教学

微课在有限的时间内对一个主题，通过视频的形式进行了全面深入的阐述，它短小精悍，便于学生接受。但微课不是一门课程的教学，一节微课只讲授一个知识点，而传统的课堂会传授给学生各种知识，更注重知识的连贯性和整体性，如果把传统的课堂比作正餐的话，微课就像一份快餐，是教学方法的一种创新，是常规授课的一种很好的辅助，但不能完全取代传统意义的课堂教学。教师应该把微课和传统教学有效结合起来，最大限度地发挥其教学作用。

（三）微课的设计和开发对微课应用的意义

作为翻转课堂实施的重要因素，微课实际应用的情况关系着翻转课堂教学能否顺利实施。而微课应用的效果有赖于前期的微课开发，这需要建立起一个微课制作团队，通过科学分析和设计，制作出科学的、可以帮助学生解决学习难题的、生动有趣的微课。微课的设计和开发是个庞大的工程，但这项工作的开展对教学改革的作用是不可估量的。

以上对微课在日语专业教学中的应用进行了探讨，日语学科由于知识点众多，学习内容的人文属性较强，较适合应用以语言传递信息为主的微课进行教学。在如今学习时间碎片化、移动化的信息时代，以短小精练为主要特点的微课满足了人们利用微小的时间掌握某一个知识点的需求，在教学中使用微课提升教学效率。微课可以应用于日语教学中的众多环节，在推进课程改革、落实学生课堂主体地位的大背景下，微课应与翻转课堂这种新型的教学模式相结合，实现教学效果的最优化。

第三节　以学生为中心的日语教学思维

在全球经济一体化不断深入的大背景下，中日经贸关系日益密切，文化交往活动日益频繁，人才需求的变化对日语人才培养的要求也随之发生了变化。企业需要的日语人才既要具备良好的外语能力，又要有熟练的实践应用能力，即语用能力和行为能力双优的复合型人才。因此，日语教育已不再是单纯的语言教学，而是一种理论和实践相结合的综合性教育。

一、课程定位及教学内容改革

《基础日语课程》是为日语专业一、二年级开设的专业基础课，它包括语言能力和交际能力两个方面的培养和训练。其主要目的是通过传授系统的语言基础知识（语音、语法、词汇、篇章结构、语言功能、意念等），对学生进行严格的基本语言技能（听、说、读、写、译）训练，培养学生初步运用日语进行交际的能力。同时，指导学生的学习方法，培养学生逻辑思维能力和独立工作能力，丰富文化知识，为进一步学习日语打下语言基础 ②。

（一）精选基本内容，增加实用性强的知识

针对外语学习实用性强的特点，在课程内容设置上，倾向于选择与实际生活密切相关的教学内容，改革原有的陈旧、与实践脱轨的教学模式和内容。做到内容新颖、方法多样、实用而具有现代气息，这样有助于提高学生的积极性，增强学习兴趣。

（二）增加社会、文化方面知识，凸显专业特色

为了培养学生综合运用能力，在掌握语言知识的基础上，适当增加社会、文化方面的

② 冯洁 . 大学日语教学中的文化导入方法研究 [J]. 甘肃科技纵横，2011，40（5）：162-163.

知识，让学生充分把握语言的使用场合和使用方法；在教学内容上，我们还适当增加经贸、实务等方面的知识，突出本专业特色，贴近学生实际，激发学生学习的热情。

（三）紧密联系实际，不断更新和完善教学内容

随着社会的日新月异的发展，语言也是在不断地更新、变化。因此，在教学过程中，除了书本中的基本内容外，也注重增加一些与时俱进的新颖内容，将信息同步地传达给学生，从而扩充学生的知识面，开阔他们的视野。

二、以学生为中心的日语教学模式改革实施

在班级里采取阶段教学，对于日语学习层次高，并且自主学习的学生，基本采取学生自学为主，点播辅助教学的手段，给予他们更充分的时间；同时，定期检查学生的学习进度和学习效果。而对于大多数零基础的学生，采取耐心教导，教学相辅。同时，采取帮扶的方式，让有日语基础的学生辅助教学，形成立体式的教学。具体方法如下：

（1）假名的学习：学生要学习日语，首先接触的便是假名。日语假名类似于汉语中的汉语拼音，可以说不会假名，日语教学就无法展开。刚刚接触日语的学生，对于这种表音符号十分困惑，为此教师采取了同汉语拼音类比的方法，减削学生对假名的陌生感。同时，假名背诵起来也十分枯燥无味，所以教师采取了假名与单词同时背诵的方法。将一节课分成两部分，首先由教师先对本课的假名进行讲解，然后举出含有对应假名的单词，对学生进行打乱练习，强化记忆。这是一个长期的过程，即使在之后的教学中，都贯穿始终。

（2）日语发音的练习：对于说惯了汉语和英语的学生，日语的发音完全是一个崭新的领域。日语的发音较为平板，且口型较小，语速较快。为了训练学生的发音，教师在初期配合了一些日语的绕口令，并且在课堂学生阅读时，进行语音的纠正。这需要学生长期的训练及模仿，非一朝一夕之功，所以教师将在以后的训练中加大学生的听度练习。在进行了一段时间的日语学习之后，教师又给学生推荐了一款日语配音软件。学生通过反复的听说，达到口语和听力的双重练习，并且在配音的过程中学习了更多的新单词，为本来枯燥的口语和听力学习增添了很多兴趣。

（3）互换角色：为了打破传统的教师讲、学生听的模式，充分调动学生的主动性，教师会经常跟学生互换角色。事先给学生布置预习作业，然后在课堂上与学生互换位置，让学生充当讲解的老师，而在学生讲解有疏漏和不足时，给予点拨讲解。借此加强学生的学习主动性和趣味性，更培养学生在众人面前说话的能力。

（4）角色扮演：对于每课的应用课文，教师采取让学生角色扮演的方法，分角色对课文中的情景进行再现。这样有利于学生在背诵课文的同时，减少枯燥乏味的情绪，调动积极性。

（5）日语配音：利用配音软件，让学生自己选取感兴趣并且难度适中的片段进行配音。并且由教师进行整理，将学生的配音作品进行评比。这样有利于激发学生的学习兴趣，并

且易于使学生拥有成就感。

（6）课堂考试：经常进行课堂测试，作为平时成绩的参考。对每课的单词、语法进行考核，并且教师大胆尝试了让学生轮流进行批卷。如此，一份卷子反复看10遍以上，会大大加深批卷学生对考试内容的记忆。

（7）课堂游戏：采取一些游戏的形式，强化单词的记忆。比如顶针游戏，每个同学都要以上一名同学所说的最后一个假名为开头，接龙单词。一般这样的游戏都是在学生注意力普遍无法集中时使用，成效明显。

（8）知识点整理：随着学习的知识越来越多，学生掌握的也越来越多，在此期间有些相通相近的知识点，学生容易记混。为此，教师会帮助学生归纳总结一些相近或可以归类记忆的知识点，使学生将杂糅的知识点分类记忆，提高学习效率。

三、转变教师角色，构建以学生为主体的教学模式

（一）角色定位

有人说讲课就是教师在课堂上的表演。教师扮演的角色是主持人、演员、厨师、朋友。以往的"照本宣科"式的教学模式已经不能适应当今社会的人才培养需要，教师也不再是一个人"作战"，而是一个引导者，组织和指导学生共同发现问题、解决问题。因此，如何将"表演"变成"导演"是我们大学教师应该思考的问题。

结合在日本教学现场的执教经验及我国现阶段日语学习者所存在的听说能力低下的问题，笔者认为日语课堂的引导者即教师，首先应加强自身的学习，一般在日语入门阶段之后，课堂语言应尽量做到是全日文授课，教学内容要与时俱进，因为我们所面对的是90后的新时代群体，用原有老套的教学模式，并不能吸引他们，很难调动学生参与课堂活动的积极性。因此，在单词及语法讲解时，所列举的例文需经过仔细考量，不仅符合语法规范，还要与学生的生活密切相关。

（二）构建以学生为主体的多样化教学模式

1. 探索多样化的教学手段和教学方法

要上好一门课，教师还要采用各种教学手段和方法，配合着教学语调、手势等解释要点，尤其是在外语课堂教学中这一环节非常重要。我们倡导外语教学采用直接法，即外语进外语出，也就是说很少使用母语，直接用外语授课。这种方法实施的难度就是教师如何使用适当的教学技能和方法将新内容传授给学生。在这一过程中，教师就要做一名合格的演员，不仅可以吸引学生的注意力，还能有效地将要表达的意思演绎出来。

在基础日语实践教学中，为凸显外语教学特点，应更多采用启发式教学、场景式教学、学生主导式教学等全新的教学方法。针对学生个体的多样性特点，适当采用多媒体和网络教学等灵活多样的教学手段，将音声、图片、影像等多种形式运用到课堂中，丰富教学内容；同时，适当运用网络同步的教学手段，将日本新闻中热点问题与课程内容相结合，进

行分组讨论，集中发表。这种研究性学习方式不仅有助于培养学生阅读能力、口头发表能力、分析问题、解决问题的综合能力，还能调动学习的积极性、主动性，真正成为课堂的"主人"。

2. 提高教学技能，丰富课堂活动

教学技能包含演示技能和互动技能两方面。演示技能即感官性聚焦、案例公式呈现、实物教具展示。在基础日语教学中常被应用的是感官性聚焦技能（使用一些刺激物，如图片、模型、幻灯片、在黑板上写信息等方式，保持学生的注意力）和实物教具展示技能。互动技能方面主要表现为：表达热情、表达关怀、激励学生、寻求共鸣、监控、提问、组织活动、反馈点评、幽默、培养批判性思维。其中，后两项是我们很多课程中多欠缺的。"幽默"是指使用有趣的行为语言，产生活跃气氛、引发笑声的效果。虽然有时也会采用其他方式来活跃课堂气氛，但是怎样使用幽默还是有些难度，所以在今后的教学中应该多学习一些能产生幽默效果的语言和行为方式来完善课堂教学。"培养批判性思维"是指培养学生勇于质疑他人观点的能力。这一方面，学生还处于被动状态，未能就一个问题进行辩论式探讨，今后在基础日语课程中应结合学科内容将此互动技能应用到课堂中，从而培养学生的应用和创新能力。

其次，丰富课堂活动方面，笔者在基础日语课程教学中借鉴在日研修期间习得的日本语言教学模式，试结合学生多样性的特点展开以学生为主体的教学模式探索。将以前的应试教学与应用型教学有效地结合在一起，采用启发式教学，把课堂还给学生，通过课前演讲、师生互动问答的形式激发学生参与课堂的兴趣和创新能力，收到了很好的效果。以2012级学生为例，大二上半学期课前增加 5~10 分钟的日语演讲活动。首先，给出一些学生比较感兴趣的演讲话题，自拟题目撰写演讲稿（小作文）。其次，建议学生在演讲时采用多种形式。通过示范和引导，多数学生采用了多媒体手段，结合所讲内容事先做好 PPT 课件。在此过程中，锻炼了学生计算机办公软件的操作能力和资料搜集能力。还有的同学发挥自己的专长，用手绘画及舞蹈等多种形式进行演绎，有助于培养学生的创新能力。而下半学期则侧重培养学生的跨文化交际能力，课前活动形式转变为介绍日本节化。通过一年的课前活动，使课堂气氛更加活跃，学生的主动性也有明显提高，使每个人都能尝试当课堂主人的感觉，积极参与课堂活动。与此同时，还积极引导学生进行讨论式学习，借鉴日本的研讨式教学方法，这样更有助于我们推进启发式、讨论式教学和研究性学习。

由此可见，教学改革核心是课程，重点是方法，关键是教师。基础日语教学模式改革主要方向是把课堂交给学生，把灌注变为求知。通过有效的教学模式改革，形成"以教师为主导，以学生为主体，以能力为主线，以育人为主旨"的教学模式，使学生能够在教师的引导下真正地参与到课堂，通过丰富的课堂活动使学生释放出巨大的学习潜能，提高听说读写译的应用能力，激发学生的创新精神和实践能力，培养出具有跨文化交际能力的外向型、复合型、创新型、应用型的高级日语人才。

第四节 "互联网+"多元化日语教学思维

在 21 世纪的今天，信息化技术在教育领域中进一步深化，"互联网+教育"更为高校教育积极探索多元化教学模式提供了可能。高校零起点"互联网+"多元化日语教学新模式可以按照如下流程构建：准备阶段，包括在线资源整合、电子课件制作、微课视频录制、互动平台发布；实施阶段，包括学生自主学习、生生交流答疑、课堂小组发表和课后作业完成；评价阶段，包括教师评价、学生评价和小组评价。

如今，信息化技术已经渗透到社会的各个方面，可以看出教育领域中的信息化变革正在进一步深化之中。在十二届全国人大三次会议政府工作报告中提出的"互联网+"为现代大学教育的发展方向指明了方向。"互联网+教育"使高校教育的生态环境得到改善，使高校传统教育焕发出新的活力，为积极探索多元化教学模式提供了可能。

一、现有理工院校日语教学的特点

众所周知，当今高等教育以培养具有综合素质的创新人才为目标，特别是理工科院校，更是注重对学生创新和实践能力的培养。而高校日语专业教学是从零起点开始的，相对于英语专业，学生在有限的时间内需要学习的内容更多；同时，理工科院校的日语专业学生又有着自己的特点：

（1）理工院校日语专业的学生大多是理科学生，在语言学习上并不擅长，且对于语言学习的积极性并不高，学生在学习日语的时候往往会感觉力不从心，学习效率较为低下。

（2）为了适应应用型大学的教育特色，在学分设置上大多高校不断增加实践教学学分，减少课堂教学学时。这直接导致日语专业出现学时不足，教学内容无法保质保量完成，教学方法单一，教学效果难以提升等问题。

（3）随着网络技术的普及和发展，在教学中使用多媒体技术、整合网络资源进行学科教学得到普及。然而，从网络资源的利用情况来看，还存在着很多问题：学生对网络平台的使用集中在 QQ、微信等，对其他的网络平台使用率低；在网络学习资源的利用上，存在着盲目利用的现象，如学生倾向于使用百度文库、优酷等网站资源，而忽视了网络日语试听、阅读和在线词典等专业网络学习资源的使用。

"互联网+教育"给理工院校日语专业教师提供了丰富的资源，为日语多元化教学模式提供了选择的可能。可以利用"互联网+"所提供的庞大信息资源对教学内容进行补充，优化课内，强化课外，改变枯燥的传统课堂，实现全新课内课外的结合，引导学生发挥自主能动性，开展自我学习。

二、"互联网+"多元化日语教学模式探析

（一）"互联网+"多元化日语教学模式设计

综合日语课程作为零起点日语专业的核心课程，是集语言学习的听、说、读、写、译等多种技能于一身的综合课程。因此，要想在有限的学时内达到教学目标，更需要借助网络资源、课堂综合运用等方式把课堂内外结合起来。本节结合笔者所在理工院校的实际情况，尝试结合"互联网+"的交互性特点，设计综合日语教学模式。相对于传统的网络资源平台的单一性，"互联网+教育"视域下的教学模式依托优秀的网络资源以及最新的多媒体技术手段，通过使用移动设备（智能手机、iPad、电脑），实现随时随地的移动学习。

首先，要求学生课前充分预习。教师通过微信或 QQ 等通信软件，将事先整合好的网络资源及微课视频发送给学生，同时，布置课堂小组活动任务。学生通过课下的碎片化时间提前预习知识点，同时，在交流平台上把自己预习时遇到的问题以留言或者实时交流的方式与教师和同学交流、解答。其次，课上教师可以就学生课前交流时所遇到的共性问题进行解答，同时，以个性化和小组合作的学习方式促进学生对知识点的深度运用。最后，教师根据课堂反馈在课后布置有针对性的实践作业，同时，要求学生发布到交流平台。借助交流平台共享和互动的特性，可以进一步深化教师引导、生生互改、生生讨论等多样化的互动教学方式。

（二）"互联网+"多元化日语教学流程设计

1. 教学准备阶段

目前，国内有一些成熟完善且评价较高的日语学习网站。这些网站上不仅有丰富的学习资源，包括在线词典、考级词汇及语法、会话音视频、读解听力材料以及大量的在线新闻和练习等，还能够做到实时更新，为日语学习者提供具有时代感的生动的语言和前沿的日本文化资讯。需要注意的是，因为内容丰富，学生常常把时间浪费在浏览、选择上。因此，教师需要根据教学实际，有目的地筛选和取舍，引导学生进行自主学习，使之真正对课堂教学起到辅助作用。此外，教师应提高信息化的教学能力，将课堂教学延伸到课外，可以制作电子课件，录制微课视频，以节省课堂教学时间，有效完成教学中重难点的讲解。

以"互联网+"为依托的教学准备，打破传统教学的时间和空间，有效补充了教学时间，同时也极大地促进了教师教学水平的提升，促进了教学团队的建设。

2. 教学实施阶段

布鲁姆曾说过，"成功的外语课堂教学应当在课内创设更多的情境，让学生有机会运用已学到的语言材料"。理工高校日语零起点、课时少等特点更需要日语教学从理论教学转化为实践教学。

通过自主学习和 QQ、微信等平台的交流和讨论，大多数学生能够在课前掌握基本的语法知识点，并在此基础上以个体或者小组的形式完成教师布置的课堂任务。在前期的课堂准

备及学生反馈的基础上，教师结合翻转课堂和任务式教学理念设计课堂教学活动，以重点点评的方式解答分享平台上的疑难点，引导学生积极地进行口语交流③。

无疑，在以"互联网+"为依托的教学活动中，学生将成为课堂活动的积极参与者和完成者，而教师则成为课堂活动的组织者和监督者。这样的课堂教学，不仅实现了以学生为主体的课堂教学模式，同时，通过课堂内外的联动又能为学生提供口语交际平台，实现理工院校日语教学理论与实践的完美结合。

3. 教学评价阶段

相对于传统的考试考核体系而言，以"互联网+"为依托的日语教学评价体系更能全面反馈学生的综合语言应用能力。根据学生在共享信息平台参与情况以及课堂教学活动中的表现，采取教学评价、学生互评、小组互评等多元化的评价方式，适当增加平时成绩的比重，能够激发学生学习兴趣，提高学生开展学习的主动性。

综上所述，"互联网+"多元化日语教学模式能借助互联网平台，使学生利用碎片化时间随时随地地学习，提高理工科学生的日语学习主动性；通过共享平台加强与学生的交流，引导学生开展自主学习、合作式学习，解决理工科院校日语教学课时少的短板。"互联网+"时代，机遇与挑战共存，"互联网+"多元化日语教学模式既给高校日语教师和学生带来了机遇，又给高校日语教师和学生带来了新的挑战。如何引导学生正确利用互联网？如何在使用互联网的过程中加强自我管理？这是值得我们长期研究的课题。

第五节　移动学习终端与日语教学思维

当今大学校园里，智能手机、iPad、平板电脑几乎成为人手必备的通信工具。基于这样的高普及率和方便实用性，如果能够建立一种教学模式，实现师生互动学习，对日语学习来说是一项有益的尝试。

移动终端教学指的是运用移动网络技术、通信技术，通过科技终端，实现随时随地可学习的一种碎片化学习方式。移动学习具有便携性、个性化、实时性、交互性等特点。移动学习能够极大地发挥学习者的主观能动性，培养学习者强烈的学习动机和浓厚的学习兴趣④。

一、移动学习终端应用于日语教学的可行性

（一）移动学习终端在学生中的普及

大学校园里，智能手机、iPad、平板电脑几乎成为人手必备的通信工具，除了作为人与

③　林彩虹.基于翻转课堂下的高职日语翻译课程教学策略研究[J].黑龙江教育学院学报，2017，36（5）：60-62.

④　车斌.高职日语教学的设计与策略[J].辽宁高职学报，2006，8（5）：94-95.

人之间传递情感、沟通交流的工具外，在课下"自主学习"过程中也起到了举足轻重的作用。

（二）移动学习终端在教学上的优势

1. 传统教学的利与弊

作为非专业课的大学日语课程，在传统教学模式中，学习资源均以纸质教材为媒介，知识点以板书的形式呈现，授课形式是课堂教学中常用的"一对多"讲授式。多年以来，这种教学模式在日语学习中还是有其必要性和不可替代性的。一方面，从发音开始讲授的基础知识部分，学生与教师近距离接触，有利于教师第一时间纠正学生的错误发音，时效性较强；另一方面，在多次修改教学大纲后，大学日语的课程缩减到三个学期，要在短时间内学完初级日语上册和下册的全部内容，就要对教材内容有所取舍。如何取又怎样舍，这个问题只有在课堂教学过程中，根据学生的真实反应定夺。现今信息技术高度发达，教学模式不断创新，传统课堂教学难免有些跟不上形势。

2. 利用移动终端学习的优势

变"被动学习"为"主动学习"，要从能够让学生"主动"的切入点着手，培养学生的兴趣，找到师生的共通点。移动终端设备便是信息技术背景下集"天时、地利、人和"为一体的时代产物。其一，移动终端设备的便携性。移动设备具有体积小、可随身携带、不受时间和地点限制、屏幕分辨率高、支持文本和动画、可播放视频及音频、可安装软件、可发送语音和视频信息等诸多优点，可以满足学生随时随地查询和学习的需要。而学生在利用手机查询的过程中，又实现了从"被动学习"向"主动学习"的转变。其二，利用移动终端学习的实时性。利用移动终端设备学习，可以随时随地查找生词、语法，获得最新的知识和前沿动态，从而弥补纸质教材内容陈旧、更新较慢的缺陷，做到与时俱进。其三，基于移动终端教学的个性化。如今市面上学习日语的软件有数十种之多，每种软件都有自己的独到之处，学生在完成课堂学习的同时，可自行在手机中选择满意的 APP 进行补充学习和温故知新，既突出重点又体现个性。其四，移动终端学习的互动性。只要有网络覆盖的地方，教师就可以利用智能手机这样的移动终端与学生建立"群"的联系，随时发布消息、分配任务。另外，在情景教学方面也能为学习者提供高效的服务。

二、基于移动终端的教学模式

（一）信息交互式学习模式

目前，网络上的沟通平台很多，在开展整体授课前，由教师创建群，并且作为群的管理者，每次上课前，在微信群里发布学习任务，由学生自行查阅学习资料或上网浏览得到答案，课堂上做总结和梳理。其优点在于：学生课堂上往往因过于紧张不能好好思考或回答问题，通过群与学生建立联系，提前分配任务，给学生充足的思考时间，降低挫败感，提升成就感，为学生营造宽松的氛围，从而提高其学习热情；学生有疑问也可以在群里联系或私信教师得到解答，真正做到因人而异，因材施教。

（二）基于浏览器的外语查询学习模式

我国教育改革开始至今，从培养学生"学会"到培养学生"会学"，取得长足进步。当代大学生的"学习力"日益增强，学生对于知识的渴求不仅限于纸质教材中的课程安排，更多学生有日语等级考试或出国留学或"想要学得更多、更好"的要求。在这样的"自我学习"模式下，对课外知识的汲取成为学生的迫切需求，移动终端设备，尤其是智能手机，是学生首选的学习手段。"自主学习"过程中，遇到难题时，可第一时间浏览服务器，找到答案，省时，省力，高效，使学习有序进行。

（三）基于可视通话交互的学习模式

大学日语作为一门基础语言学科，要完成的教学目标有：

①基础知识。

②听、说、读、写的基本技能。

③实际运用能力。

④社会文化知识。

⑤文化理解力。

⑥日语学习策略。

⑦日语综合运用能力。

⑧跨文化交际能力。

⑨用日语完成各种任务。

⑩综合文化素养。

外语的学习要以"听"为起点，以"说"为途径，以"读"为媒介，以"写"为提高，以"译"为目标。作为第二外语的大学日语课程，与专业日语相比，课时少、任务重是目前面临的难题。为培养学生听、说、读、写、译的能力，除课堂教学外，教师利用课余时间，建立日语聊天群，定期展开热点讨论，答疑解惑，也可邀请日语外教参与视频，并实现多人同时视频通话，让学生听到最地道的日语，得到最满意的答复。这样可实现：增强师生互动，拉近与学生的关系，建立深厚的信任和高涨的学习热情；摆脱哑巴日语的局面，做到学有所用；加快学习进度、拓宽知识面，更好地贯彻新版教学大纲的指导思想，培养更加优秀的外语人才；实现学习资源共享，教师与学生共同进步。

三、对移动终端学习软件的要求及展望

目前，学习者对市场上的 APP 有以下意见：收费过高；讲解不全面，不够生动，很多语法就是语言点的罗列；连贯性较差；整体性不强。鉴于以上问题，亟待一款适合自主学习，性价比较高的日语学习 APP，其内容设计要做到以下几方面：第一，模块设计科学系统。由于日语专业的学生有充足的理论学习时间（专业课时较长）、合理的课程安排（包括精读、会话、听说、写作等全课程）、人数众多的外教（日语专业会按照学生人数配比

日本教师)、丰富的图书馆藏（我国各高校的日语专业均建有自己的日语图书馆，以方便师生查阅文献）、专业教室及日语角等有利的外围教学硬件，对日语学习 APP 的需要度并不高。恰恰是学习第二外语或业余爱好者会将注意力放在各类学习软件上。一个好的 APP 在每一课应该区分出若干区域。例如，单词板块、课文板块、习题板块、情景对话板块、关联知识板块等，合理布局学习内容，以方便学习者有针对性的学习。第二，精致度与画面感二位一体。学习界面的画质、创意、格局、内容分配，都要做精心的策划，不能单纯地罗列语法或照搬教科书。而如何做到精致，则需要软件编写者与美工积极配合，还需要大量的市场调研和走访，听取试用者的意见和建议。第三，关联性与整合性缺一不可。语言知识是一个系统的整体，每一次课的结束是下一次课的开始，要循序渐进地开展课程设计。此外，随着学习难度的加大，后期需要掌握的语言点越来越多，而学生的后期记忆也会出现断层，如果是传统的课堂教学，教师可以做回顾和梳理，带领学生温故知新。在 APP 中，为了弥补不能"温故"的缺陷，可以使用超链接，新知识中如果穿插着旧知识，通过简单的手指触屏即可查询加以巩固。第四，趣味性与知识性高度相关。手机 APP 毕竟不是必修课，没有授课计划，没有课堂教学。学习者只有对软件产生兴趣才能持续使用，并不断加深学习难度。如何做到趣味性，是难点和重点。笔者认为，可以在 APP 中加入动画、动漫、精美图片及有声视频，并且可以加入一些趣味知识，以开阔学习者眼界，了解日本文化的方方面面。

期待在今后的大学日语课程中，能够切实用到更好的日语学习软件作有效的教辅，力求更完美地完成教学目标，培养优秀的日语人才。

第六节　输入理论与二外日语教学思维

随着中日两国经贸和文化交流迅猛发展，来华开拓商机的中小型日企，以及从事对日业务的国内企业数量呈快速增长趋势。例如，上海外资企业中日本企业占比近 60%，超过 6000 家。企业急需大量日语交流和翻译人才，更有很多企业为应届生打开了出国工作的大门。此外，两国在旅游、文化交流等领域的互动也日益加深，越来越多的学生选择日语作为主修或辅修的外语。但是日语的教学环境与英语相比要差很多，无论是语言输入还是练习机会都十分有限。外语学习过程中必须保证充分可理解的语言输入，从而促使学习者对所学语言产生持续深刻的理性认知。语言学家克拉申的输入理论是研究外语学习的重要理论之一，本节将基于该理论分析日语教学中存在的问题及教学模式的创新。

一、外语学习的"输入假设"理论

外语学习因语言环境、投入时间以及学习者个人认知习惯不同，学习的策略和进度也各有差异。但有一条规律是被普遍遵循的，即学习者必须接受适量且符合其学习能力的语言输入，这条规律被众多语言学家的研究观察所证实。例如，哈次和瓦格勒·高对个案学习外语的成功和失败原因进行分析，发现进步的学生获得了足够的与其语言能力相适应的语言输入，而不成功的学习者接收的语言输入大多是复杂且超出其语言能力的；我国著名外语教学法研究专家李冠仪教授基于其 50 多年的教学经验总结得出的心得是：在有限的篇幅内融入充分的，符合学习者当时语言能力的语言输入量，以保证学生获得足够的感性材料。而最早引起广泛重视的输入学理论是克拉申的"输入假设"。

"输入假设"的理论依据来源于儿童学习母语的实践研究，著名语言学家 Krashen（克拉申）将母亲教授儿童的语言称为"照顾者语言"，"照顾者语言"具有的几个特征是：照顾者说话的动机是被听懂，例如，父母对小孩说话，是为了让小孩了解自己在具体表达什么，指向什么，希望得到怎样的应答，而不是灌输语言本身的相关知识和技能；照顾者在与被照顾者讨论的一般是当下具体的对象，不会过多涉及超出被照顾者认知和理解范围的对象，但照顾者会根据被照顾者认知水平的提升，逐渐扩展语言输入的范围；此外，照顾者与被照顾者之间对话的语言结构比成人之间对话要简单很多，但对话的频率相对更高。"照顾者语言"的特征与输入假设的印证点在于：照顾者根据被照顾者，调整语言输入的内容、结构和频率，使之与照顾者的语言能力和认知水平相接近，即提供充足的可理解的语言输入，也穿插了下一阶段需要学习和认知的内容⑤。

克拉申的"输入理论"中定义的理想输入应具备可理解性、相关且有趣、非固定语法模式以及足够但适宜的输入量四个特征。可理解的输入材料是被习得的必要条件，不可理解的语言输入无法与现有语言认知融会贯通，强加的印记存在时间极其短暂，甚至只是一种干扰和噪声；输入的语言关联性越强、趣味性越强，就更能激发学习者的兴趣，因此，需要对输入材料的内容和形式进行加工处理；语言学习最终目标是掌握使用语言的技能，而语言的使用没有固定的范式，因此，语言习得关键在于保障充足的可理解输入材料，而不是按照语法安排死板的教学内容；最后，输入量必须充分且适量，在真正习得语言之前，需要经过反复和不同场景下的练习。

二、二外日语教学存在的主要问题

根据"输入假设"理论分析二外日语教学，存在的问题主要有以下几个方面：

日语语言环境欠缺导致语言教学可理解性不高。缺乏良好的语言环境是小语种教学普遍面临的困境，日语教学也不例外，学生在学习和使用时缺少本土气息的氛围。日语教师绝大多数是中方老师，汉语教学在授课中经常出现，尽管很多学校和老师已经意识到沉浸式教学的重要性，逐渐尽可能地使用日语授课。但由于教学过程还停留在书面化的传统阶段，无论是教师授课还是课堂活动都过于形式化和编排化，因此，这种教学和互动本身就需要经过复杂的思考和"刻录"，才能在短暂的联系中表达出来，与实际自然理解和交流存在本质区别。此外，围绕"教材"进行的教学，严重制约了学习者对日语相关知识的拓

⑤ 王秀文.日本语言与跨文化交际 [M].北京：世界知识出版社，2003.

展，学生缺乏对语境的理解，包括社会、文化背景等。因此，学生对日语的认识和使用是机械化和程序式的，没有养成日语思维，在实际交流中容易紧张，严重影响进一步的学习。

教学内容和活动关联性和趣味性不强。尽管日语教学越来越注重互动式和场景化的实践，但实际操作过程中却没有达到预期的效果，课堂活动的关联性和趣味性不强。例如，教师和学生的互动对话被一问一答取代，教师按照教材的教学计划往前推进，不停地向学生提出"懂了没？""什么意思？""翻译一下？"等问题。学生处于不对等的对话中，容易失去自主性和积极性；按照理想的"照顾者语言"，照顾者会持续观察被照顾者的习得水平变化，持续优化输入内容和形式，并注入适量强关联新内容。而二外日语课堂学习时间有限，复习或者拓展学习主要依靠学生自主学习。在课堂上，教师为了增加学生的自主性和积极性，也会留出大量时间给学生自主学习和互动。但在缺乏有效引导和规划下，学生自主学习和计划的内容的关联性和递进性都很不理想；课堂小组活动缺乏周密的计划和设计，一方面小组活动往往只提出一个主题，却没有明确的计划和指向，具体的沟通交流由学生自己发挥，而大多数情况下学生是不会提前进行充分准备的。另一方面小组的划分比较随意，实际讨论中习得水平较高的学生往往比较活跃，占据主动，而习得水平落后的学生则几乎没有充足的发挥空间。

有效语言输入量不足。外语学习必须要经过持续积累的有效语言输入，并在持续的运用中转变为技能。二外的选择一般都是基于学习者自身定向发展规划或者兴趣的需要，选择日语作为二外的学习者对日本文化有强烈的认同或对日工作有非常明确的规划。但与英语从小以来系统化、阶段化的持续输入不同，二外日语学习专业训练时间有限，而现有课堂教材和课件无法在短时间内将充足的有效语言输入都囊括。特别是面对不同习得水平的学习者，标准化的教学模式和计划无法为每一位学习者提供匹配且足量的语言输入。

三、基于输入理论的二外日语教学模式研究

针对二外日语教学存在的问题，结合"输入假设"的理论指导，本节认为可以通过以下几个方面改进二外日语教学模式：

（一）创造良好的语言学习环境

良好的语言学习环境无疑实践"输入假设"理论的必要条件，而在现有的先进教学技术和丰富教学资源下，构建更加完善的日语语言环境比以往要轻松很多。首先应改进课堂的学习环境，提升教师"照顾者语言"的运用能力，即教师应更好地了解学生每一个阶段的语言习得状态，及时调整自身的语言技巧、语言结构和教学计划，从而确保学生每一阶段接收到的语言输入都是符合当下认知水平以及吸收新内容的吞吐能力水平的。在此基础上，教师应当充分使用日语进行教学和沟通，尽量避免中文交流，从而保证在学习计划内的教授内容能够被最大频率重复，并不受其他语言干扰的情况被学生认知和吸收。其次，为延续有效语言输入，应当创设更多日语相关的校园学习和交流环境。例如，日文动漫社团、定期的日文电影赏析、日文歌唱比赛等。校园日语语言环境假设应当包罗万象，从最

简单的儿童学习资料到复杂的日文商务交流资料，目的是让学生在课堂上学习到的语言知识点，能够在课后被经常提起和运用。同时也确保了不同学习层次的学生能够找到相应的学习小空间。

（二）开发智能化和系统化的日语学习资源数据库和学习软件

根据"输入假设"，理想的语言输入具有强关联性和趣味性的特点，而其实现需要人为对学习内容及相关辅助资料进行整理，并按照语言习得的阶段规律进行系统化编排。尽管目前已经存在巨量日语教学的学校资料、互联网学习资料以及社会培训机构资料，看似丰富全面，但对个体而言，梳理出适合自身学习习惯的完整系统化资料是非常困难的。基于现代化的计算机技术和网络技术，二外日语教学的教材以及辅助资料可以通过专业化的梳理和编排，打造成一套贯穿始终，互相关联且多媒体化呈现的结构式的资源数据库及工具箱。首先，从关联性上看，可以将标准化教材与辅助资料编排到统一的学习软件中，教师教材大纲作为学习的基本主线，而学生可以根据自身吸收情况在软件中适当调整。每一个学习阶段或者知识点，在软件中都可以关联到相应的发散学习内容，如语言背景、场景案例等，也可以同步进行测试和沟通训练。学习软件智能化地识别学生的学习进度和学习成果，并推送已经设定好的新增内容以及相关辅助资料，从而发挥了"照顾者语言"的作用。从趣味性上看，通过影音视频、社区活动、真人交流等现代化的教学内容和工具，能够让学习者在半虚拟的网络环境中充分浸入日语体验空间，从而将练习和学习带入到对日语环境下参观、赏析、游戏、交友等活动中，摆脱枯燥乏味的词句和语法的学习。

（三）注重日语文化的融入

学习外语最大的难题在于文化干扰，母语下固话的思维方式和表达方式对外语学习形成阻碍，二外日语学习过程中受母语和第一外语的双重干扰。在相同量的语言输入和练习下，在日本本土学习日语比在国内学习日语要地道很多，其中重要原因是学习者在纯正的日语文化下，能够真实深刻地感受到语言如何与当地文化、习俗、心理等之间的关系。因此，比较两个具有相同语法和词汇知识结构的学习者，在日本本土的学习者在表达时能够更好地在语气、心情、神态等方便表现出纯正气质。因此，对国内二外日语教学而言，应当重视对日语文化的融入，引导学生更多地了解日本的历史、文化、社会习俗等，特别是具体到当下日本特定区域、特定人群的生活习惯、价值观念等，从而将学习到的日语知识点与对日本社会的理解更好地融合，进而使得语言交流更具有精神内涵，而不是单纯理解表达内容和目的的工具。

第三章 日语教学创新

第一节 日语教学课外活动管理创新

加强日语课外活动管理，既是当今社会培养日语人才目标的客观需求，也是保障教学质量的重要途径，更是营造日语学习氛围、提高学生学习积极性的有效措施。通过设计严谨、形式活泼、内容新颖的课外活动所营造出的日语人性化学习氛围，有助于学生拓展所学知识，获取新知识和新技能，完善知识结构，提升综合素质，开阔国际视野。日语课外活动管理的创新特征主要体现在：具有人性化特点，采用金字塔式框架结构的组织形式，实用性和趣味性的完美结合。

随着经济的飞速发展和国际关系的新变化，社会对人才培育提出了更高要求，高校教学改革也在不断深入发展，迎来了诸多机遇和挑战。在此背景下，高校日语专业的建设和发展以及教育观念的更新势在必行。那么如何创造良好的学习环境？实践证明，通过加强课外活动管理创造人性化学习氛围，有助于培养高质量日语人才。

一、加强日语教学课外活动管理的必要性

加强日语课外活动管理，积极营造日语学习氛围，既是当今社会培养拔尖创新人才目标的需要，也是解决各高校日语专业课堂教学课时不足和班级人数过多造成的实践机会短缺这一难题的有效途径，是培养高质量日语人才必不可少的课堂教学补充环节，更是在非原语言国学习日语语言文化本身的环境需求 ⑥。

（一）加强日语教学课外活动管理是当今时代培养日语人才目标的客观需求

当今社会，国家对各高校人才培养提出新的要求：高校人才培养必须适应社会需求，各专业学科必须大胆改革，主动适应，走培养多样化人才之路。在此背景下，要培养"适应社会需求的、'听、说、读、写、译'五项技能都能达到较高水平的、具有创新精神和实践应用能力"的复合型日语人才，就要有与此人才培养目标相适应的课程教学管理设置。其中，师生角色定位的转换，课堂与课外教学活动的有效衔接，都是课程教学改革必须考虑的重要因素。日语课外活动，作为日语教学活动中必不可少的环节，起着营造日语语言

---

⑥ 吴耘.电影视听英语教程 [M].北京：北京大学出版社，2002.

环境、培养学生创新精神和实践应用能力的重要作用，对日语人才的培养意义非凡，是实现日语人才培养目标的客观需求和基础保障。

（二）加强日语教学课外活动管理是保障教学质量的重要途径

高校日语本科教学普遍存在课时不足、教学计划不能按时完成的现象。长期以来，教师习惯于在学生人数相对较少的课堂，采用高密度的反复训练方法作为培养外语人才的传统手段。近年来，由于高校扩大招生人数导致班额逐年增加，传统的日语课堂教学面临巨大的压力和困惑——课堂教学课时不足和班级人数过多而造成实践机会缺乏。不但要进行课堂教学的改革，还要从辅助教学环节入手，有组织有目的地进行外语课外活动，从而使得课堂上有限时间内达不到的教学需求通过加强课外活动管理，在营造人性化学习氛围环节中得以满足，也为日语学习者创造一个近似母语氛围的语言环境，快速地提高学习效率。正如林耀福在《语言环境与外语学习》中指出："语言环境对于外语学习非常重要，外语学习不在于建构理论架构而在于建构一个母语环境，尽量接近母语的环境，可能比建构外语学习的理论模式更有助于提升学习效果。"刘建云在《二年级综合日语教学法初探》一文中也指出："课外活动是课堂教学的重要补充，除了以作业等形式作为课堂教学的延伸外，更重要的是尽可能创造日语环境。"以上研究分别指出了加强课外活动和创造具有人性化学习氛围的母语语言环境对日语学习的重要作用。

（三）加强日语教学课外活动管理是营造日语学习氛围、提高学生学习积极性的有效措施

在国内学习日语，缺乏日本国内那样得天独厚的语言环境，而在日本，所学所见所闻都与日语相关，接触的主要是日本人。除了主动学习以外，学习者还要被动地接受日语，所以在语感方面优于在其他国家学习日语的学生。另外，接触各种社会活动也可以促进词汇量的增加。大量地接触日本社会各阶层的人，能够使学生尽快地融入日本的社会中，这种良性的日语学习循环链有助于学生快速掌握日本文化知识。而在国内的日语学习环境中，缺乏这样先天自然的有利条件。语言环境上的差异是需要通过课外活动进行弥补的。因此，通过课外活动，努力营造日语学习氛围，对提高学生的学习积极性有着极其重要的作用。

二、日语教学课外活动管理的主要创新特征

科学技术的发展日新月异，语言也会相应地更新。课外活动由于不受教材、教学计划的限制，恰好能够在这方面充分发挥创造人性化学习氛围的优势。通过设计严谨、形式活泼、内容新颖的课外活动所营造出的日语人性化学习氛围，有助于学生拓展所学知识，获取新知识和新技能，完善知识结构，提升综合素质、开阔国际视野。

（一）具有人性化特点

有组织的课外活动与学生自主学习、学生自发组织的活动有所不同。其不同之处在于：它是以"人"与"人"的交流为前提的，这符合未来日语国标"人文学科的回归，强调人文教育、人文关怀，大学的外语专业不再是语言学校，而是通过语言学习搭建起的人与人之间情感交流的桥梁"的这一特征。现在，电视、互联网、多媒体教学软件等越来越多地应用于外语教学之中，这些"硬件"工具形式多样、信息量大、能够快速接收与传递信息，在增强学生的立体认知等方面有着不可忽视的作用。但是这些"硬件"的辅助工具也有其欠缺之处，那就是机器并不能完全满足人与人之间交流的需求；在检验知识反馈方面，机器也不能达到人们所想要达到的理想效果。要想实现人性化的交流，就需要采取有效的措施来填补"人"和"物"之间交流的漏洞，开展日语课外活动就是为了弥补这一缺陷。学生之间的相互学习和交流能更好地检验各自的学习效果，同时也能增进学生之间的沟通与了解，有利于营造出浓厚的日语学习气氛。

（二）采用金字塔式框架结构的组织形式

在非原语言国进行日语课外活动，要使其充分发挥课外活动的课堂教学补充作用，持续高效实施，达到理想效果，就必须结合实际情况，采用有组织性、有计划性的金字塔式框架结构的组织形式。通过由上而下的组织结构，提高其执行力度。其组织结构为：项目负责教师—学生会下属学习部—各班学生干部—各班学生。在此课外活动组织中，教师是引导者、发动者、传授者、组织者，学生是主体。在教师的引导下，学生积极参与，共同努力，精心构思内容，巧妙设计形式。在正规的活动规范保障下，通过这样结构严谨的组织形式可以使课外活动成为一项有组织、有目的、执行力度强、学生参与度高的经常性活动，保证每次课外活动内容都是根据课堂内教学的进度而设计的。在学生已掌握课堂知识的基础上组织课外活动，有助于使学生巩固和消化课堂内所学内容，形成课内课外多次练习和循环记忆，既不加重学生学习负担，又能快速提高教学效果，保证教学质量。

（三）实用性和趣味性的完美结合

所谓实用性，即组织的课外活动要能达到活动开展的目的，能够起到一定的实际作用。设计活动时要顾及学生的日语水平和能力，这一点是在组织活动之前必须考虑的因素之一。此外，课外活动的形式和内容也要做到既有针对性，又有趣味性，做到形式灵活多变，内容活泼有趣，这是活动能够持续有效开展的重要因素。例如，针对低年级学生，所有活动原则上以班或小组为单位进行，活动单位视内容而定。在语音阶段可以通过接尾令、绕口令比赛等形式进行听辨能力的课外训练，并利用游戏活动来扩大词汇量，举办有奖知识问答活动来促进学生了解日本及日语知识等。而进入课文学习后，一方面，要继续考察语音、语调的掌握情况，辨音的精准度，以及单词的熟练程度；另一方面，要进行日本文化及日语知识方面的补充，可以在一年级的后期进行日语短剧的表演活动，或者知识竞赛等，以此提高学生日语学习积极性和趣味性，同时，逐步提高日语综合运用能力。而针对高年级的日语学习者，则可以鼓励多参与由教育部高等学校外语专业教学指导委员会或各省日语委员会组织的、有规模的日语活动，如日语知识大赛、日语作文大赛、大学生日语辩论与演讲大赛、全国本科生论文大赛等。还可以参加各种实践活动，包括专业见习与实习、课外实践教学、社会实践活动、国际交流等。根据不同的活动内容制订不同的培养方案：制订见习与实习计划，确保有明确的目标和要求、详细的内容和步骤、专业的指导和监督，培养学生运用专业知识和技能解决实际问题的能力；开展学科竞赛、组建学习兴趣小组、学术社团，参与或主持创新项目等课外实践活动，培养学生的研究能力和创新能力；开展社会调查、志愿服务、公益活动、勤工助学、支教等社会实践活动，帮助学生了解民情和国情，增强社会责任感；开展形式多样的国际交流活动，让学生通过切身感受语言国的社会文化，扩展国际视野，提高跨文化交流能力。通过这些活动能促进学生对学习进行自我规划、自我监管、自我评价、自我调节；能组织和配合他人开展学习活动；能及时总结并善于借鉴有效学习策略、改进学习方法；能利用现代信息技术手段进行学习，拓展所学知识，获取新知识和新技能，完善知识结构；能通过实践活动学会与他人沟通与合作；能激发学生学习日语及日本文化的热情，加深对日本的了解，促进中日两国文化交流，帮助日语学习者增长知识，开阔视野，从而满足当今时代培养拔尖创新人才目标的需求。

三、日语教学课外活动管理应注意的事项

（一）要增强学生对教育形式多样化的认同心理和对课外活动的参与意识

高校人才培养必须适应社会需求，走培养多样化人才之路。日语人才的培养形式也要多样化，坚持原则性和多样性的统一，走"外语核心课程＋专业特色课程"的教育模式，使日语学习者开阔眼界，打开思路，成为具备多种能力的复合型人才。要实现这一目标首先要统一学生对受教育形式多样化的认同心理，使其改变只进行单一学科课堂学习，课外活动是无效果、没有意义的、可有可无的这种传统的受教育观念，认识到受教育形式多样化和参与课外活动的意义和重要性，消除对课外活动的抵触情绪和偏见，从而积极主动地参与各种日语课外活动，在课外活动中强化知识、提高能力、开阔视野，最终实现培养目标。

（二）组织日语课外活动，创造人性化学习氛围过程中需要注意各实施环节的可操作性

可操作性是指在实际实施课外活动过程中的具体可行性，这是在开展一项活动之前组织者必须考虑的因素。如果课外活动的可行性不大，会直接影响到活动的实施过程与结果。例如，竞赛题目难度过大、分组不恰当，或比赛规则不合理、赛后的奖励办法欠妥（包括奖品是否具有吸引力）等因素，都会影响到学生参与活动的积极性与活动的可持续性。这就要求课外活动组织者必须充分考虑各个环节，构思严密，面面俱到。

（三）课外活动组织者需要具备较强的毅力和耐心

通过怎样的形式组织各种不同内容的课外活动，需要教师花费大量的时间和精力对课外活动进行指导干预。大规模地、长时间地、不懈地进行调查、跟踪、记录外语课外活动的数据，并对其进行分析研究，这需要课外活动组织者必须具备较强的毅力和耐心，充分做好心理准备。

总之，在日语教学过程中不能忽视课外活动对课堂教学的补充和延伸作用。但设计的活动如何与课堂教学相辅相成，合理协调课堂教学与课外活动之间的关系，什么样的活动有助于哪种能力的提高等问题将作为今后的课题，有待继续调查研究。

第二节　高校日语专业教学创新

培养高素质、高能力、复合应用型日语人才满足多元化发展的社会需求是高等教育的重要任务和必然目标。本节将分析高校日语专业教学现状，并从提高日语生综合应用能力，特别是重视听说能力的提高视角探讨高校日语教学创新的思路。

在信息日新月异的当今社会，随着中日两国政治、经济、文化等领域的交流不断扩大，两国的经济一体化进程不断加快，经贸上的相互依存度不断提高。在此经济背景下，具有扎实日语功底、熟练掌握语言技能和交际能力并通晓经贸、商贸等知识规范的日语人才受到大力追捧，这就对高校日语专业教学提出了更高的要求。创新教学模式，全面提高日语生综合应用能力已成为高等教育的重要任务与目标。

一、日语专业教学现状

高校日语专业教学目标离不开培养学生的日语听、说、读、写的综合能力，可是在实际课堂教学中始终只注重语法教学，而对学生的听说能力、实际工作能力、学生专业素质方面的培养重视不够，导致很多毕业生走进社会后发现自己除了语言其他方面几乎毫无所知，离社会需求相差甚远，没有达到教学目的。日语专业教学的现状是：

（一）传统教学模式为主的课堂教学

当前，各高校的日语专业教学仍然摆脱不了传统的教学模式，基本上仍然以书面教材为中心，缺乏行业培训指导。课堂教学以教师讲解为主导，学生的主体地位没有得以体现，阻碍了学生学习的主动性，抹杀了学生学习日语的兴趣，并影响创新能力的发展。

（二）重考试轻应用

为保证国家教育部举办的专业日语过级考试的通过率以及日语国际能力等级考试的通过率，很多高校的日语专业在教学过程中过分强调语音、词汇、语法教学。教师注重读写教学，将大量精力放在此处，为考而教，学生为考而学，在教学活动中忽视了学生应用能力的提高。提高学生的日语实际应用能力是日语教学的基本内容，即日语学习是一种技能培养，不能只学习和掌握日语的语法知识和语言体系。跨文化交际能力的薄弱导致持有一、二级日语国际能力证书的学生在职场上欠缺与客户沟通与交流的能力，最终难以胜任本职工作而离岗。

（三）教学方法、手段不够丰富

高校日语招生规模不断扩大，且日语专业的学生进入大学后要从日语字母开始学起，最终达到熟练运用的程度，这对教师来说是一项艰巨而繁重的教学任务，对学生来说是艰巨的语言学习与应用实践。此外，日语教学还普遍存在课时少、内容繁多的问题。教师受教学手段、方法的客观限制，导致满堂灌的"填鸭式"教学占主体地位，在实践中，以教师为中心的倾向越来越明显，学生则处于被动的学习状态。再加上不重视学生在实际情境下的语言训练和实践，导致学生课堂参与积极性不高，使得日语教学和学习过程变得单调乏味，语言交际能力大受影响。

（四）学生自主学习能力差

自主学习在学生学习过程中非常重要。大部分学生在高中阶段受灌输式教育的影响，进入大学后自主学习能力比较差。尤其小语种的日语，学生接触得更少，再加上学习方法欠缺、重要性认识不足、学习任务繁重、学习目标还不够明确等因素影响，导致学习日语的兴趣和积极性逐渐减弱，削弱了自主学习能力。因此，帮助学生培养自主学习能力应成为教学过程中的重要目标之一。

（五）师资力量匮乏

目前，日语专业的教师大多来自国内各大院校的应届毕业生，这些毕业生虽然基础知识扎实，有潜在能力，但缺乏实践经验。各高校严重匮乏既会日语又具备其他专业技能的教师。比如，在商贸方向日语教学中，日语教师缺乏商贸方面的知识，因此，只能将商贸课程与日语课程分开授课，也就是说商贸方向的课程只能用汉语授课，这就造成了学生普遍缺乏以日语为载体获取商贸信息的能力。此外，高校日语教师的总量总是处于紧张、不稳的状态，一部分日语教师的课时量总是超出正常的授课限度，使这些教师很难充分利用时间进行科研与教学研究。与此同时，缺乏能够与国内外高校进行学术交流与合作的平台，因此，参加学术交流与合作的教师所占比例很小。

以上问题严重影响日语专业教学的质量，因此，进一步探讨日语专业教学的新模式，提高学生的综合应用能力仍是日语教师的重要任务。

二、日语教学的创新途径

（一）树立新的教学理念和教学观念

高校日语专业教师教学理念的变化对于教材编写、教学设计、学习目标、评价测试均具有可操作的指导意义。把跨文化理解和跨文化交际要落实到具体的文本解读、人与人之间具体交往的过程中。尤其课堂教学要注重由传统的重语音知识向重语言交际运用转变，由单纯的"教师为中心"向"学生为中心"转变。要妥善处理传授知识、培养能力和提高素质的关系，处理好日语听说读写译的相互关系，把提高学生的日语综合应用能力放在重要位子，注重综合能力的整体提高和协调发展。要树立学生是教学活动的主体思想，处理好教与学的关系，并重视学生独立学习能力的培养。此外，入学伊始高校就要给学生树立一个正确的就业理念;给予学生更大的空间、关怀与指导。这也是综合应用能力培养的根本。

（二）重视教材的选用

要重视教材在教学中的地位。教材是传授知识、训练技能和发展智力的重要知识载体，是学生的基本读物。教材可为语言学习者提供一条学习的捷径，选择一部好的教材是培养人才的重要保证。可以说，教材内容直接影响教学质量和教学任务的完成。目前，各高校在使用日语教材方面存在着内容陈旧、实用性差、缺少新信息摄入、不能满足学生对新知识的需求等问题。因此，我们要充分利用各种现代化教学手段与资源，不断扩充新的教学知识内容，编写符合专业需求、符合社会发展要求的新教材。教师在教学过程中，更要广泛收集与教学内容相关的材料，灵活合理地运用，不能照本宣科，这样课堂教学才具有趣味性、实用性、针对性，学生的学习积极性才得以提高，保证教学质量，创新教学内容。

（三）采用多样化教学方法，充分利用网络资源

为了提高日语生综合应用能力，我们应该不断完善教学设备，充分运用信息时代的各种教学手段。现代网络技术为日语教学拓展了空间，因此，通过日语教学过程积极开发制作多媒体课件，将更多的网络资源引入到课堂实际教学中，这对培养学生的认识、分析能力起到积极作用。这样不但节省教学资源，还能提高学生的自主创新能力，课堂教学也变得充满活力。通过直观、生动的多媒体等教学方式为学生营造一种真实的语言环境，营造出既轻松又愉快的学习氛围，让学生在愉快的气氛中掌握知识，提高语言运用能力，并形成师生之间的良性互动，并以启发式、讨论式、探究式等教学方法，激发学生的学习积极性，进而充分发挥学生的主体作用，让学生最大限度地参与教学的全过程，从而提高教学效果。

（四）构建学生的"自主学习"模式

建构主义认为，知识不是通过教师传授获得的，而是学生在一定的情境中，借助各种学习资源，通过意义建构方式来获得。在日语专业教学中，以建构主义学习理论为指导，遵循日语学科的特点和学生的认知规律，利用各种有利条件，激发学生的兴趣，调动学生

的积极性，使学生主动参与，主动探索，主动发现，构建"自主学习"教学模式。通过意义建构，有利于学生掌握日语基础知识和基本技能，培养学生的"自主"精神和对所学知识"意义"主动建构的态度和能力，培养学生的主体意识、探索精神和自主学习习惯，培养学生的独立思考能力、分析能力、批评能力和解决问题的综合性能力。其教学基本程序为：优化和激活学生原有认知结构—创设"自主学习"情境—学生"自主学习"—知识迁移运用—自我评价与反馈。

（五）加强日语听说训练

积极将"语感训练"模式运用到基础阶段的教学中，强调学生语言学习的立体输入与输出，强调语言学习的效率。汤富华认为，"第二语言语感的本质就是学习者通过量化的学习产生规律性的认知能力，初步形成第二语言的概念形成、人际交往与语篇组织能力；它的特征必须通过多方位的文化立体输入与输出，才能完成语言交际的多次回路，并形成规律；语法学习永远不能形成这种语能"。基于这种认识，可以强化听与说的训练模式，通过大量的模仿录音、会话训练、辩论展示、试听等形式来强化。

日语教学的最终目的是培养学生用日语进行交际的能力。在日语教学中较薄弱的环节之一是听、说能力的培养，听与说是学生在学习日语过程中最难把握的一项技能。因此，听、说领先教学应成为日语专业教学的重中之重，尤其在初级阶段对听、说要大力投入，在课堂教学中教师应把听、说训练贯穿于整个教学环节中。要求在教学大纲、教材、教学内容、教学方法上必须有新特色。树立听、说领先策略，是提高日语生综合应用能力的必然途径，提高听、说能力是全面提高学生日语综合能力的突破口。目前在某种程度上，薄弱的日语听、说能力制约着学生的学习积极性和主动性，因此，在课堂教学中多采取组织学生进行讨论、情景会话、回答问题等方式，这既有助于消化课堂所学知识，提高口语表达能力，培养学生胆识，又能增强学生学日语的自信心，体会学日语的愉悦感，逐渐提高日语听、说、读、写、译综合实用能力。

（六）创设语言环境

培养学生驾驭语言的能力离不开良好的语言环境。语境对于学习外语非常重要，在国内为了尽量保证良好的语言环境，建议日语教学采用小班授课，人数控制在20人之内，课堂上教师努力创建全日语教学环境，尽量用日语授课。课堂是教师和学生交流的场所，授课过程中教师要不时地从讲台上走下来，到学生中去和学生互动、打成一片，那么师生之间的交流会变得更加自如，学生就会变得主动，积极参与课堂活动。除了课堂教学外，还应注重课外活动的开展。学校要定期举行日语知识竞赛、日语演讲比赛、日语剧比赛、日语歌曲大赛、日语角等活动，活动过程中教师应多鼓励学生积极参与，给予正确的指导与帮助。开展多种活动，扩大学生的听说训练范围，创造一个良好的语言环境，让学生把课堂上学到的知识应用到实际中去。这不仅能锻炼学生的专业技能、内心素质，从而提高日语听、说、读、写、译各项综合能力，还能促进学生整体素质的提高，为培养高素质的人才打下坚实的基础。

（七）完善实践教学

日语专业教育的首要任务是通过掌握日语基础知识和实践能力，使学生具备很好地运用日语的跨文化交际能力。为培养学生综合能力，教学要紧密接近社会，接近实际。实践教学以课内与课外的教、学、练为一体，能够提高学生的专业技能和综合素质，实现理论与实践的统一。

日语毕业生普遍就职于日资企业或从事与日本事务相关的外贸方面的工作，这对学生的日语语言知识、语言技能、对日企文化的了解有相当的要求。因此，教师在教学过程中应重视向学生传授基本礼仪、企业文化等有关日资企业方面的知识，并进一步提高学生的综合能力。为了提高对企业环境和工作内容的认识，获取职业岗位的初步亲身体验，还可以组织学生参观一些有规模的日资企业，建立稳定的实践、实习基地。高校可以组织学生利用假期走进日企实习，通过现场实践来提高语言的运用能力，并切身感悟基础语言知识和技能的灵活运用；也可把企业人员请到学校与学生面对面进行交流来了解日企的文化和信息，从而提高学生的交际能力。学生通过了解社会对日语人才的具体需求，增加自己的社会阅历、锻炼社交能力和处事能力，将为今后步入职场生活奠定良好的基础。

撰写毕业论文也是实践教学的重要环节。为提高毕业生论文的质量与水平，鼓励学生走进社会，走进企业，通过调查研究后选定论文题目，将选题与现实中的实际问题相结合进行探究，这对培养学生的科研能力、创新意识、综合应用能力起到积极促进作用。

总之，我们不能被传统的日语教育教学观念所左右，要适应时代的发展，不断探索与创新教学模式，并全面提高日语生综合应用能力，这是日语专业教学的一项重要工作。日语教师在教学中，应该改变单纯教授语言知识的教学模式，通过启发学生，陶冶情操，培养学生的思考能力、创造能力，丰富内心世界，这样才能确保日语人才培养水平的不断提高，培养出更多适应现代社会需求的高素质、高水平、高能力的应用型人才。

第三节　高校日语听力课教学创新

近年来，随着日语听力课考核方式的不断改革，越来越多的高校甚至是学生都深刻地认识到了提高日语听力的重要性。从笔者的角度来看，课堂作为学生接受知识的第一个步，在提高学生日语听力方面的作用还是至关重要的。虽然目前很多学者对日语听力的改革方案进行了一定的探究，但是在实际过程中其仍然存在很多问题。解决这些问题迫在眉睫。本节将以高校日语课存在的问题作为切入点，对症下药，提出对高校日语听力课切实的解决方案。

一、高校日语听力课存在的问题

（一）教学方式落后

在传统的教学方式中，日语听力课教师一般都是通过上课给学生放听力，核对答案，解读听力原文，纠正错误等方式进行日语听力教学。这样只是把教学的重点放在了学生对"听"的练习上，恰恰忽略了一个重要的问题，就是"听与说的结合"，而且这个教学过程枯燥无味，学生也难免会有厌烦情绪。广大日语教学老师并没有意识到"说"作为"听"的实际运用，在日语听力教学中的至关重要性。因此，新颖的教学方式显得至关重要 ⑦。

（二）教学理念落后

在实际的日语教学中，大多数日语教师都是把教学的重点放在培养学生"写"的能力上，注重在精读课上对课文以及书本式的语法知识点的讲解，而往往把听力置之度外。通过观察也不难发现，在各大高校对日语课的安排中，精读课与听力课的上课时间比重形成鲜明的对比。大多数日语教师只是把听力课作为精读课的附属部分，在上课的过程中，有时间就练习一下，没时间的话听力就一带而过。而且，目前很多高校在外语考试制度中都没有安排专门的听力考试，而只是平时的小测试而已。这也导致大部分学生对听力课的漠视，导致听力课效率低下。

（三）教学内容杂乱无章

在实际的日语教学中，日语听力教师大多是通过给学生播放日剧、日本动漫等形式进行教学，日剧内容多样，日本动漫情节诱人，难免会对学生的思维形成不一样的影响。此外，在观看日剧、动漫的过程中，大部分学生的重点都在日剧的剧情上，可能都早已忘记了学习观看这些视频的初衷。没有一个完善的日语内容教学制度，不仅会大大降低学习效率，而且会在很大程度上降低教学质量，偏离教学方向。

（四）教学形式陈旧

在大多数的日语听力教学中，很多情况下都是日语教师单打独斗，学生课堂下毫无反应，课堂上基本与教师没有互动，导致课堂毫无活力，学生一片死气沉沉，甚至有的出现了严重的抵触情绪，厌倦学习日语听力，大大降低课堂效率。此外，听力课上并没有学生说的内容，理论的听没有很好地运用到实际的生活实践中。俗话说得好，实践是检验真理的唯一标准，没有实践的配合，很难检查出学生的学习成果，学生没有考核的压力，自然对学习也不会很上心。

---

⑦　张汉昌 . 开放式课堂教学法研究 [M]. 开封：河南大学出版社，2000.

二、开展好高校日语听力课的重要性

（一）听力课是提高日语学生专业能力的一个重要环节

在现如今注重教育的时代，各大教育部门都在极力倡导学校注重学生的全面发展，特别是要注重大学生专业能力的培养。国家大力发展教育的一个重点就是培养人们适应社会的能力、生存的能力、外交的能力。而作为日语专业的学生，日语就是他们的生存之本，而日语听力又是日语专业的学生进行对外交流的重中之重。可见，听力能力的提高在学生听力课中极为重要，是学生提高专业能力的重要环节。

（二）是促进国家对日外贸发展的重要一节

国家为什么要开设日语课程，说明白一点，极其重要的一点就是为国家对日发展外贸培养交流人才。日本，作为一个发达国家，中国作为一个处于快速发展的国家，两国之间难免会有贸易交流。而交流作为一种处事方式，它绝不能仅仅表现在课本上，而应该更多地体现在言语表达中。注重高校外语听力课，培养学生的听说能力，是为国家外贸发展提供后备军，是促进国家外贸的重要环节。

（三）有利于提高日语系学生的人际交往能力

反问一句，大学学日语是为了什么？其实，大多数人上大学都是为了为自己以后的社会工作找到明确的目标，当然日语系的学生也一样。学习一门外语最重要的就是能在与人交流的时候，把它准确地说出来，而不仅仅是停留在书本上。因此，学好听力课很重要，说出来、表达出来更重要。而开设完备的日语听力课程也正是为了这个目标而努力，为更好地提高日语系学生的人际交往能力而努力。

三、高校日语听力课改进策略

（一）注重听与说的结合

日语的教学要突破传统的只听不说的思想，日语教师授课要注重听与说的结合。听力课不能仅仅停留在学生听磁带，教师对答案以及纠正错误这个层面，而要多元化，课堂上增加师生互动，可以通过进行日语话剧比赛、演讲比赛、辩论赛等形式，让学生把课堂上听得更好地运用到实际的"说"中。这样不仅可以增加课堂的趣味性，更重要的是提高了学生学习日语听力的积极性，同时也提高了课堂效率，一举两得。

（二）做好教学规划，形成自己的一套日语听力教学体系

众所周知，计划是一切事情成功的关键，好的规划可以让一个人少走很多弯路，当然，学好一门外语也一样，教好一门外语也是这个道理。因此，各大高校日语系应鼓励日语教师每学年提交一份自己本学年的日语听力教学计划以及教学目标。教师根据自己的教学计

划进行授课，以完成自己已经制定的合理的教学目标为己任，这样思路更加清晰，目标也更加明确，可以很大程度上提高日语听力的授课效率。同时，学生也相应地会有更加明确的学习目标，也一定会获得更加可观的成绩。

（三）端正对日语听力课的态度

态度决定一切，没有一个好的态度，再厉害的教师教得再好也是无济于事的。因此，日语教师应该首先给学生树立正确的学习理念，端正学生的学习态度。首先，在日常的教学活动中，日语教师应该先让学生意识到学好日语听力的重要性，在学生的内心深处做好铺垫，使其对学好日语有一种坚定的信念。同时，培养学生迎难而上的精神，面对学习日语过程中的苦难，不轻言放弃，而是迎刃而解，越努力越坚强，学生学习日语的想法也会更加坚定。

（四）研究现有教材，进行改进，取长补短

教材是开展好一切课程的基础，因此，教材的质量至关重要。当然，高校日语听力课开展效果不佳，很大程度上也有教材的问题。所以也需要在教材上下功夫，教材的编写建议更好地结合日本的政治、经济、文化等方面，向学生全面展现日本的语言文化，学生只有更好地了解了日本的历史，才会在学习日语的过程中有更多的灵感，才会更好地学以致用。同时，好的教材也是激发学生兴趣的重中之重。

（五）及时了解学生心理，掌握学生学习情况

在学习日语的过程中，学生学不好，一方面，其学习能力不够；另一方面，可能是其学习情绪不佳。有一部分学生在学习的过程中可能会因为一些问题而迷茫，焦躁不安，甚至有放弃学习的心理。这个时候，教师就需要把重点放在学生的心理，及时注意学生的心理状况，开导学生，使其对日语学习保持积极向上的态度。只有这样，学生才会注意力更加集中，学得更好。

（六）教师教学要有效运用多媒体设备

目前，国家大力发展教育，中国的每一所高校基本上都配备有完善的多媒体设备来辅助教师教学，目的是使课堂教学更加多元化，激发学生学习兴趣，提高学习效率。但是，由于在实际的教学活动中，大部分教师并没有很好地跟随国家步伐，利用多媒体设备或者高效地利用多媒体设备，违背了国家为高校配备多媒体设备的初衷。因此，广大教师在运用多媒体设备的过程中应严格遵循"高效利用"的原则，使学生的课堂更加多元化，在日语听力课上更好地给学生带来乐趣，提高学生的课堂积极性 ⑧。

学习不是一蹴而就的事情，学好日语听力，提高日语听力能力也一样。每一个学习都是一个循序渐进的过程，都是一步一个脚印，踏踏实实走出来的。在这个过程中，不仅需要教师做好教学计划，发挥好强有力的引导作用；同时，最重要的是学生也要端正好自己的学习态度，配合好教师的教学计划。师生合作，才能实现双赢。

⑧　山田忠雄等．新明解国語辞典（第五版）[Z]．東京：三省堂，2005.

第四节　独立学院日语精读课教学创新

本节依据独立学院的特点从培养应用技术型人才出发，针对独立学院日语精读课堂教学现状，提出课堂教学模式创新的构想，从而提高学生对日语的兴趣和学习的积极性、主动性。

独立学院历史短，经验不足，尚未构建一个具有自己特色的教学模式，教学上多依附于母体高校，共享其部分教学资源，如师资、课程设置、教学模式等，制约了自身优势的发挥。日语精读课是日语专业的基础必修课，传统的课堂教学把它分为生词、语法、课文、习题四个部分讲授。鉴于独立学院自身及学生、学科的特点，笔者认为须对教学模式予以创新，以提高学生的学习兴趣，调动学习的积极性。以下是笔者在日语精读课课堂教学模式创新上的初步尝试。

一、灵活多样的课堂导入

良好的导入是成功的一半，在日语精读课课堂教学中大多采用复习导入或作业导入的形式，千篇一律，不能激发学生的学习欲望，需创新。下面是笔者经常运用的导入技巧。

第一，利用周围环境，触景生情地创造语境，利用有意注意的方法激发学生的好奇心。

第二，利用学生熟知的事物来提高学生学习日语的兴趣，实现对课堂内容的导入。

第三，利用学唱日文歌曲营造愉快的气氛，引入新课。日文歌曲能活跃课堂气氛，寓教于乐，使学生情绪高涨，为进入新课做好精神准备，有助于把课文内容化难为易。

第四，以故事、成语、谚语等形式导入，由浅入深，起到事半功倍的作用。

总之，在日语精读课课堂教学中，课堂导入的方法应灵活多样，教师可根据实际情况，选择适当的方法，自然过渡到新内容，这是上好一堂日语精读课的首要一环。诚然，一堂课要有精彩的导入，更要有丰富的内容、轻松愉快的课堂气氛、和谐的师生关系、创新的课堂教学模式，这样才能充分发挥他们学习的主动性和创造性，挖掘他们的语言潜能。

二、单词的教法

首先，了解词性，锻炼学生用日语解词的能力。若是外来语可还原成英语或其他语言。

其次，培养学生使用生词尤其是用言和副词、接续词等造句的能力，做到随学随用。

最后，丰富学生的词汇量，通过联想拓展出该词语的同义词、近义词、对义词、反义词。

三、语法的教法

精读课上的语法讲解多侧重于讲该语法点翻译成汉语是什么意思或相当于汉语的什

么意思。笔者认为应该先将语法进行归类，分清该词语是十二品词中的哪一类。要讲清属于哪种活用，有几种活用形，怎么接续，起什么作用。对同义词要对其用法和语义进行辨析。

再如，在讲解句型时，应该将句型分解来讲，句型的构成、前后接续、语法意义、汉语意思，而且应该明确指出该句型属于能力考的几级句型，与它相近的句型还有哪些，用法上有何区别，然后通过例句使学生理解、掌握并能够灵活运用。首先，告诉学生这个句型属于能力考的"二级"句型。

四、课文的解读

传统方法是由学生读、翻译，教师进行归纳。这不利于学生读解能力的提高，也不能从整体上把握全文。笔者从教学实践中体会到"精读"课的关键就在于一个"精"字，要精讲，但不宜有固定的模式，一定要灵活多样、生动有趣，要考量学生接受的程度，既要因材施教、个别指导又要一视同仁，笔者在教学中摸索出一套较为可行的教法。

（一）主题讲解

对主题的理解是把握全文的关键，但要把主题与文章的时代背景和文化背景贯穿起来去解读，不能孤立地就事论事，否则就不能透彻地理解全文。

（二）课文讲解

课文讲解时不能单纯由教师朗读、翻译，应以学生为主导进行，一定要分段、分层去解读。在学生朗读时指出不准确的发音，请其他同学为之纠正，指出翻译过程中误译、漏译、错译之处，同样请其他同学为之纠正。教师要进行启发式的提问，请学生回答、归纳并得出译文，然后教师给出标准译文，这会加深学生对于课文内容的记忆，从宏观上把握全文。

五、布置和检查作业

独立学院学生缺乏学习的主动性和自觉性，教师要调动他们学习的积极性和主动性。笔者通常布置如下作业：打印课文并附上译文；写读后感；背诵课文。教师在课后习题的基础上还要编制综合习题。

以上是笔者在日语精读课课堂教学模式创新研究上的拙见，实践证明这种模式对于独立学院是行之有效的，对同类院校也有参考价值，笔者今后将继续进行该课题的研究。

第五节 创新人才培养与大学日语教学

随着我国经济、科学技术的快速发展，培养适合国际化市场发展需要的复合、创新型人才成为现代教育的主流，努力培养大批具有"自主学习能力，掌握批判性思维方法，养成创造性工作习惯的高素质创新人才"成为我国高校所面临的首要任务，传统教学方式面临着新的挑战。因此，紧跟时代潮流，优化教学方式，重新调整外语教学的重心，探索出如何提高非日语专业学生语言能力的教学模式，成了公共日语教育工作者研究的重要课题。

一、大学日语教学中创新型人才培养的重要性

经过半个多世纪的改革开放，我国已成为美国、欧盟、日本的三大贸易伙伴。伴随着外向型经济的发展，外资企业的不断增加，我国对外语人才的需求已从单一的翻译向既懂语言又懂专业的多元化方向发展。日本自 1992 年至 2003 年一直是我国最大的贸易伙伴，但近年来由于经济增长速度减缓，欧盟和美国取而代之，成为我国最大贸易伙伴。另外，中国取代美国，成为日本的最大贸易伙伴。日本贸易振兴机构日前公布的数据显示，2010 年上半年（1—6 月），中日两国间的贸易总额约为 1383.7 亿美元，比上年同期增长 34.5%。2010 年下半年，中日贸易总额增幅依然被看好，全年的中日贸易总额有望刷新。2008 年的 2667.9 亿美元历史最高点。根据中国商务部 2008 年 9 月数据，日本对华投资累计实际投资额达 639 亿美元，是中国引进外资第二大来源地。据统计，三菱商事在中国建企业 41 家，日立、东芝在中国投资的企业分别达到 37 家和 20 家。中国日资企业的数量和规模在不断扩大，日资企业在迅速增加，意味着日语人才的需求不断增多。

近年来，既能说好汉语普通话、方言、日语、英语等多种语言，又懂得专业知识和计算机操作技术的毕业生非常受欢迎。更多的日资企业或从事对日经贸活动的外向型中资企业认为，不懂专业知识，只会语言，很难做好该领域的工作。所以具有良好语言素养、解决应用性问题能力的复合型应用人才，特别是具有思维、创新能力，有综合分析、提出独立见解能力的创新型人才越来越受企业欢迎。因此，是社会需求迫使改变大学日语人才培养模式。

二、新形势下的大学日语教学

语言是人类交流的工具。人类通过语言来思考，通过语言中介和对方交流、沟通感情。语言是一种重要的技能，又是文化的载体。传统的外语人才培养模式注重理论课程，培养出来的学生应用能力弱，适应性差。新形势下日语教学应具有实用性、多元文化性、可操练性；让学生具备扎实的外语语言基础和广博的文化知识；通过研究性学习过程，锻炼学

生思维能力和与人合作的能力，获取新的知识⑨。

（一）精讲词汇，培养学生听、说能力

新形势下的外语人才须具备"听、说、读、写、译"基本功，但在整个教学过程中侧重点是有所不同的。步入大学前，学生通常已在初、高中学过6年日语，掌握了大约2500个基本词汇、一定数量的惯用语，以及日语的基础语法知识和句型结构，具备了基本阅读和书面表达能力，但他们听和说的能力还尚缺乏，在正确使用所掌握单词上也有欠缺。因此，在教学中，既要注重语言知识的传授，提高学生的读写译能力，又要注重言语技能的训练，提高学生在听、说、应用等方面综合能力的培养，认真实践"注重词汇的掌握，听说领先，读写译跟上"教学思路，使学生在语言实践过程中做到熟练自如地使用语言这一工具，以达到交流和沟通的目的。在教学过程中，老师将课堂口语实践、有效的听力训练和词汇精讲有机地结合起来，在口语、听力训练的同时，掌握单词的正确用法，明确词义。三者融会贯通，融入教学，帮助学生掌握"听得懂、能表达、略地道"的日语。

（二）语言学习和文化理解的密切结合

在外语教学中，"长期以来，我国的外语教学从理论到实践都注重对学生进行语言形式（语音、语法、词汇）的讲解传授及各项语言技能的训练，而基本上忽视了外语教学中的文化因素"。语言学习和文化是不可分割的，日语学习离不开日本社会文化。在具体语言情境下学习，一方面，可以帮助学生记忆；另一方面，有助于学生理解日本人的思维方式和行为。

虽然日本人受中国文化的影响，长期在相对单纯的环境和固定居所的生活中所形成的文化习俗与中国不尽相同。除传统节日、婚丧嫁娶的习俗不同外，礼节、左右习俗、数字习俗也不同。中国人在古代见到尊长要下跪磕头，后来演变成作揖打躬，现在演变为点头握手。而日本人习惯以鞠躬致意。从略微点头、动动肩简单致意到行90度大礼，直至跪在地上，双手伏地，额触手背的最高拜礼，都有细致的规定和惯例。进入寺庙、圣地时的礼节也各不相同。在古代，日本受中国唐代尚左文化影响，官职上"以左为大"。然而，随着时代的变迁，左右的优劣势头也在变化，日本和中国是相同的。两国人的坐姿、目光视线、体态语以及中日两国的赠答文化也各不相同。教学过程中将这些异同逐一对比研究，在授课时将汉日民族文化习俗异同融入词汇、常用词组和短语的学习中，生动地加入语境，更易于学生记忆、熟练掌握。

（三）教师地位的演变，授课方式多样化

传统的课堂教学注重知识的传授，强调教师的讲授。所以教师授课方式，多是"教师牵着走""填鸭式"，使学生感到单调乏味，缺乏学习兴趣。在新形势下，教师应从单向地传授知识转向成为学生学习的促进者。在日语教学中设计大学日语教材的情景语言点，结合文化背景，让学生编写故事，极大地激发学生自主学习的热情。故事的编写或以写相练

---

⑨　陈岩．语法指导与实践 [M]．大连：大连理工大学出版社，2010．

习排练等活动都是利用课余时间完成的，课上只用十几分钟的时间表演；利用电影、音乐、多媒体、计算机软件等充盈教学内容，传授日本的风土人情，让学生熟悉日本人思维、生活习惯。教学实践中，问答法、讨论法、故事场景法等教学方法的使用，不仅能调动学生学习的积极性，也能培养学生自己提出问题、分析问题、解决问题的能力，促进学生学习。教师地位的转变，既有利于授课方式多样化，也有利于开发学生智力、创造力，有效地培养学生的自学能力以及理解力，为其成为创新型人才打下坚实基础。

（四）传授日本企业文化、工作态度，模仿定单式培养模式

日本企业文化很独特，日本企业文化具有"终身雇佣""年功序列""团队精神""拘泥小节"等特点。在"拘泥小节"这一点中，又细分："不添麻烦、整洁有序、恭敬谦和、注重细节"等特点。企业的管理精髓，企业培养员工单纯化的思想、不论奖惩都公开进行、合理编制精干的工作小组、提倡模仿、正确引导员工发泄情绪等都值得教师教学过程中传授给学生。日本企业员工认真踏实的工作态度、顽强的斗志、赶超精神、高标准严要求自己以及加强身体锻炼等都值得学生学习。在学校除按教学大纲的要求进行正常学习外，设置企业文化训练等选修科目，模仿定单式培养模式，学生在进入企业后，能在最短的时间内进入工作状态。有目的地培养学生，就会取得较好的效果。这就要求教师在教学过程中，研究日本企业的精神和管理精髓并传授给学生，为学生顺利步入社会打下基础。

分析人才需求确定教学方向，培养知识面宽广，具有一定的相关专业知识、能力和素质兼备的学生是社会对学校的要求。拓宽学生的知识面，是市场对我们教师的要求。事实上，现在各所大学都在扩招，高等教育正在从"精英教育"向"大众教育"过渡。日语教学发展趋势，也越来越注重实用性。为了适应这种需要，培养具有扎实的日语基础和广泛的科学文化知识的复合型、创新型人才，为社会主义建设做出应有的贡献。

第六节　"互联网＋"时代下协同教学创新

"互联网＋"时代为基础日语课程建立畅通的信息交流渠道，院校的教师和行业、企业的专家，通过小组讨论、方案点评、任务分配等形式进行协同讨论，各方发挥自身优势，建立开放、互动、持续更新的协同育人机制，搭建校企顺畅沟通的线上交流研讨与创新平台，建立基础日语课程协同教学模式的知识体系，采用了一种新的基础日语课程协同教学模式。

在"互联网＋"教育的影响下，协同教学创新方法突破了传统教学活动的时空限制，实现以知识传授为主向以能力素质培养为主的创新人才培养方式的转变。本节拟在"互联网＋"时代下对基础日语教学方法实施协同创新模式，建立一套协同创新知识体系，对传统的基础日语教学组织、设计和实施进行评价和改进。同时，提出在协同教学思想或理论

指导下建立基于"互联网＋"时代的基础日语课程协同教学知识体系框架，以及创新协同教学模式为教学实践活动提供有序、可操作的具体步骤和方法。

一、新背景下基础日语课程改革的需求

基础日语课程是在日语学习初级阶段最为重要的一门课程。这门课程在大多高校日语专业的开课时间是从一年一期到两年一期，跨越三个学期，周学时达到七个课时之多，因此，可以说这门课程是学生获得日语知识最主要的途径。当今是创新时代，培养面向信息化社会创新人才符合当前"互联网＋"时代下教育改革的要求。在知识经济时代，创新的基础是知识及掌握运用知识的人才，知识信息正成为企业的关键资产，管理运用好知识信息有助于全面提高企业生产效率、领导科学决策水平、管理团队执行力、科研人员创新力、员工执行效率等。目前，将创新教学方法应用于传统课堂教学，通过互联网应用技术在教学过程中的应用，促进现代网络技术与传统课程的整合已经成为教学改革的重要研究方向，同时，促进传统教学观念的转变、教育资源的更新、教育方法和教育模式的改革。

二、基础日语课程协同教学模式的知识体系

传统的基础日语课程教学方法，都是以课本为中心，以教材为主线教学，老师课堂上讲的内容都是以教材内容为主，整个课堂都是传递教材内容的过程，而学生主要也是听教材内容，以教材为中心进行理解、记忆和背诵课文。在上课的时间教学活动都是循环不变，课本和教材已经成为老师和学生依附的对象，完全没有了自己应有的创新和主动。课题组在这个问题上进行集中研讨，根据上课的特点和学生学习的兴趣，对互联网上国内外基础日语数字资源进行采集、整理和融合，利用数据挖掘技术得出一些必备的基础知识和潜在的新知识，并将所有的知识聚合成研究成果纳入教学资源知识体系中，充分反映了日语语言生活的即时信息与日语文化背景知识，将传统单一的知识传授与智慧教育相结合，使每篇课文中的知识点形成一个关联网络，再利用互联网技术对新知识随时进行更新，始终保持教学资源内容的最新化。同时，将所有纸质的教学资源变成创新的数字教学资源；将基础、精读、语法、听说和概况等合成一个有机的协同创新知识体系，形成协同创新基础日语课程体系，在保证基础性的前提下，研究和把握各课程之间的关联知识。

在"互联网＋"模式下，教学方式、方法需要创新；智慧教育呼吁完备的数字教学资源体系；基础日语课程协同教学模式的知识体系突破传统教学模式，实现跨时空教学模式问题。如何在互联网环境下突破传统单一课程学习的困境，通过多层次、多途径、多手段集成各种数字资源课程的内在知识体系，来调动学生对枯燥的书面知识学习兴趣，提高信息化技术教学效果，培养普通高校日语专业基础阶段学生的基本功和广博的语言实际应用能力。

因此，"互联网＋"背景下基础日语课程知识体系的构建是协同教学知识体系的关键

问题。针对这一问题，课题组成员创建一种数字教学资源"知识聚合"应用模式，引入知识聚合服务模式，根据不同的知识结构，实现资源的自动知识标引，实现按照碎片化数字资源与任意知识结构的对接，提高资源的应用价值。

三、"互联网＋"时代下基础日语课程协同教学模式

新背景下基础日语课程教学模式包括建设思路、知识体系框架图、学习活动框架等。让学生从单一的文章层次结构向跨越时空的多种形式语言环境转变，以日语交际为目的，结合协同资源知识体系大环境来理解和掌握语言应用能力。具体模式是：协同过程。选择要参与项目讨论和建设的专家，既可通过专家库选择相关领域的专家，邀请其加入项目，也可以通过手动添加成员账号的方式添加项目组成员，项目组成员添加完成，分配项目任务。在项目建设过程中，项目组成员通过互动研讨的方式对项目中的某一问题进行讨论，项目负责人对研讨结果进行汇编并发布至平台。在对需要进行编写的项目任务进行分解和任务分配的同时实现项目方案的协同编纂。在项目过程中，项目组成员可通过资源参考模块查找相关的参考资料辅助项目建设，可以同时上传自有资源至平台，实现资源整合。资源汇聚。根据项目研讨的各项主题实现数字教学的自动推荐和手动上传，为协同研讨提供资源保障。成果输出。在项目互动研讨和协同编纂过程中会产生三类成果。知识体系。在项目互动研讨和协同编纂过程中，形成汇编成果和知识结构体系。同时，根据项目形成的知识结构进行关键词自动抽取、自动分类、智能标引和知识关联，自动推送相关资源，形成知识体系库如课程知识库、岗位知识库和项目知识库等。

以"校企协同"为出发点、以"项目研讨"为中心，为学校和企业共同就"专业建设、人才培养、课程设计、科研创新"等项目展开研讨课程综合开发应用信息化协同平台。协同活动之前，根据项目研讨的各项主题实现数字教学资源整合推送，为协同研讨提供资源保障；协同活动之后，将项目探讨成果以"资源、汇编和知识结构"三种形态实现集成。对于有"知识结构"产出的项目，探索一种以"知识聚合"为内核的数字资源组织与应用模式，实现"数字资源对接知识结构"，以"知识体系库"形式提供服务。后期会有完善的后台系统作为支撑，进行项目管理、用户分角色管理、资源的集成管理、网站整体维护和管理以及成果的发布管理等。

"互联网＋"时代下协同教学创新方法在基础日语教学中应用，通过建立学院自有教学资源，开发协同创新课程体系，整合校企资源，应用协同平台与传统教学体系相结合，将学院教学资源与企业外在资源相结合构建了新的协同创新课程教学体系。此课程体系具有信息资源实时开放、多种信息来源、校企多向交流、跨越时空限制、学生实时应用等特点。同时，此课程体系打破了高校面临传统教学模式思想的束缚，突破传统课堂方法的封闭，把学生吸引到课堂中去，给高校的其他课程改革提供了基石。在互联网信息技术日新月异的今天，本节提出的方法和思路通过互联网技术融合，引入到传统的教学课堂中，改

变了传统模式下单一、直线性的灌输模式，有利于改进和完善传统的学习和实习体系，有助于推动传统课程教学模式良性发展。

第七节　新型科技日语教学模式

由于其教学对象、教学目标、教学内容的不同，科技日语应有其自身独特的教学模式，即新型日语教学模式。该模式从科技日语教学目标、教学方法、教学内容的特殊化入手，提出一种适合科技日语学习者的教学理念，经过近五年的实践探索，取得较好效果。

一、新型教学模式提出的背景

从20世纪80年代起，国内部分高校陆续开设日语专业，日语成为除英语以外的第二大外语。学习日语的学生与日俱增，但科技日语一直是薄弱环节。科技日语的学习对象主要是外语系学生和理工科学生两大类。外语系的科技日语专业学生以日语为主，科技知识为辅；理工科学生恰恰相反，以理工科的专业知识为主，日语为辅。由于理工科学生这个群体队伍庞大，对日语学习的要求有一定的特殊性，因此，本节所指的科技日语教学对象主要是这部分学生。

从国内许多高校的日语教学实践来看，所有的科技日语教学方法和目标几乎都一样。整个课堂以教师讲授为主，教学内容基本上都是从单词到语法、从语法到课文、从课文到练习，努力使学生在"读、写、译"上全面发展。

在这种比较模糊的教学思想指导下，其效果可想而知。一般在经过一年半到两年的学习之后，学生仅能看懂简单的日语句子，能听和说日语的学生少之又少。这样的结果远远满足不了学生考试或者是查看日文文献的需要。那么能不能换一种教学模式，让学生"按需所学"呢？在这种情况下，河南科技学院的张维城教授提出了"新型科技日语教学模式"。

二、新型教学模式的特点

"新型科技日语教学模式"最早由河南科技学院的张维城教授提出。这种"新型科技日语教学模式"是针对特定的人群、特定的需要进行的有针对性的教学。即不再以传统的听说读写为目标，而是把目标集中在阅读理解和翻译上，强化学生的理解能力，是在短时间内快速提高学生日语阅读水平的一种教学理念[10]。

日语这门语言的特点本身就是入门容易，越学越难，尤其要做到听说读写的全面发展更是不容易。一般来讲，日语专业的学生通常要到三年级才能达到和日本人熟练会话的水平。花整整三年的时间精通日语，对广大的科技日语学习者来说几乎是不太可能的。在这

---

⑩　陈岩. 语法指导与实践 [M]. 大连：大连理工大学出版社，2010.

种背景下，科技日语新型教学模式的建议被提了出来。

这种教学模式力求做到以下几个可能：科技日语与汉语和英语的关系尽可能最大限度地利用；与实现目标无关的内容尽可能最大限度地排除；实现目标需要掌握的知识尽可能学到最深程度；记忆量尽可能结合到最紧密程度；学习与应用尽可能结合到最紧密程度；课堂时间利用率尽可能提高到最高程度。

（一）科技日语教学目标的特殊化

第二外语的学习目标因人而异。对从事科学技术和情报资料翻译工作的绝大多数人来说，他们不可能也完全没有必要花费大量时间和精力达到"听、说、读、写、译"的全面提高。而是要用最短的时间，用最小的投入达到可以借助工具书阅读本专业原文科技资料的水平，然后在实际应用中不断提高。没有明确的学习目标，或者说是学习目标的泛化、扩大化，肯定会造成时间、精力、金钱的浪费。

（二）教学方法的特殊化

科技日语跟普通的二外日语及其他专业日语有较大的不同。比如它的书面用的句型和文法比较多，比较难；单词多是一些专业的科技词汇，难度较大。所以这也造成了科技日语学习趣味性的减少和难度的加大。但是笔者还是在实际教学中进行了一些简单的探索和尝试，对于活跃课堂气氛和提高学习效果有一定的帮助。

首先，由提问某一个人变成提问班级的一部分人。比如把班级分成两大组，给出十个单词，要求以最快的速度说出汉语意思，并让学生以竞赛的形式回答出来。或者一组大声喊出日语的原单词，另一组必须快速大声喊出对应的汉语单词。这样几乎所有的学生都可以参与进来，对于课堂热身起到了很好的作用。

其次，把教学内容有意识地引入科技日语的教学重点上来，提问内容从大声朗读课文变成让学生"视译"为主。"视译"是翻译教学上的一种概念，即不发出声音、一边看一边译的一种快速翻译方式。长期坚持练习，可以极大地锻炼学生的阅读和翻译能力。同时，结合《科技日语》一书，让学生分析大量复杂的日语句子和段落，提高对句型的理解能力。

总之，在教学方法上，始终坚持科技日语学习的方向，利用多媒体等教学手段，灵活多样地反复锻炼学生的阅读理解能力，通过大量的阅读讲解来巩固单词和语法，争取用最短的时间学习到最多的日语基础知识。

（三）教学内容的特殊化

由于科技日语目标的特殊性，所以在教材和课堂教学内容上也应该与其他日语教学区别开来。教材的设置上应以大段的文章为主（内容由浅入深），减少对话类的课文。课后练习的设计也要把听力练习、变换句型之类的练习删除，换成日译汉、句子结构分析、阅读理解等实用型练习。

这一部分学生除了在假名阶段跟专业学生没什么区别外，以后的学习只注重理解，不教发音，不练听力，没有写作。而语法的学习在日语中不是太大的难点，学生可以快速攻克。

三、新型教学模式的可行性

（一）日语语言本身的特点

众所周知，日语词汇大体上分为三类：汉语词汇、外来语词汇和日本固有的词汇。由于历史的渊源，科技日语中的汉字达 4 000 多个，这么多汉字可以组成的汉字书写的词汇量之多可想而知。这些词汇的词义很多与汉语相同或者相似，即使是少数词义不同的也不难记忆，比如中日含义相同的词汇有年代、世界、世纪、活性、病理、神经系、水管、家畜等。对中国学生来讲，学习科技日语需要记忆的词汇量比欧美人要少得多。学习科技日语是对已经掌握的汉语和英语的又一次利用，可以最大限度地发挥我们独有的知识资源。

如果只要求学生记住意思的话，根本不需要花费太多时间，完全可以一带而过。这个优势是以英语等其他语种为母语的学习者所不具备的。学生需要稍微留意的单词主要集中在以下部分：一是没有相应汉字的，比如外来语和一些助词、副词、连词、形容词等。它们的数量跟单词的量比起来微不足道，所以我们只需花很少的精力就可以理解透彻。二是汉字意思与汉语大相径庭的，如娘（女儿）、丈夫（结实）、勉强（学习）、便宜（方便，便利）等。与汉字意思不同的这一部分单词只占所有汉字的一小部分。学生在记忆这些单词的时候，一般和汉语进行比较记忆，所花费的时间也较少。没有过多的单词的困扰，给科技日语的学习减轻了很大的压力。虽然科技日语中外来语占的比例不小，但主要源于英语。化工、医药、电子等有关专业的外来语更多。这些词汇的词意与原词相同，发音相近，记忆起来相对来说也并不难。由于初中和高中阶段大都接受过比较扎实的英语教育，所以这些词汇只要我们能认得假名，就能读出发音，因而很容易便"其义自现"了。

（二）特殊的学习目标

由于科技日语重在阅读和翻译上，日语中难度最大的敬语、命令形、日语语气等语法知识可以简单了解，不做重点学习。听说读写译中，往往听和说花费的时间最多。如果把这部分时间省出来，用于阅读和翻译，就可以满足一部分科研工作者的需要。就算日后在生活中需要用日语交际，也可以采取短期强化的方式，很快提高日语的综合水平。

新型科技日语教学模式由于对听说读写都不做过高的要求，因此，非常适合大班授课，可作为校级公选课开设，即使 200 人左右一起学习也没有问题。所以对很多学校来说有比较大的可行性。

四、新型教学模式的效果及应用

虽然我们拥有各种学习日语的便利之处，但是这种新的科技日语教学模式并不能像一些外语教学机构吹嘘的那样"一星期内学会外语"。由于日语语言本身的特点，我们除了需要记忆大量的词汇以外，琐碎的语法知识是学习的重点。日语的语法没有特别明确的主线贯穿始终，要靠大量的像数学公式一样的句型来构成。除了句型的记忆和运用，动词的变形也比较复杂，仅动词词尾的变化就有数种。

一种教学模式到底有没有用，一要看它的教学目标能否快速实现，二要看它能不能得到受众的认可。通过在河南科技学院和新乡医学院这两所高校近五年的实践来看，每次选修科技日语的学生都爆满，而且绝大部分的学生都坚持到了最后，基本达到了我们预期的效果。在"你认为传统日语教学模式和新型科技日语教学法哪一个更适合你"的问卷调查中，90% 的学生都倾向于选择新型教学法。

就实践来看，通过一周四个课时、一年两个学期的学习，学生基本可以达到阅读日语一、二级（最高级）文章的能力。而按照传统的科技日语教学模式，学生往往通过四个学期的学习，才只能勉强读懂三级测试里的阅读理解。可见新型教学模式的效果较好。

第四章　日语语言文化与外语教学

第一节　日语教学中的文化导入

语言是文化不可分割的一部分，是文化的载体，其丰富的文化内涵和文化负荷传递着无尽的文化信息。人类社会中，文化几乎无处不在。"文化"一词的含义很广泛，"一般认为它是一个民族在自己的社会历史发展中形成的独特的风格与传统。世界上每一种语言都充满了文化色彩，语言中的文化现象除狭义地指社会意识形态外，还泛指社会历史、自然地理等各方面人类所独有的特征"。

在当今高科技迅速发展的信息时代，国家、民族、团体、个人之间合作和交流日趋频繁。文化差异是导致跨文化交际产生障碍的重要因素。一个国家的哲学、信仰、伦理、心理乃至政治等诸多因素确定了在该国的文化中，社会交往必须遵循其特定的规范，其中包括与之有关的语言规范。对一个讲母语的人来说，本国这些约定俗成的规范已经成为日常生活中极其自然的事情。然而，对不熟悉这一文化背景的外国人而言，就会形成一个文化障碍，影响交际顺利地进行。语言教学不仅包括语言知识的教学，而且包括文化知识的教学。在大学日语教学中文化导入是很有必要的，文化导入的方法和途径应贯穿大学日语教学之中。

一、大学日语教学中文化导入的必要性

语言不仅是人类交流的工具，同时也是文化的载体。一个国家的语言必然会反映这个国家、这个民族的文化特征、思维方式。它们之间的关系是密不可分的，不了解目的语的文化，就不可能真正理解和运用外语。在全球化的今天，各国之间的交往日益频繁，各种文化之间的碰撞也日益增多。单纯掌握一门外语而不了解其背后深厚的文化底蕴并不能有效地帮助人们跨越文化鸿沟，实现成功的交流。因此，在大学日语教学中渗透文化教育是非常必要的。

（一）大学日语课程教学的基本要求

大学日语的教学目标是培养学生的日语综合应用能力，增强其自主学习的能力，提高综合文化素养，以适应我国经济发展和国际交流的需要。然而，不论是作为语言学的基础理论，还是作为指导语言学习的各种教学法，都是指向同一目标，即语言自身的规则。从

索绪尔结构主义语言学的二项分析到乔姆斯基的转换生成法，从传统的语法翻译法、静默法到直接教学法等，都未给我们外语教学实践指出语言是一种交际工具。也正是在这样的理论指导下，在传统的大学日语教学中，我们总是对学生进行一种"纯语言能力"的培养，要求他们在"听、说、读、写、译"等方面造出合乎语法规则的句子、篇章，凭借一种含有投机成分的应试技巧顺利地取得各种等级证书。"强调了对语言表层结构即应试要求语言点的分析，而放弃了对语言深层结构即社会文化背景的讲析。"因此，为了培养学生的交际能力，大学日语教学必须在进行语言知识教学的同时，进行文化导入，从而避免因文化差异而引起的语用失误。

（二）由语言和文化的关系所决定的

文化语言学研究表明，语言中储存了一个民族所有的社会生活经验，反映了该民族的全部特征。学生在习得一种民族语言的同时也是在习得该民族的文化。外语教学的任务是培养在具有不同文化背景的人们之间进行交际的人才。同时，语言和文化紧密相连、不可分割。语言是一种符号，是文化的载体，又是文化的重要组成部分。文化是语言赖以生存的环境，文化在一定程度上也限定并塑造了特定的言语表达方式。总之，语言就好比树木，文化就好比森林，不了解语言生存的环境就好比只见树木不见森林。正如萨丕尔所言，"语言基本上是一种文化和社会的产品，因此，它必须从文化和社会的角度去理解。"然而，传统的外语教学更注重语言知识的管束和积累，而忽视语言所处的文化，从而出现了日语语言能力强的人其跨文化语用能力不一定强的现象。美国外语教学专家温斯顿·布瑞姆在谈到只教语言不讲文化的恶果时说"采取只知其语言不懂其文化的教法是培养流利大傻瓜的最好办法"。因此，在大学日语教学中适当渗透一些文化知识，开展一些文化对比的讨论，有助于学生更深刻地理解语言，增强其对文化差异的敏感性，进而提高其跨文化交际能力。由于语言和文化相互依存和影响，因此，在进行日语教学的同时有必要导入与日语语言有关的文化内容。

（三）国内外客观形式及大学生文化习得现状决定

国内外客观形式及大学生文化习得现状也决定了在大学日语教学进行文化导入的迫切性。随着全球经济一体化进程的加快，跨国界、跨文化的交流日益增多，造成了对既懂专业又通晓外语并能进行跨文化交际的优秀人才的巨大需求。为了适应社会发展的需要，保证国际交流的准确和有效，大学日语教学也必须在传授语言知识的同时，传授文化知识，帮助学生了解日语国家的人文地理、历史传说、风俗习惯、价值取向和社会观念等。通过熟悉有关的文化背景知识，不仅可以激发学生学习日语的兴趣，满足他们语言学习的要求，而且随着文化知识的积累，学生对语言本身的理解也会更加透彻，反过来又会促进他们日语水平的相应提高，真正达到培养学生能够运用日语准确、顺利地进行交流的教学目标。而非日语专业培养出来的学生在未来的工作岗位上将会有更多的机会参与跨国界、跨文化的交流。但由于应试教育的影响、文化输入的缺失及母语文化的干扰，目前，大学生的跨文化习得状况不容乐观。这种供需之间的矛盾也说明在大学日语教学中进行文化导入是必要而且迫切的。

二、大学日语教学中文化导入的内容

文化导入教学模式是一种通过引导的方式让学生主动建构语言与文化知识、促进日语综合应用能力提高的相对稳定的操作性框架。该模式主张教师在一定的教学环境中，根据教学大纲、教材和学生实际，运用正确的方法对学生进行积极引导，激发他们的思考与想象，促进学生主动进行内部心理表征的建构，从而培养学生对文化差异的敏感性、宽容性及处理文化差异的灵活性，提高学生综合运用日语的能力。那么在大学日语教学中应该从哪些方面构建学生的文化知识呢？

关于大学日语教学中文化导入的内容，学者们有着不同观点。一些学者主张将大学日语教学中的文化教学内容分为交际文化和知识文化。所谓交际文化，指的是两个文化背景不同的人进行交际时直接影响准确传递的语言和非语言的文化因素，包括问候、致谢、称呼、习语、委婉语和禁忌语；而知识文化，指的是两个文化背景不同的人进行交际时，不直接影响准确传递信息的语言和非语言的文化因素，一般是指政治、经济、历史、地理、科技、文教等相关背景知识。魏春木、卞觉非则把外语基础阶段文化导入的内容分为文化行为项目和文化心理项目。他们认为，"文化行为作为动作系统，是外显的、受文化心理支配的，处于文化的表层，可逐层细分出不同的文化项目如购物、住宿、称呼等；文化心理是文化行为背后的价值观念系统，是内隐的、支配文化行为的，处在文化的底层。文化心理对人们的语言或行为起着规定性作用，它决定了人的处世哲学、评价事物的标准和行为规范等。"这些观点在一定程度上具有积极作用，对外语教育有很大的现实意义和指导意义。因为文化本身的复杂性和层次性，不同文化的划分在某种程度上相互交叉，很难将文化细分，但必须注意文化导入的多样性和根据学习者的需求进行合理导入。这就要求不同的外语教育工作者根据不同的教学对象，以及教学中需达到的不同目的，具体问题具体分析。

目的语国家的文化是一个宽泛的内容，涉及植根于民族语言中社会习俗、传统习惯、思维模式、世界观、价值观、宗教信仰及反映目的语民族的生活背景。任何民族的个体都生活在一个特定的社会环境之中，他所使用的语言必然会反映出其所处社会的文化特征，带有该民族特有的文化印迹。

我国日语教学的目的是培养学习者的跨文化交际能力。"跨文化交际是指不同文化背景的人们（信息的发出者和信息的接受者）之间的交际。"根据跨文化交际学的理论，跨文化交际与同一主流文化内的交际在本质上是一致的，二者所涉及的变量或组成要素基本一致。交际是信息的传送和接受，"共同"或"共享"是交际的前提。除了共享同一语言系统之外，有效的沟通还依赖于交际双方对其他相关因素的理解和掌握。交际行为是文行为，也是社会行为，它必然发生在社会和文化之中，并受众多社会文化因素的影响和制约。对这些相关社会文化因素的了解和掌握是实现有效交际的前提。而影响交际的众多社会文化因素主要包括：宽泛的交际环境，包括文化环境、心理环境和自然地理环境因素等；具体的交际环境——情景因素，这是受制于宽泛文化环境，并直接影响交际的环境，包括交际双方的社会地位、角色关系、交际发生的场合、所涉及的话题等；规范系统，"规范是交际环境和语码（语言和非语言）之间的中介系统，不仅是交际行为的制约系统，也是交际行为的解释和评价系统"。同一主流文化内的人们之间之所以能够顺利地进行有效交际，是因为大家在很多方面具有共享——大家"共享"宽泛的交际环境知识、具体的交际环境知识（情景方面的知识）以及社会规范文化等。因此，跨文化交际双方要想实现有效交际，双方在以上这些方面的"共享"也是必不可少的。

教学目的与教学内容都是教学活动的主要构成要素，其中教学目的决定着教学内容的选择，教学内容是教学目的得以实现的媒介，因此，日语教学的目的是日语教学中文化导入内容确定的主要依据。日语教学的目的是培养学习者的跨文化交际能力，那么，制约和影响学习者跨文化能力获得的主要文化因素应该成为日语教学中文化导入的主要内容。

鉴于心理环境属于心理学的范畴，不在本节讨论范围之内，因此，日语教学中的宽泛文化环境知识主要包括价值观和地理文化知识。具体交际环境知识主要指与情景因素有关的文化知识，即交际所必须遵循的情景适应性规则。而社会规范体现在交际层面主要包括言语和非言语规则。因此，日语教学中文化导入的内容主要应包括以下几方面内容：

（一）情景文化

情景因素是直接影响交际的环境，它受制于宽泛文化环境，包括交际双方的社会地位、角色关系、交际发生的场合、时间、所涉及的话题等。"有效的交际不仅依靠对宽泛文化环境的认识，也离不开对它赖以生存的情景的认识，因为语码（语言和非语言符号）的使用受制于情景——情景中的社会因素决定谁在什么时候说什么，怎么说，对谁说，为何目的等。"

不同文化在具体的情景规约，即情景适应性规则方面存在着差异。了解这些差异是实现有效交际的前提。符合某一文化中情景规约的行为在不同文化的相同情景中，很可能是违约的行为，可能会导致严重的后果。也就是说，相同的情景在不同文化中其情景适应性规则是不完全相同的。例如，在我国文化中，师生之间在某一特定情景中，如在学校里交往时，所应遵循的情景适应性规则与日语文化中师生之间在相同情景中所应遵循的情景适应性规则不尽相同。这是两种文化在深层文化上的差异在交际层面上的体现。

（二）非语言文化

人际交流通过语言行为和非语言行为两种形式进行。非语言文化并不直接影响语言的表达，但在实际交际中起着非常重要的作用。因为这种身体语言同样能交流信息、表达思想、传达情感等。因此，它也是文化导入中的重要内容之一。它包括衣着、表情手势、体态、姿态和眼神等。例如，日本人点头哈腰，在中国人看来是一种对上级或权力者的阿谀奉承，而在日本却是一种基本的社交礼仪。日本人在办公室里时不时会提裤子，这让女同事非常反感，其实在日本这个动作是表示精神抖擞迎接工作的意思，相当于中国的"挽起袖子大干一场"的含义。

（三）基础背景文化

基础背景文化指某种语言产生和使用的社会历史文化背景。大学日语教学中对基础背景文化的导入应包括有助于学生理解所学内容的文化背景知识目的语的政治、经济、天文、地理、历史、文学等方面的背景材料。缺乏这些知识会导致理解困难，而了解相关的文化背景能帮助学生进一步理解教材，更恰当地接受并运用材料中的语言知识，我们应在课堂教学中及时讲授有关文化背景知识。在教学过程中，教师应设法帮助学生了解目的语国家的文化背景并避免用本民族的文化标准来衡量其他民族文化，努力培养学生的跨文化意识，避免由于文化差异而导致理解上的错误。

（四）社会规范文化

规范是"社会或群体对所期望的和接受的行为所共享的标准或规则"。它与交际紧密相关，它是一套系统的规约，告诉人们应该做什么，怎样做；不该做什么。它是环境和符号（语言符号和非语言符号）之间的中介系统。

Summer 将规范分为三个范畴：民俗、道德规范、法律。法律属于政治的范畴，不是我们文化导入的重点。文化导入中的规范主要包括前两个范畴。事实上，道德规范也属于民俗的范畴，只不过它包含了道德和伦理的意义。民俗的范畴中与外语学习密切相关的内容主要有言语规则和非言语规则。道德规范反映在言语规则和非言语规则中主要指一些禁忌语和忌讳的体态语等。

一个社会中人们的言语行为必须遵守其社会或群体所共享的言语规则。言语规则是约定俗成的规则，它制约着一个社会或群体中人们的说话方式与内容，反映了不同社会在文化背景和价值取向等方面的差异。日汉两种语言在日常言语行为方面存在着很大差异，如在实施"问候"这一言语行为方面，汉语中人们一般可以根据对方的具体情况即情问话。

人际间交流是通过两种形式进行的，一是言语行为，二是非言语行为，后者也是极其重要的交际形式。非语言交际在交际活动中也是非常重要的。很多非语言行为都是约定俗成的，为不同文化所独有。因为文化差异的存在，相同的非语言行为可能表示不同的意义，而不同的非语言行为则可能具有相同的含义。

（五）词语文化内涵

词汇在语言中占有重要的地位。威尔金斯曾说："没有语法不能很好表达意思，而没有词汇则什么也不能表达。"目前在学生中普遍存在一个误区，即认为背单词是提高日语水平的唯一途径。有些学生学习日语相当努力，也确实背了不少单词，但是考试起来成绩总不令人满意。原因是他们只是记住了词语的字面意义，而在具体的语言环境中词语的意义常常是依据上下文而出现很大差别。因此，掌握词语的文化内涵就更为重要。词语文化内涵比较丰富的有习语、典故、委婉语、借代。

（六）对母语文化的导入

迄今为止，先行研究中论及的文化导入强调对目的语文化的习得，而忽视了联系学习者本身的文化背景。实际上，导入母语文化也是非常重要的。这里所说的母语文化在本节中指的就是中国文化，其意义有以下两点：不同文化的比较可以更准确地把握一个文化的本质。而比较的基础在于对两国文化的了解。所以本节认为为了更加深入地探讨日本文化的普遍性与特殊性，在讲授日本文化的同时，还应该和学生探讨中国文化的特性。例如敬语，不同语言中敬语的表达方式虽然各不相同，但是敬意表现却普遍存在，并非日语独有。教师在讲授日语敬语的时候，导入中国文化，让学生反思中文中的敬意表达方式，可以提高学习的效果。其次，本名信行提出日语教育应具备日语语言、日本文化、本国文化三大要素，由此提出了在日语教学中导入本国文化的重要性。笔者赞成本名信行的观点，因为外语学习的最终目的不是单纯掌握外语就够了，最终目的是跨文化交流。一个成功的学习者，可以在第一层面上突破自身文化的局限，通过对目的语语言以及文化的认识，与对象国的成员进行自由、流利的交流；然后在第二层面上学习者与对象国成员进行正常的交际的同时，发出自我文化的声音，使准交流成为双向的。

（七）社会习俗和价值观

语言反映文化，文化的不同必然导致语言的不同。在跨文化交流中，一种文化中人们习惯交流的话题可能是另一种文化中人们设法回避的话题。正确掌握文化禁忌是实现跨文化交际的前提。这些社会习俗和价值观的差异会给日语语言的顺利交流与应用造成一定障碍。鉴于此，教师的教学目标和任务是帮助学生跨越或者是填平这些文化差异的鸿沟。大学日语教学中的价值观引导，也就成了教师要注重培养学生的逻辑思维能力和批判分析能力，即是非善恶的判断与分析能力，将其有机地贯穿于培养学生语言知识的积累与创新、开发与提高他们的语言运用能力、文化知识的积累和跨文化交流能力的过程中。一种文化，最根本的性质是指一系列的价值观念，必须以科学价值观为指导来培养学生的语言、文化知识与应用能力，才能真正有助于大学日语教学推动学生科学和人文素质的协调发展。

三、大学日语教学中文化导入的原则

不同文化在价值取向、生活方式、思维方式、社会规范等方面都存在差异。不同的社会，人们举手投足、一言一行都恪守各自的风俗习惯，并反映其价值观念。在交际过程中，在遵守其行为准则和社会规范的同时，人们都在不知不觉中带着与其自身文化相应的社会期望。交往规则或社会语言规则，不仅因文化而异，而且具有无意识性质。这意味着，尽管一个人对自己的母语的使用规则能达到炉火纯青的地步，但他对规则的存在却毫无意识，因为他是毫无意识地习得这些规则，而且能无意识地用这些规则去判断别人的言语或交际是否正确得体。由于语用迁移，人们在使用第二语言或外语交际时，尽管语言能力很强，但常常会遇到一些障碍，致使双方难以沟通而产生误解，甚至导致意想不到的后果。这种失误表现在语言使用的各个方面，包括言语功能、言语行为的实施（尤其表现在问候、恭维、感谢、抱歉、拒绝等言语行为方面）；篇章组织结构；交际风格；交际方略；交际规则；礼貌规则等方面。教师应要求学生理解目标语文化以及相关的观念或交际期待。为提高学生的语用能力和交际能力，在教学中我们应注意加强文化内容的导入。由于文化涵盖极广，我们必须遵循有效的导入原则。

（一）简洁性原则

从系统论的观点看，教学过程是一个系统结构，由导入、呈现、理解、巩固和结尾构成，五者是一个连续的整体，缺一不可。如果只重视课堂导入，而忽视其他环节，再精彩的课堂导入也不能达到整个教学过程预想的结果。所以一堂课开始时就要尽量在尽可能短的时间内激发学生的兴趣，吸引学生的注意力。一旦学生学习的自觉性被调动起来，就要抓住这个教学过程的"黄金时刻"，进入下一个环节，开展正课学习。导入只是一种准备教学活动，是安定学生的情趣、集中学生注意力、引发学生兴趣、明确学习的目的、任务和要求的过程。其主要功能是集中地让学生为新的学习做好充分的心理准备和知识准备。因此，课堂导入不宜费时过多，通常以 3~5 分钟为宜。应力求做到"简约不简单"。若导入时间过长，就会使课堂起始阶段显得冗长，内容复杂，容易引起学生的厌烦情绪，进而影响整节课的进程。

（二）阶段性原则

阶段性原则就是要求文化内容的导入应遵循循序渐进的原则，根据学生的语言水平、接受和领悟能力，确定文化教学的内容，由浅入深、由简单到复杂、由现象到本质。具体地说，初、中级阶段应着重交际文化的导入，因为它直接影响交际过程中信息的传递，属于表层文化；高级阶段则应重点导入知识文化，虽然知识文化在交际过程中不直接影响信息的准确传递，但它属于深层文化，是交际文化的"根"，是更深层次地理解、掌握交际文化的钥匙。在实施阶段性原则的同时，还必须注意文化内容本身的内部层次性和一致性，不至于使教学内容过于零碎。

（三）差异性原则

学生的学习程度和水平层次存在着差异，这就要求教师在实施课堂导入时要给予充分的关注，让处于不同水平层次的学生都有"用武之地"。例如，对一般水平的学生，要求他们能听懂，按要求去做；对于日语水平较高的学生，则要求他们能用日语来表达思想和开展交流等。同时，对于性格不同的学生，教师在设计不同的课堂活动时，还要考虑到不同性格的学生的需要。对于性格外向、活泼开朗、表现力强的学生可以考虑让他们去表演对话；而对于性格内向、不善言辞的学生，可让他们回答一些自己有把握的问题，以得到老师及同学的肯定，增强学习日语的自信心。这样的教学有助于发展师生之间、学生之间的情感，进而形成一个和谐的学习氛围，激发学生的学习动机。新课程标准把注重学生的情感列为课程目标之一，强调认知与情感的协调发展，体现"以人为本"的教育思想。

"导"与"教"一样无定法，切忌生搬硬套。对于不同的教材和教学内容，也应采用不同的课堂导入方式；即使同一教材、同一教学内容，课堂导入对不同的班级也要有不同的导入设计，使用不同的导入方法。这需要我们根据所教班级的具体特点，进行具体分析而定。如较沉稳班级和较活跃班级的导入设计应有所不同。对同一个班级来讲，课堂导入的方法也要经常变换，这样才有利于保持学生的新鲜感。

一堂好课必须有一个良好的导入作为前奏。课堂开始时的组织教学在于集中学生的注意力，引起学生的兴趣，那么新课的导入方法就更为重要。针对不同类型的课题，教师可以用不同的导入语言和导入方法。根据课题的类型、学生的实际情况或者教学实际条件，教师可以选择不同的导入方式，如讲故事、提问、播放视频、表演、猜谜语、集体讨论、演讲等不同的方式，甚至可以用游戏或竞赛等方法，尽可能让每堂课都有新鲜感，让学生始终对日语学习充满兴趣和热情。

（四）适用性原则

结合教材内容和跨文化交际本身需要，传授与文化交际密切相关的适用性文化知识，凡涉及影响语言信息准确传递的文化知识，都应是导入的重点。如果所导入的文化知识与学生能力的提高密切相关，学生的学习兴趣将会大大提高。

（五）目的性原则

导入一定要有较强的目的性，让学生明确将要学什么、怎么学、为什么要学。教学的目的不同，侧重点则不同，各环节的时间分配和组织处理也应有所区别。教师在导入新课时常直接或间接地让学生预先明确学习目的，从而激发起内在动机，使其有意识地控制和调节自己的学习。不论使用哪种导入方式，都应当有明确的目的。为达此目的，用于导入的故事、图片、游戏、歌曲以及所采用的语言材料都要与课堂教学内容密切相关。否则，导入形式再新颖，也不会有好的效果。

有些教师在设计课堂导入时偏离了教学重点，只是为了"导入"而导入，这使课一开始就目标不明确，因而无法吸引学生的注意力，有时甚至会误导学生。

教师是游戏活动的指挥者和领导者，设计游戏时要考虑周全，事先评估实施时可能出现的问题，不能生搬硬套。教师还要权衡游戏的作用，只有在明确教学目的的前提下合理使用游戏，才能真正发挥其导入作用。

（六）实用性原则

文化的内容丰富而又复杂，因此，在导入过程中应选取对跨文化交际使用价值大的文化差异。对日常生活交际密切相关的文化差异及有广泛代表性的内容应精简。实用性原则要求所导入的文化内容与学生所学的语言内容密切相关，与日常交际所涉及的主要方面密切相关，同时也考虑到学生今后从事的职业性质等因素。一方面，不至于使学生认为语言与文化的关系过于抽象、空洞和捉摸不定；另一方面，文化教学紧密结合语言交际实践，可以激发学生学习语言和文化的兴趣，产生良好的循环效应。

（七）主体性原则

新课程标准强调"以学生为主体"的教学原则，这一原则体现在课堂教学中学习任务的设计，即学生在老师的指导下，通过语言实践来感知和体验，达到实现语言目标的学习，这样就保证了学生主体作用的发挥。因为只有在语言活动中，学生才自始至终是自觉主动的语言实践者和学习者，而不是传统意义上的被动的知识接受者。学生通过自主的实践和思考活动，可以了解语言知识和能力的获得过程，经历语言学习价值的生成过程，体验成功或失败。由此可见，课堂导入中的学习任务提供了一条有效培养学生情感态度和人文精神的理想途径，学习任务给予了学生体验语言学习意义，培养完美人格的机会，是学生主体的原则的最好体现。

四、大学日语教学中文化导入的方法

教学中教师要做到既不放弃知识文化的积累又要加强交际文化的导入。交际文化的传授应该从日常生活的各个方面入手，教师主要向学生讲述日汉常用语在语言形式和风俗礼仪方面的差异。文化导入应侧重知识文化，以提高学生的文化意识和文化修养为主，了解日本人的价值观及他们的思维方式等。教学中文化导入的方法有以下几种：

（一）测试法

通过测试学生所学语言的文化知识背景和外语交际能力，找出中国学生在日语学习过程中易犯的文化错误，从而有针对性地导入文化知识，这也不失为文化导入的一个行之有效的方法。

（二）典故引入法

典故是人们在说话和写作时所引用的历史、传记、文学或宗教中的人物或事件。运用典故不仅可润饰语言，使之丰富多彩、生动清晰，而且使人们更易于沟通思想。大多数人在说话和写作时都引用历史、传说、文学或宗教中的人物或事件，这些人物或事件就是典故。基于某些词汇的神话背景，将这些词语与日语中的其他词语组合而成固定的短语，这些短语表达与相关神话背景相关的语义。在教学中若遇到此类典故，教师应仔细讲解。这样不但能提高学生学习兴趣，而且能增强他们的阅读能力。

（三）直观导入法

心理学告诉我们人们直接感受事物比通过载体、媒介来感受要来得轻松生动、深刻。课堂上使用真实的物品，生动的画面或仿真的场景，会使学生有置身其中的感觉，使他们闻其声、见其形、临其境、感其情，沉浸于交际性课堂的氛围之中。

实物、图片、音乐、视频等为媒介实施的课堂导入，这些直观的实物能够快速吸引学生的注意力，提高他们学习的兴趣和积极性。在现实的课堂教学中，如果能将这些实物搭配合理、运用得当，往往能够起到事半功倍的效果。

（四）课内外活动法

为了更有效地、更有针对性地在大学日语教学中进行文化导入，教师除了采用上述的文化导入方法外，还可"设计各种各样的课内外活动，并尽量使活动融知识性和趣味性于一体，寓教于乐，以激发学习者的热情"。这项活动可使学生复习所学过的词汇知识，发挥丰富的想象，有机地把语言学习和文化学习在大学日语教学中结合起来。

然而大学日语课堂教学毕竟有限，教师还应充分利用第二课堂辅助进行文化导入，如组织学生观看英文原版电影、录像；鼓励他们大量阅读与文化现象有关的书籍、报纸和杂志，留心积累有关文化背景方面的知识，并鼓励他们主动与外籍教师和留学生接触交谈；举办专题讲座；开设"日语角"；收听日语广播等。这样学生就可逐渐深入了解所学国家的历史、地理、文学、教育、艺术、哲学、政治、科技、风俗习惯等方面的文化知识。

成功的大学日语教学应是语言与文化相结合的产物，孤立的语言教学不能保障交际的顺利进行。在大学日语教学中，教师不仅要讲解语言知识，训练语言能力，还要注重文化导入，把文化导入的各种方法和途径融合于教学实践中，加强学生文化意识的培养。正如语言学家 Lado 在《语言教学科学的方法》中指出的，"我们不掌握文化背景就不能教好语言。语言是文化的一部分，因此，不懂得文化的模式和标准，就不可能真正学到语言"。

（五）文化习俗对比法

对比法是跨文化语言教学中的一个极为重要的手段。中日文化差异经常成为困扰学生学习日语的阻碍因素，因而将文化教学渗透到大学日语教学的各个方面就显得至关重要。"有比较才有鉴别"，只有通过对比才可能发现学生母语和目的语语言结构与文化之间的异同，从而产生一种跨文化交流的文化敏感性。礼仪、风俗习惯的中日差异是我们在日语课堂教学中不可或缺的内容。学习外语，必须学习目的语国家人士的生活礼节、习惯。

（六）词汇文化内涵介入法

词汇的文化内涵一般指其感情色彩、风格意义和比喻意义等。由于"文化背景不同导致社会观念不同，对同一事物会有不同认识，如不加注意，以母语文化模式去套用，就会引起误解"。因此，教师凡是遇到在日汉语言里具有不同文化内涵的词汇，就应不失时机地提醒学生。

第二节　外语教学中的心理文化冲突

一、外语教学中的文化输入和文化冲突

（一）外语教学中的文化输入

1. 文化输入的重要性

文化输入不仅包括基本文化知识的输入，同时，还应该提高文化意识和理解文化差异。文化输入目标可以分解为紧密联系在一起的三个方面——社会文化体系、语言符号体系、信息的产生、传递和接受能力。语言学习是一个通过大量的听说读写活动，认识一个民族的社会文化体系，并逐步学会使用该民族的语言符号体系接收、产生、传达信息的过程。就一个文化体系的自身而言，语言是文化的一部分，但从语言习得的角度而言，文化是语言的内核，对于语言习得，与其说九分语言（符号）、一分文化，不如说九分文化、一分语言。文化输入就是使学生了解目标文化的有关知识，不仅包含该社会的规范、约定俗成的行为规则、价值观念和构成社会文化结构的定位，而且还包含从文化的视觉辨认重要事实的能力及具备区分可接受的文化和不可接受的文化的有关知识。在当前的外语教学中重视文化输入有以下几点理由：其一，语言是文化的载体，又是文化的一部分。我们主张给学生提供大量的可理解输入，而绝大多数是来自日本的真实语料，如果不懂得其中蕴含的文化，就不能真正领会语言，那么，语言习得也就无从谈起。其二，在课堂上穿插讲解相关的文化背景知识，可扩大学生的知识面，激发他们学习外语的兴趣，并能帮助他们更好地理解所学材料的内容。其三，在介绍日语文化的同时，可与本民族文化作比较，让学生知道两种文化的差异，帮助他们在跨文化交际中预示可能产生的语用失误，达到交际的成功。当然，文化的学习绝不限于课内，教师还应引导学生注意从活生生的语言环境中了解所使用语言的文化，从而逐步培养学生的跨文化交际能力。

2. 文化输入的三个层次

根据第二语言习得和文化输入的对应关系，结合外语教学的实际情况，我们认为文化输入可以分为三个层次来实现。

第一层次，其目的在于消除外语学习中影响理解和使用的文化障碍。此时，外语教学以讲授目的语的语言结构知识为主。对在教学过程中出现的有碍理解和交际的词汇、短语和句子，应从文化的角度尽可能地输入必要的有关文化知识，其重点在于输入有关词汇的文化因素和有关教学内容的文化背景知识。在这一输入过程中要求遇到什么问题、解决什么问题、有关的文化知识呈现点状分散的特点。

第二层次，是较系统的文化输入，根据学习者已经学习过的语言知识，按照一定的文

化项目加以归纳整理。在这一输入过程中，把第一层次中呈点状分布的文化知识建立起相关的联系。如果再进一步分析为何中日民族存在不同的思维模式，就得从中日的文化、行学传统、历史和价值观的不同这一渊源上去研究。这一层次是深层次的文化分析，属于第三层次的文化输入。

第三层次，在这一层次的文化输入应包括更为深入广阔的文化内容。第三层次所做的工作是对一种社会模式及其价值系统的文化表现形式进行概括。

（二）外语教学中的文化冲突

外语教学是在一定的环境里进行的，环境指在人的心理、意识之外，对人的心理意识的形成发生影响的全部条件，包括个人身体之外存在的客观现实，也包括身体内部的运动与变化。这种环境可分为自然环境和社会环境。社会环境是人的心理、意识内容的主要源泉，对人的思想与个性倾向的形成起主要作用。而学校环境和文化教育环境就是社会环境的重要组成部分。从外语教育的观点看制约学生从事外语学习的主要环境是双文化环境。因为语言是文化的载体，在外语教学中，学生要接触母语文化和目的语文化，这造成了外语教学中的文化冲突；自从人们进行外语教学以来，一直在有意无意地设法解决这种文化冲突。在传播型国际化时代的外语教学，解决的办法主要是强制性地向学生输出目的语民族文化。在吸收型国际化时代的外语教学。解决的主要办法主要是鼓励学生吸收目的语民族文化。在交流型国际化的外语教学，主要是让学生既吸收目的语民族文化，又传播母语民族文化。随着交流型国际化的发展，交际教学思想要求学习外语的目的不仅要会用外语，还要用得得体，因而国外又兴起了跨文化交际学，企图沟通双文化，以解决外语教学中的文化冲突。但在外语教学活动层次如何操作？概括中外的实际做法，大体是三个策略：同化；吸附；沟通。即综合使用传播型国际化外语教学、吸收型国际化的外语教学以及交流型国际化的外语教学等三类处理文化冲突的办法，同化、吸附、沟通的具体方法是解释与回避。而解释、回避活动的先导是对比，所以对比在外语教学法中成了通用的具体方法。

总之，"文化冲突"反映了跨文化交际的特点——冲突是绝对的，协调是相对的。化解冲突是语言文化的学习过程，它把学生的本民族文化和目的文化通过语言有机地结合起来，是实施文化教学的最好方式。"文化冲突"产生于真实的跨文化交际，也是培养学生化解冲突和解决实际问题的最佳办法。本族文化和外来文化相互作用的结果是学生本身内部认知和思维的变化，他们必须在两种文化中创造出一种可以沟通的行为，即他们的文化创造力正在形成。文化创造力是学生的一种主观能动性，一种主动从外国文化的源泉中吸取新东西的能力，这种主动摄取和生搬硬套或机械模仿绝不相同，文化创造力的培养意味着一个持续的从无知便有知、从已知求未知的动态过程。

二、语言输入中的心理文化冲突

（一）文化输入的偏向性

语言与文化密不可分，人们常把两者比作鱼与水的关系。长期以来，文化教学就被确认为外语教学的一个重要方面。各类研究都基本认同外语学习也离不开文化学习，外语教学也离不开文化教学。这也是因为，一方面，文化教学不仅可以激发学生的积极性，而且随着文化知识的丰富，学生就能更多地避免日语文化因素对语言理解产生的干扰，加深对语言本身的理解，提高语言水平，并准确、顺利地进行交流；另一方面，文化差异也可能文本误读和信息误传，为此，外语教学实践和理论都大力提供文化适应模式学习外语就等于学习该语言的文化，各类教材和教学活动都不断增加文化内容的输入量。这种教学理念实际预设了一个前提：文化输入越多，学习者就越能理解和输出目标语。

不可否认，文化在外语教学中的重要作用，但是我们能否就此认为文化教学就一定能导致成功的外语教学？或者说，所有的文化输入是否就一定都能促进二语习得？二语学习者的母语文化与目标语文化毕竟不属于同一文化群，两种文化不但在历史、政治、地理和行为方式方面呈现出差异性，而且在价值观念、审美意识和道德标准等方面可能不一致，从而导致心理文化冲突。这种冲突既不利于语言的习得，也不符合我们的教学要求。在此，讨论文化输入的偏向性而导致了文化身份和第三文化等心理文化冲突，以便对外语教学中文化输入进行更辩证的定位。

目标语文化输入内容的偏向性是学习者产生心理文化冲突的最主要的原因。文化输入的偏向性主要是指在目标语教学忽略母语文化的宣扬，过分强调目标语文化内容或文化精神。

在我国现有日语教材中，无论是国内编写还是国外引进，都存在着严重的文化内容偏向性问题。就文化内容而言，现有的教材都以灌输日语文化为主要内容，只满足了学生了解日本社会文化的需要，而不能满足日语学习者的跨文化文际需要。文化输入偏向性对语言习得产生的负面影响是心理文化冲突以及英语学习中的文化定式。

（二）心理文化冲突

当目标语文化与母语文化存在差异时，学习者对目标语文化的态度可能是好奇或戒备，或兼而有之。一般说来，好奇持续时间较短，而当学习者短期内不能对目标语产生认同感时，在文化偏向性输入环境下，可能产生如文化身份、第三文化现象和文化定式等方面的心理文化冲突。

1. 文化身份

外语学习中的文化身份就是学习者从目标语文化审视母语文化和目标语文化，并对目标语文化所产生的归属和认同。

每一个民族都有其自身相对独立的文化系统。在这一系统中，文化是交际的基础，而语言则是传递文化信息和内容最主要的工具之一。这就要求在二语学习中，学习者必须将自身融入目标语文化系统中。但是学习者在学习外语之前，就已经经历了母语文化的长期熏陶，形成了与母语文化相对和谐的价值观念和文化观念，即文化定型。文化定型具有相对的普遍性和稳定性，它受到社会传统和规范的直接影响。因此，文化定型一般在短期内难以明显改变。当学习者学习或接受目标语时，从文化角度来说，这就意味着学习者将对其固有的母语文化结构进行调整甚至改变。这种文化身份调整或改变是学习者一种长期对自身的心理文化结构的认知更改，同时也是一个缓慢的过程。

如果母语文化与目标语文化差异悬殊，输入大量的目标语文化内容和信息，不但可能造成学习者的两种文化的冲突，而且这种输入的可接受性也很差，学习者可能抵制甚至拒绝接受目标语文化，或是产生自我文化保护情绪，也即二语习得过程中的"文化身份危机"。很显然，文化身份危机并不利于目标语文化的接受，也就不利于语言的习得。

2. 第三文化

文化结构的调整的一个必然结果就是产生"第三文化"。当目标语文化与母语文化存在着重大差异时，学习者在语言习得过程中可能既拒绝完全接受目标语文化，同时又不愿意疏远母语文化，学习者此时就可能产生"第三文化"现象，也即文化边缘化现象。第三文化本质上是一种虚拟文化，是学习者在长时间内难以对目标语文化产生认同，从而不能树立文化归属的结果。

第三文化在语言习得和跨文化交际中有双重作用。它可能在双重文化中择优而取。但是各民族的文化之间不存在优劣问题。为了掌握目标语，并能进行成功的跨文化交际，学习者需要理解目标语文化的深层次内涵。所以第三文化的择优功能并不是二语习得研究所期望的功能。

第三文化在语言习得和跨文化交际中的表现更多的是负面影响。从本质上说，第三文化是一种文化归属失落感，而文化归属的失落不但不能对语言习得产生积极影响，同时也会影响跨文化交际的质量。第三文化的负面影响就是学习者在两种文化的排斥与妥协之间寻找中间地带而失去自我，最后只能在目标语文化与母语文化的缝隙之间尴尬徘徊。在跨文化交际中，表现为常说的"土不土，洋不洋"。

3. 文化定式

单一传授目标语文化内容也容易形成学习者的文化定式。我们这里所说的文化定式主要是指学习者对目标语的群体文化单一或片面的理解或认知方式。从认知心理角度来说，文化定式具有某种信念或情感态度，是对目标语文化进行简单分类后的感知过程的产物。定式忽视了目标语的群体文化的内部差异，以普遍性掩盖了差异性。其极端形式是群体之间完全不等，而群体内部的个体成员则完全相等。

文化定式是学习者经常使用的认知方式，它在一定程度上加速了对目标语文化的认知过程。这是因为文化原本就是一个由多种成分构成的复杂结合体，并体现在不同的文化群体中。学习者在短期内掌握全部或大部分文化内容往往是不现实的。这就要求学习者对复杂的目标语文化进行分类，以简便的方式在整体上学习并掌握目标语文化的一般内容。

文化定式加速了目标语文化的认知过程，并减少了学习者对未知事物的焦虑感。但是作为一种认知方式，文化定式过于简单化，学习者可能形成某种程度的好恶倾向，甚至偏见或歧视，其结果是影响了学习者在跨文化交际中的数量和质量。当学习者对某种文化群体存在着偏见或歧视时，就可能不愿意与该文化群体成员进行交往，减少了交际数量。不但如此，文化定式还会影响跨文化交际的质量。

（三）对外语教学点启示

外语教学一方面离不开文化教学，离不开文化的输入；另一方面，文化的输入又可能导致心理文化冲突或文化定式。如何处理这样一对矛盾？我们认为，外语教学应该树立在目标语和母语中建立和谐的文化认同关系的理念。在具体教学实践中，实现文化输入层次的多样化，实现目标语文化与母语的对比分析，在合适的情况下使用目标语表达母语文化。

Crystal 强调在论述英语作为国际语言时曾指出，"目标语应当表达学习者或使用者的母语文化"。语言与文化课程的理论基础是有关语言本质的理论和语言习得过程理论，使用目标语表达母语文化的最直接的理论是学习用法比学会运用更有意义。外语教学的根本目标是掌握语言并能准确、恰当地运用语言。对绝大多数学习者而言，文化输入或学习最终目标只能是掌握语言的手段而不是目的。

第三节 日语跨文化教学中的问题与对策

一、大学日语跨文化教学的现状

教育部前副部长吴启迪曾经指出，当今世界科技迅猛发展，国家与国家之间展开的竞争日益激烈。在世界经济发展的浪潮中，中国经济迅速发展，国家综合实力日益增强，中国与世界各国的联系越加密切。在世界经济一体化和文化日趋多元化的大背景下，已经成为世界通用"普通话"的日语，其在提升国家国际竞争力，在国际政治、经济商贸、信息交流等各个领域的重要作用越发凸显出来。掌握这门语言，能大大提高我们国家的国际竞争力。因此，加强大学日语教学改革，提高人才培养质量是培养具有国际竞争力的高质量人才的关键。

可见，在国家高层和教育行政主管部门，外语教育已被提升到民族振兴、提升国家的国际竞争力的高度来认识。然而，由于种种原因，在我国外语规划和外语教育实施过程中，在外语教学改革进程中还存在许多突出的问题。对这些问题，不做细致的研究与分析，没有相应的对策，就会严重影响和阻碍中国经济的发展，影响我国综合国力、国际竞争力的提升。

（一）给我国大学日语教学带来的挑战

1. 人才培养观念需要转变

随着全球一体化经济的不断发展，国与国之间的交流与合作日益频繁，这就使得我国需要大量拥有良好知识结构、出色的外语语言能力、熟知外国文化传统和交往礼仪，能够处理国际事务，进行国际交往的"国际化"人才。具体来说应具备如下几方面：要正确理解和对待不同文化间的差异的存在。要通过发现其他文化中存在的不足来改进我们自身文化方面的缺陷，以便我们更加客观公正地对待不同文化，同时，也利于我们在差异文化中查找存在的类似的地方。要具备良好的文化适应能力。人们在跨文化交际过程中会不可避免地发生文化冲突，冲突的程度会对人们的进一步交流产生或轻或重的影响。人们只有提高自身的文化适应能力，才能保证跨文化交际的顺利进行；跨文化交际能力是实现文化的双向交流与互动的基础。丰富的词汇和地道流利的语言表达并不能保证跨文化交际的顺利进行，对外国人的历史、地理、习俗、生活方式和价值观念等的了解和理解在跨文化交际中起着至关重要的作用。随着我国在政治、经济、文化等多个方面改革开放程度的加深，中国人跨文化交往日益频繁，人们普遍意识到只有熟练地掌握、运用外语，提高跨文化交际能力，才能有效地进行国际的交流与合作。

因此，在跨文化背景下，日语教学责无旁贷。大学日语教学必须转变教学观念，把教学重点由原来的只注重语言教学转变为在原有语言教学的基础上，加强文化教学，加强培养学生的跨文化交际能力，努力造就国际化人才。

2. 外语教学理论需要更新

跨文化交际不仅仅涉及语言问题，不同文化间的差异的存在，更是难以逾越的障碍。在交际过程中，人们往往既要遵守语言规则又要遵守一定的文化规则。因而，在跨文化交际中，言语表达方面的文化规则和习俗等语言方面和文化背景方面的知识尤为重要。我国的外语教学，恰恰文化层面非常薄弱，因此，外语教学所面临的挑战十分严峻。

文化冲突经常发生在跨文化语境中。曾有学者指出，相对语言错误来说，文化错误则更加严重。因为语言错误只是表明没有把心里想说的话表达清楚，而文化错误则极有可能使来自不同民族的人之间产生误会甚至敌意。要想成功有效地消除交际障碍和交际摩擦，顺利进行跨文化交际，就必须具备一定的跨文化交际能力。

Winston Brembeck 指出，"采取只知道语言不懂其文化的教法，是培养语言流利的大傻瓜的最好办法"。因此，外语教学必须重新定位教学目标，加强对跨文化理解的重要性的认识，要把培养学生的跨文化交际能力放在突出显要的位置才行。可见，传统的语言教学理论已经完全不能适应新形势下跨文化交际对外语教学的新要求。外语教学界只有以更加敏锐的眼光审时度势、通盘考虑新的世界局势对人才的需求，对外语教学理念、内容和方法等进行全面改革，才能使外语教学自如应对新的挑战。

（二）大学日语跨文化教学的现状

在理论上，我国外语教学界已经普遍认识到外语教学中文化教学的重要性，而实际教学运行上，教学的现状仍不容乐观。跟踪调查大学生毕业后的日语运用方面的工作表现，能够胜任外事交流需要的学生极少。原因在于他们对异国语言文化缺乏了解和理解，不懂得目的语言的使用规则，交际中常常发生误会，造成严重后果。这是因为在外国人看来说一口流利日语的人自然应该懂得语用规则，不然，怎么能把日语说得这么好？这些事实足以表明我国的大学日语跨文化教学现状不容乐观。我国大学日语教学的现状是：教师只是注重课本知识，忽视了对学生进行日语文化的学习的引导和指导；大学日语教学模式与教学方法过于陈旧，教学内容不能与时俱进；大学日语教师的专业知识和文化素养有待提高。总之，大学日语教学不应该只是简单的语言学习，跨文化学习也不仅仅是在日语语言的学习中融入文化的影响，而是要在深厚的中华文化的基础之上，采用对比分析等方法宽容、敏感地深刻理解目的语文化。

二、大学日语跨文化教学中的问题

回顾我国过去几十年外语教学的理论和实践，不难看出，它基本上是围绕着语言知识教学、词语分析、语法讲解、句型操练这样一条主线进行的，而对语言外或超语言的文化却没有给予足够的重视。这在一定程度上是由于人们受到"语言工具论"思想认识的影响，习惯把语言仅作为一种符号来进行传授。在这种轻文化重语言的外语教学思想的背景下，大学日语教学一直把培养学生的"纯语言能力"作为教学目标。课堂上大多数教学只是停留在语言本身，忽略了与语言使用密切相关的文化因素。

伴随全球化和多元文化的发展，跨文化教学理念已被越来越多的日语教师所接受，教师已经普遍认识到跨文化交际知识和跨文化教学的重要性，并普遍认为语言技能训练与文化知识学习同等重要，认识到日语教学不仅仅要培养学生的语言能力，更重要的是要培养学生的跨文化交际能力，语言技能和文化技能的完美结合才能使跨文化交际中的语用障碍和语用失误最大限度地得以避免。但认识归认识，大学日语跨文化教学的有效实施并没有真正得到落实。教师和学生认识上的差距，教学目标、教学内容的制约等因素，使得跨文化外语教学效果不尽如人意且随处可见。下面我们就具体分析大学日语跨文化教育普遍存在的几方面问题。

（一）日语教材设置不合理

教材在课堂教学中起着重要作用，学生的学习以及教师的教学都是依据教材进行的。日语教材的内容多是科技性以及说明性的文章，这样的文章不利于跨文化的学习。在实际的教学过程中，依旧侧重主干知识的教学，即重点讲解语法、词汇等语言方面的知识，对文化的介绍依旧很少。另外，由前面的定义，我们可以知道跨文化是两种或者两种以上不同文化群体之间的交流，现在的日语教材要么是偏于科技性说明性文章，要么就只介绍日语的文化，而对中国文化的介绍特别是中国文化的日语表达的介绍少之又少。这也在一定程度上影响了跨文化交流。

（二）跨文化教学目标不明确

在大学日语课程教学要求中，跨文化教学给出了一定的教学要求，但是没有做出具体的规定和标准，导致大学日语跨文化教学出现教学目标不明确等问题，给大学日语跨文化教学模式的实施带来很多困难。大学日语教师只注重大学生日语听、说、读、写能力的培养与提高，忽略日语文化的渗透，给日语文化传播造成一定的阻碍。由于跨文化教学没有明确的教学目标，导致大学日语跨文化教学实施缺少具体的教学指导，教师不能正确把握日语文化的教学程度。导致大学生之间存在严重的日语文化学习差异，给大学生日语学习综合能力不断提高造成严重影响。

（三）传统中国文化价值缺失

刘长江指出，我国外语文化教学要特别注意两个方面：加强目的语文化和母语文化的学习；注重学习以目的语表达目的语文化和母语文化。因为在 21 世纪国际局势迅猛发展，文化的交流是双向的，外语学习的目的是实现"双语文化的交叉交际"。如果对对方文化缺乏了解，或因为不会使用外语进行文化表述，这种交际就会出现失误甚至中断。

近几年目的语文化教学在众多高校的跨文化教学中占据主导地位，目的语文化、目的语传统习俗和交际技巧不同程度地得到传播和学习，但忽略了自身的母语文化和母语文化正迁移的作用和意义。这种跨文化教学模式使跨文化交流的双方失去了平衡。

在跨文化交际过程中，人们要相互交流、彼此理解、互相影响。交流也意味着吸收和传播，只吸收，不传播，就不是真正意义上的跨文化交际。

中国文化知识的不足制约着学生跨文化背景下交流的顺利进行。目前，在外语教学中普遍存在着一些问题。如当前的大学生在跨文化交流时，他们虽了解一些日语文化，但对本国文化的表达和介绍时却显得力不从心，无论是口语表达还是书面表达都无法在更广泛，更深刻的层次上做进一步交流，"中国文化失语症"现象十分严重。"中国文化失语症"会给跨文化交流带来巨大的负面影响，最直接的危害就是阻碍跨文化交际的顺利进行，因为我们无法用日语向对方介绍与我们文化相关的一些内容。另外，我们会失去很多向外传播中国优秀传统文化的机会。如果在跨文化交际中，我们对自身文化发生失语现象的同时，却又一味地去迎合异族文化，没有了自我，其结果必然会陷入文化认同危机，而最终被强势文化所同化、吞噬。

在我国的日语教学中，日语教材中的日语价值观占主导地位，中国传统文化内容严重短缺。它自然体现西方的价值观念和意识形态。以日语文化为主体的文化教学忽视了中国文化世界传播的重要性和必要性，不利于学生跨文化交际能力的提高和跨文化交际的有效进行。

因此，要客观辩证地评判异国文化，正确地欣赏和理解文化。单一地吸收和肯定或否定的态度都是不可取的。只有在正确的价值观和世界观的指导下，在深厚本土文化的基础上学习、体验、对比、鉴别母语文化与目的语文化，才能正确理解、评判异国文化，才能实现真正意义上的跨文化双向交流。

（四）跨文化教育的方法相对简单

教师不善于灵活运用跨文化教育的教学方法。从目前情况看，多数日语教师还不能掌握各种现代教学法，特别是还不太善于根据具体教学目的需要，选择各种教学法中最适用的部分。教学中偏重语法和句法，偏重语言交际，忽视文化因素及非语言交际。教学中往往注重书本知识，而对如何引导学生大量阅读日语文化和获取跨文化交际知识，对拓宽学生知识面重视不够，方法不得当。以教师为中心的教学原则和方法，既忽视了学生的主体作用，也不利于培养学生的跨文化交际能力。适合跨文化教育的日语教学方法很多，如直接法、听说法、交际法、认知法，都对外语教学理论和实践的发展做出了巨大贡献，但也都是不同时期不同教学理论的产物。近年来，国外一些新的教学方法不断被介绍引进，拓宽了日语教师的视野，也给日语教学注入活力。教师必须深入研究和采用不同的教学法，才有可能实现跨文化教育的目标。

（五）学生学习日语的功利性问题

在外语教学中，教师是教学的主导，起着引导、指导的作用；而学生是学习的主体，在众多影响外语学习的因素中，学生是事关外语教学效果的内因，是学习成败的决定因素。学生的学习态度和动机决定了学生是否有积极的学习行为。

文化内容基本不作为考试内容，学生学习日语的功利性程度太高。学生对于日语文化的学习很被动，相当一部分学生学习日语是为了应付考试和为出国创造条件，并不是日常生活的积累或者兴趣使然，更谈不上为社会的进步和发展尽义务、做贡献。

（六）跨文化教学与实践联系不紧密

在大学日语跨文化教学中，教师对日语文化存在的差异没有给予高度重视，误导大学生的日语学习方向，使跨文化教学不能与实践紧密联系在一起，导致跨文化教学的效果一直处于不理想状态。教师在日语课堂上进行文章结构的剖析时，没有按层次进行逐步讲解，使大学生学习日语的兴趣得不到有效增强，大学生学习日语文化时，不能对语句顺序和句意进行深入的理解，导致大学生在实践过程中经常出现语句错误的情况，从而严重降低大学生学习日语文化的积极性和主动性。例如，在与外国友人进行日语交流时，要注重外国的沟通方式，正确运用外国人的逻辑思维思路，调整语序，以提高跨文化交流的有效性。

（七）学生对外来文化的心态不够合理

我国的外语教学远离目的语文化的环境，并受整个教育体制和考试体制运作方式的制约。学习日语的起点低，说明教学环境从根本上制约着教学客体。作为正规教育机构中受教育的学生，他们学习日语的直接目的可能是通过考试，拿到文凭。所以考试往往起着指挥棒的作用。语言教学要服从整个课程设置的要求与安排，而除考试外，语言能力和交际能力难以用外部的条件和标准来检验。此外，我国的国情环境和社会伦理结构作为文化传统的一部分，对日语的教与学，尤其是学习动力也产生了相当大的影响，可以说学生学习日语的工具性动机不十分明确，主要是外部动机在起作用，即为升学而学。长期以来，国民教育的主要活动是向受教育者一味地灌输知识，不注重对学生能力的培养。受现行教育的影响，学生的日语学习风格也是以背诵为主。从教学条件看，教育经费的逐年增加与国家的人口、幅员和教育发展的需要还不相称。教师数量不足，质量有待提高，学习外语的学生量大班大，且程度参差，教师难以做到因材施教。至于课外语言学习环境，无论是社会、学校还是家庭，都难以提供日语学习和交流的真实环境。所以综合来看，学习外语的环境不是那么令人满意，需要从各个方面加强跨文化教育的支撑条件。

目前的外语教学明显地落后于经济的发展和社会的需求。首先，学生只重视知识的接受，忽视已有知识的运用。虽然有些学生语言能力较强，但跨文化理解能力普遍较弱，如对交际方略、交际规则、礼貌规则等方面的知识知之甚少。不熟悉目的语国家的思维模式和社会文化背景，对隐含文化内涵的语言现象和行为不理解，在跨文化交际中经常误解对方以致交际失败。其次，当代学生普遍对中国传统文化知之较少。面对网络时代的文化渗透，面对文化霸权倚仗的信息与技术的强大和领先，很自然就形成一种无端轻视本民族文化，盲目崇拜外来文化的风气。最后，尽管学生对外来文化的知识很多，但对外来文化的心态却不尽合理。所以形势迫切需要通过跨文化教育来使我们的大学生养成尊重、开放、宽容与平等的跨文化心态，引导他们形成比较合理的跨文化意识和心态。

（八）教师跨文化教育的意识和能力不够强

教师是学生获取文化信息的最重要的源泉，教师的知识结构、教师对文化和文化教学的态度都关系到文化教学的成功与否。教师对外语文化教学的不同理解，都与其具体的文化教学行为（如教学内容、教学方法的选择）有直接的关系。在具体的教学实践中，教师应有意把文化信息的渗透与语言技能的教学紧密地结合在一起，在帮助学生学习和掌握语言技能的同时，还应积极地引导学生自觉了解和适应目的语文化，培养学生对目的语文化的敏感性和洞察力。

外语师资质量无疑是外语教学质量的保障。在目前我国日语教学的社会环境条件下，学生通过日语教师获得日语能力是其日语学习的主要的途径，有时甚至是唯一的途径。所以外语教学不同于其他学科的教学，外语师资的质量在很大程度上决定了外语教学的质量。由于我国日语学习者人数众多，优秀日语教师一直处于短缺状态，教师整体质量不容乐观。

就大学日语教师而言，教师学历结构严重偏低。就教师目前的状况而论，无论是专业水平，包括语言知识、语言应用技能、跨文化交际理论和教学法知识等，还是教学理念和教育观念，都不能适应现代外语教学的要求。因此，提高日语教师整体素质刻不容缓。

教师自身运用日语进行跨文化交际的机会不多，其文化敏感性不强，跨文化交际能力较弱。出国进修对大多数中国日语教师而言只是一个不可能实现的梦想，虽然近年来有机会出国进修的日语老师人数有所增加，由于缺乏系统的文化培训和学习研究，外语教师往往不能够正确地定义文化，关于文化的内涵，他们或者认为文化包容一切，或者列举一些易于观察、易于捕捉的文化现象，至于深层次的文化信息如思维模式、价值观念等，常常被教师们忽略不计。这种片面、肤浅的文化理解大大妨碍了文化教学的深入开展。教师基本上是根据个人兴趣与时间各自查找、补充相关文化信息。教师对相关跨文化知识的教学材料的分类和理解各有不同，对教学内容缺乏统一认识，缺乏统一的或集中的讨论和总结。多数的文化教学是以背景知识介绍的形式进行的，文化被当作是静止不动的知识和信息传授给学生，文化教学处于可有可无的状态，教师完全随心所欲地对待文化内容。这就使文化教学依附于语言教学。有些教师进行文化教学完全是为了引起学生注意，而不是为了文化教学本身，因而他们的文化教学也不是课前周密安排、精心策划的教学内容，而只能是语言教学的调味剂，常与语言教学脱节。

虽然教育部明确要求大学日语教学要注重培养学生的综合文化素养，但文化教学方面并没有可与语言技能教学相比的具有可操作性的完整体系作为指导，仍处于盲从状态，严重影响了跨文化外语教学的实施。

很多大学日语教师没有充分认识到跨文化教学的重要性，教学的重点还停留在词汇、语法和句型等语言知识层面。由于教师本身的跨文化交际知识储备不足，也由于大学日语教师的跨文化教学意识太过淡薄，外语教学中的跨文化教学，在我国的实际状况无法令人满意。外语教学很难改变学习者对于目的语文化的了解和认识的固有模式。大学生的社会文化能力与交际能力远远落后于他们的语言能力。现有的教师、使用的教材和采用的教学方法都根本满足不了跨文化学习的需求。教学中所进行的缺乏代表性的对目的语国家的文化导入，也根本做不到去矫正学习者原有的对这些国家的认识和了解方面的成见。内容编狭的文化导入与文化背景知识介绍难以提高学生的文化敏感度及帮助学生客观公正地认识和了解目的语国家的各种文化现象。

（九）"文化中心论"的心理干扰因素

在跨文化交际中，人们对其他文化的态度直接影响到其跨文化交际行为。由于难以摆脱母语文化的约束，文化态度中一个极为突出的问题是，人们深受母语文化观念的羁绊，在处理问题时习惯于自觉不自觉地从母语文化的角度去观察和对待其他文化，最突出的心理干扰因素是"文化中心论"，或称"文化优越感""文化模式化"和"文化偏见"。

1. 文化偏见

文化偏见论者采取的是一种处于固有的成见所持有的不公平、带偏见的，甚至使顽固不化的歧视态度对待与己不同的文化，喜欢专门搜集可以证实自己偏见的"证据"，对与之矛盾的其他事物和现象则置若罔闻。持有文化偏见的人总是以所谓的"自我参照标准"，简称 SRC，即以自己的文化价值观为标准，来评价或衡量处于不同文化中的人的行为或事物。

2. 文化优越感

文化优越感，或称文化中心论，是阻碍跨文化意识形成的最重要的原因。受文化优越感毒害的人会自觉不自觉地将母语文化的风俗习惯、交际规则、思维方式和价值观念作为唯一的标准，衡量和判断世界一切文化的行为，与之一致者才是正确的，其他则都是错误的和不好的，都必须加以反对。文化优越感患者处处以自己的文化为中心，认为自己文化的行为标准必须是所有文化的标准。

文化中心论造成的恶果必然是对其他文化和其他社会的严重偏见，无法客观地认识和对待与自己不同的文化。文化中心论会使人们失去获取跨文化意识的意愿与要求，一切以我为中心。持这种态度的人认为只有自己的国家、自己的城市、自己的州或省和自己的民族才最为道德，自己国家的政治体制是唯一合理的，其他人只能了解"我"、认同"我"和适应"我"。

3. 文化模式化

受文化模式化毒害的人本着固有的成见和先入为主的态度，事先设计好一种模式，将其硬套在其他文化头上，采用过于简化、过于概括，甚至夸大的手法将其他文化进行硬性分类，将别的文化的一切现象都强行塞进自己设计的模式之中。

三、大学日语跨文化教学中的对策分析

毋庸讳言，现阶段大学日语教学的现状与跨文化教育的效果，远远不能适应改革开放的需要。自从我国加入世贸组织后，国外文化大量涌入，面对传统与现代文化的继承与发扬、外来文化与本土文化的冲突与融合，有人提出了重视本土化文化、日语教学本土化的要求。所谓日语教学本土化，就是强调使用带有中国本土特色的日语表达，即将非母语文化的中国现象和内容置于日语的形态之中，从而将中国因素较为顺利地引入日语话语及国际文化对话中，使中国文化更好地走向世界。当代国际交往中，国际合作和交流已经深入到政治、经济和文化的各个领域，任何国家既有吸入，也有输出。所以我们学习外语并不是单纯地学习外国，外国也要向我们学习。日语教学既要培养学生的国际意识和对异域文化的理解，也要注重培养其本土意识；使学生既成为外来文化的吸收者，又是本土文化价值的继承和传播者。日语教育中要强化汉语文化的教育，努力培养日语学生本土文化的意识，只有对本国优秀的传统文化有了充分的认识并不断深化优秀传统文化的修养，才能更

好地理解他国文化，从而进一步拓展自己的跨文化心理空间，对文化等多元性展现出一种大度、相容并蓄的跨文化人格。要改进大学日语跨文化教育，具体可以从以下几方面入手：

（一）明确教学目标

大学日语的教学目标是培养学生的日语综合应用能力，特别是听说能力，使他们在今后的学习、工作和社会交往中能用日语有效地进行交际，同时，增强其自主学习能力，提高综合文化素养，以适应我国社会发展和国际交流的需要。新的教学目标变传授知识为发展能力，体现了当代教育变革的发展趋势，更有利于日语学习者的知识、素质、能力三者的结合。新教学目标的定位既考虑到国家对外改革开放的需要，也满足了跨文化教育的目标，即培养学生对外国文化习俗的兴趣，对文化差异的意识，增强对文化差异的理解和认识，初步形成跨文化交际意识，用尊重与包容的态度对待异文化。增强跨文化意识将有利于促进学生对日语学习主动性和积极性，有利于激发学生了解世界、融入世界的冲动和欲望，这种热情必然增强学生对日语学习的兴趣、提高他们的学习效率。也正因为这样，教师率先要有增强世界文化意识的强烈愿望，主动了解中外文化的差异，拓展视野，使自己的日语教学充满文化韵味。

日语教学跨文化教育的目标除了体现在跨文化意识的培养方面，还涉及跨文化知识的获得和能力的提高。所谓跨文化能力——也就是与异民族交往的行为能力，尤其是跨文化交往中，避免和消除跨文化冲突的能力。跨文化教育对教师业务水平和综合素质的要求较高，教师要与时俱进，更新教育观念，提高自身的文化素质，使自己成为教学者又是研究者，教学与研究并重。

1. 提高教师自身的素养

教师要想在日语教学中实施跨文化教育，发挥主导作用，使学生的能力得以发展和提高，教师本身必须具备较高的专业知识和专业技能。日语教师必须具备日语语音、词汇、语义、语用方面的知识，同时，必须具备较高的外语听说读写的技能。要做到这两点，一要有强烈的学习意识，二要坚持不懈。另外，大学日语教师应该充分利用身处高校这一有利学习条件，选择适当的专业，采取跟班旁听或攻读第二学位的方法来充实和完善自己的知识结构，把自己培养成一专多能的复合型人才，以适应社会需要。按照加强跨文化教育的要求，日语教师要有较强的文化意识，还要更多地注重源语言文化背景知识和相关知识，使文化教学贯穿于长期的教学活动中，以培养学生了解世界和中日文化的差异，拓展视野。

教师要具备批判性、创造性思维。就我国的外语教学现状而言，现有的跨文化教育和跨文化交际能力模式都有一定的局限。高一虹认为要在"素质教育"的框架内进行文化教学，揭示了交际能力的培养在本质上就是人格的培养和人性的实现，即把语言教学和对人的全面教育直接联系起来。学习外语不仅仅是掌握一种工具，更不仅仅是学习一种技巧，而是转换一种思维方式和习惯。所以日语教师首先要明确日语教学教授的不仅仅是日语的躯壳，而应该是有灵魂的日语。从语言技能教学转向内容教学才是中国日语教学和跨文化教育的根本出路。思维才是语言学习的真正动力和自然机制。要培养学生日语创造性思维，教师首先就要改变格式化的思维定式。要有一定的批判意识和观点，能识别各种文化观，并在跨文化教育实践中不断对自己进行批判性反思，从而形成自己的客观的文化意识，能够在保持自身文化价值的基础上实现不同文化间的对话与合作。

教师还要不断加强自身的母语文化修养，改进跨文化教育策略。教师应对自己民族文化有深刻的了解，具有对民族本土文化的深刻的历史意识，夯实民族本土文化的功底。要学习、研究母语的文化，具备双重文化的理解能力。在外语教学中，切不可一味地关注目的语文化的学习，忽视母语文化的教学，忽略了它，就等于丧失了理解目的语文化的基础。事实上，目的语及其文化传递的信息必须首先经由母语文化的"过滤"。只有通过与母语文化的比较，才能发现两种文化的共性与差异。另外，还应该以海纳百川的博大心胸认真学习和及时吸收来自其他国家和民族的文化营养，加深对其他国家和民族文化的理解，从而以多元文化的身份观察和研究多样性的文化，能够在不同文化的比较对比中发现各自的个性特征和优势，提高自己的跨文化能力。

2. 树立正确的教学理念

外语教学中跨文化教育的开展首先应注重观念更新，认识提升。目前，跨文化教育的相关思想在我国外语界仍是比较前沿的理念，国家教育行政部门作为教育相关政策的制定机构对跨文化教育的理解和解读将直接影响到我国跨文化教育开展的效果。跨文化教学中，教师首先要更新自身的教育理念，要始终坚持"语言教学与文化教学有机结合"，从语言学习、语言意识、文化意识和文化经历相互联系的四方面同时入手，充分发挥母语文化在文化学习中的作用。其次，外语教师不能仅满足于做一个传授语言知识的"教书匠"，还应该努力成为一名"会通中日"的学者型教师。我国著名学者吴宓、钱钟书、叶公超等人之所以声名显赫、受人敬仰，不仅仅因为他们的外语水平高，更重要的是，他们学贯中西，人格俊逸，文、史、哲无一不通，可谓传统意义上的大师级通才。除教师教学理念的更新、自身素质的提高外，外语教学中文化教学的理论框架作为重要的课题必须进一步明确，深入研究和探讨。

近年来，体验式日语教学作为一种全新的教学理念和教学模式越来越受到日语教学研究者的关注。基于体验式学习理论的体验式教学模式要求教师根据教学内容有目的地创设生动逼真的教学情境，使学生在较为真实的环境里有效获得所学内容，使其理论知识、应用知识得以扩展，技能、技巧得以提高。通过直接接触学习内容，学生能够亲自实践和体验，在自由独立、情知合一的情境下，培养实践创新的能力。体验式教学模式的核心就是体验直接经验。

建构主义理论是体验式日语教学理论的发展基础。建构主义把学习看作一个建构的过程，该理论要求学习者在学习中要积极主动，发挥主体作用。建构主义强调学习者的中心地位，教师在整个学习过程中应该是学生意义建构的协助者、促进者，而不是知识的提供者和灌输者。建构主义从教学方法看多种多样，各有不同，但教学环节中含有情境创设和协作学习却是其共性所在，学习者不是简单被动地接收信息，而是基于情境创设和协作，最终主动地实现自身对所学知识的意义建构。与以往以教师为主导的知识传授式教学模式相对比，体验式教学模式更加突出强调以学习者为中心，认为自主学习十分重要，它更贴近学习者"内化"的学习认知规律。真实语境的创设和模拟能够激发学生的学习积极性和参与体验的热情，使学生在真实语言的感受和体验中，发现语言的应用技巧和使用规则并应用于语言实践。这一理念反映了当代外语教学理论的新进展，既符合以往交际教学法的原则，又体现了"任务教学法"的特点。除此之外，体验式教学不受时空限制，多媒体、网络教学资源为体验式学习创造了更丰富的体验。利用多媒体和网络，体验式教学增加了学习过程中的趣味性，学生的感官和思维受到刺激和激发，使学生积极、主动，快乐学习、记忆语言文化知识。文化不是一成不变的，不是一个静止的；文化是动态的，是随社会的变迁而变迁的。以往发生的事情会影响语言表达的含义，语言的意义也会对未来事件产生影响，未来的经历又会影响到具体的语言意义，这是一个周而复始的过程。在社会进步、发展的同时，世界各民族的思维方式、价值观念、生活方式、社会规范等各个方面也都在发生着重大变化。因此，外语教学过程中，教学的中心不应再是以教师为中心的知识的灌输，而应是以学生为主体，加强学生的文化学习体验，培养学生自主学习、积累文化知识的能力，注重培养学生文化敏感性，提高学生应对文化差异的主动性和自觉性。

因此，要确保跨文化教学的理论研究形成体系，以全新的教学理念、清楚的教学思路促进课堂内外的跨文化教学，在各个方面采取措施，加深教师对外语教学中跨文化教学的认知，使其更好地投入跨文化教学。

3.注重教师继续教育

随着知识经济的到来，社会知识更新加快，高校日语教育工作者的继续学习问题，成为日语教育队伍建设的关键问题，也成为学界关注的对象。

跨文化教育的主角是教师，要培养和提高学生的跨文化交际能力，必须重视教师的作用。只有教师具备了较强的跨文化交际能力，才能在课堂上通过各种方法和途径实现跨文化教育的目的。对此，学界关注的问题有继续学习的重要性、必要性问题；如何进行继续学习。

（1）关于继续学习的重要性、必要性。有关学者认为继续学习的必要性在于加强和改进高校日语工作的需要；稳定高校日语工作队伍的需要；社会经济发展的需要和网络信息对高校日语工作的冲击。也有一些学者认为，社会和经济的发展对高校日语工作者提出了继续教育的要求；高校改革的深化和快速发展，使高校日语工作者的继续教育成为必然；终身教育思想的形成和广泛传播，促进了人们教育观念的转变。一些学者认为，高校日语教育所面临的环境发生改变；高等教育大众化对日语教育工作者要求更高；科技发展要求高校日语教育工作提高科技含量；日语教育学科研究亟待加强。

（2）关于进行继续教育的措施、保障。高校日语工作者继续教育的措施是领导重视、制定制度、经费投入、时间保证、长远规划。有关学者专门论述了高校日语教育工作者进行终生学习的问题：应树立两种观念"教育就是服务"的观念、现代化的教育观念；应具备四种能力——良好的语言表达能力、较强的组织能力、较强的创新能力、熟练地运用现代化的教学手段；强化两种意识——强化政治意识、强化法律意识。而进行终身学习的途径是自主学习，工作实践，以学促研、以研促学，参加社区教育。有关学者提出，高校日语工作者继续教育的措施是：要提高日语工作者的认识，调动他们接受继续教育的自觉性；要建立和完善继续教育的各项制度。也有学者认为，高校日语教育工作者继续教育的保障措施：把建立一支素质较高的日语教育工作队伍放到重要的议事日程；建立日语教育工作者培训制度；加强日语教育学科建设；建立和完善考核激励机制。

（二）科学选择教材

教材选材时，既要考虑提高跨文化交际能力所能涉及的各个方面，又要注意设计形式多样的练习对学生在纷繁复杂的跨文化语境中进行交际所需要的各种技能加以训练。如从跨文化知识的导入入手，解释语言表达中的文化内涵，扩大与文化有关的知识面；通过案例分析与点评，提高学生的全球意识与跨文化敏感度；通过情景模拟、角色扮演等让学生接触各种跨文化语境中的跨文化冲突，以培养学生观察与分析跨文化问题的能力；最后进入培养学生观察跨文化生活或工作环境中的文化问题，如各媒体所报道的新闻，或通过各种调查，或在实习中观察跨文化语境等。这些方法都是提高学生实际能力的关键要素与途径。如果教师在课堂中忽视这一教学环节，那就不可能真正提高学生的跨文化交际能力，或只能提高学生的跨文化意识或跨文化敏感度。外语教学只有进入在现实语境中培养学生跨文化交际能力阶段，学生的知识积累和跨文化意识才能得以应用与体现，也才能将知识转换成跨文化交际能力。要使日语教材内容更适应跨文化教育的需要，可以从以下几个方面考虑：

1. 追求语言材料的真实性

现代外语教材的一个重要特征就是"求真"。它反映在目标选材和练习的各个方面，都把学生和教师作为真实的交际对象，运用多种真实的任务来进行外语教学才能使教学交际化。真实的交际要求教材以人为本，把学生当作有思想、有情感、有社会性、有文化性和有创造性的人。通过语言学习增加对社会的了解和认识的渠道。语言材料的真实性指从实际交际活动（口头和书面）中选取的材料，而并非编教材的人自己撰写的。其中，许多部分涉及场合、身份、相互关系等社会因素，因而它还包括跨文化的真实性，即真实反映社会环境、人文思想、地理历史、思维方式等多层面，促进不同文化相互理解和交流。教材要重实践练习，不以语法为中心，而是围绕题材、目的或语言及语言信息和语用功能来编著。将时代特点和真实性、语言知识学习与信息的传授结合起来。可适量增加关于国际政论和时评性的文章，帮助学生在获得当代经济和文化知识的同时，进一步了解当代政治，为将来融入国际社会奠定基础。跨文化的教材编写队伍应包括社会学家、人类学家、语言学家等，经仔细选材，按主题分类的跨文化教材既具综合性又具科学性。有利于鼓励学生以一种开放的胸襟积极体验外国文化，通过分析比较，在两种文化间建立联系，以批判的态度审视外国文化，又能深入思考本国文化如何被目的语文化所理解。

语言教学的目的是实现跨文化中的思想交流与情感传递。因此，保留语言的真实性能够确保在真正意义上实现大学日语课堂教学成为连接学校教育和社会的桥梁目标。

2. 深化对母语文化的理解

在全球语境下，广泛的社会交流使文化教学成了外语教学的重要目标。然而，外语教学的任务很难单靠外语课完成。不能因强调尊重目的语国家的文化传统，就忽视了本民族具有特色的文化传统。实际上，日语在不断扩大影响的同时，各民族文化也是在不断与之抗衡，进而造成两者的相互影响和交融。可以说任何国家的外语教学中文化教学的内容都是两国文化的交汇及矛盾之处。跨文化教育给我们审视本国文化提供了良好的机会，所以在选择教材内容时要充分利用跨文汇、短语、句子及成语和典故。总之，目的就是努力培养日语学习者母语文化的自我意识，以促进学生对本国文化的反省。

3. 内容安排应循序渐进且多面化

文化的复杂性、动态性和多层次性决定了文化教学内容的安排不能只是古板的说教或是传授过知识后，就一劳永逸。以文化为主题编写的教材须是有渐进性的、可操作性的，能弹性循环进行教学。唯有这样，学生对文化的体验与认识才能不断地理解和深化。

教材内容的呈现要按照由浅入深、由表及里，从已知到未知、从具体到抽象的序列进行安排，课程内容在不同阶段上重复出现，范围逐渐扩大，程度不断加深。跨文化学科的教材要具备系统性、一致性、层次性、前沿性以及时效性的特点，注重与时俱进，编排体系既体现日本的人文精神，又映衬出国内对人才需求理念所发生的重大转变，既注重人文关怀又要满足人文素质培养的现实需求。

4. 体现文化内容与语言内容的自然融合

大学日语跨文化教学教材内容的编排应以文化主题为单位，在每一个部分中都重点突出文化，突出语言，在文化的潜移默化中，让学生更好地、灵活地、牢固地掌握语言的使用。正如张红玲所说，"语言内容和文化内容有机地结合，是跨文化交际外语教学的核心思想。语言和文化同为教学的目的和手段，两者不可分割。在教材中，系统的文化主题构成教材的主线，而语言教学的内容实际上与这些文化内容融合一体。"教材要充分考虑学生学习外语的需求、语言环境、知识结构和层次等多方面因素，蕴含社会习俗、历史、宗教、特别是价值观等方面内容，介绍日本的文化元素和中国传统文化，融入中日文化对比研究，让学生学会如何对待差异。

教材要有助于培养学生批判性思维技能。要求学生以一种审视的眼光与批判的思维方式，看待目标语国家事务，体验与本国文化不同之处。培养学生如何进行有效文化沟通。教材包含和传授的内容要充满积极的、使人奋发向上的精神，要将人类优秀的文化、高尚的思想道德通过语言潜移默化地传授给学生，要对学生世界观和价值观的形成产生深远的影响。

（三）加强教育引导

对学生跨文化教育应贯穿在日语教学的过程中，体现在文化内涵的传承上。要自觉地开发多种渠道、多种方式，将跨文化教育渗透到阅读、口语、语法、词汇的教学中。拓展文化教学的内涵和外延，将整个日语教学视为一种文化过程教学，将文化教育融入日语教学的各个环节和教学活动，学会以目的语文化的相关理念、思维方式等为参照，反思我国的传统观念和思维方式，改变一些落后的教育理念和方法，转变师生角色和课堂教学模式，从而使师生双方都能在学习日语的同时，拓展思维方式，对中日文化进行扬弃、整合，将静态的语言文化知识的学习转化为动态的文化素质建构。唯有如此，培养学生的跨文化意识才不会是一句空话。

日语教学中的文化教学内容也不能局限于日语国家的文化。所谓"跨文化意识"，是对特定文化的超越，其内涵非常丰富。它要求我们从整个世界的角度去认识问题和考虑问题，既包括对日语国家文化的敏感性，也包括对非日语国家文化的敏感性；既通过学习日语认识日语国家的文化，也是在以日语为媒介了解世界文化。因而，我们的教师不但要帮助学生以开放的心态学习认识日语国家的文化，更要鼓励学生通过日语了解世界万象，培养国际意识和合理的跨文化心态。因此，教师在教学中应该给学生较多面对问题和独立解决问题的机会，更要重视对学生文化教育策略能力的培养。

1. 培养学生自主学习的能力

自主学习要求学习者根据自己的实际情况确定自己的学习目标、制订学习计划、科学地评估自己的学习结果，是体现学习者对自己的学习主动负责的过程。自主学习强调的是学习者的学习能力而不是学习过程。大学里学生要明确自己的主体地位，教师起的只是指导辅助的作用。在课堂上教师只是进行指导式的讲解，学生只有通过大量实践才能掌握技能。所以自主学习在学好大学日语中扮演着一个很重要的角色。

学生要以语言规则的认知、操作和掌握为基础，努力培养自我创新的意识和能力，通过发掘和运用自身原有语言认知能力，提高对自身知识水平和学习风格的认识水平，逐步学会掌控个人的学习过程、学会选择学习方式和评估学习结果，最终克服日语学习中的畏难情绪，建构个性化的、卓有成效的日语语言学习体系。

教师在课堂上所讲述的内容肯定不可能满足各类学生的要求，那么"第二课堂"的开辟就是很有必要的。它要求学生根据自身的特点利用时间来安排个性化的学习计划及学习进度。

教师要以学生为中心，根据学生的个性进行培养，在传授语言知识与技能的基础上，重点培养学生的语言交际能力和自主学习能力。

总之，"第二课堂"作为课外学习的主体，是对第一课堂的完善和补充，有利于拓宽学生的知识面，调动学生的学习积极性和创造性，实现学生综合素质的提高，有助于学生跨文化交际意识与跨文化交际能力的培养。

2.语言与文化有机融合于课堂教学

课堂是跨文化教学的重要阵地，课堂实施是完成教学内容、实现教学目标的决定性环节，文化内涵发掘主要针对语法、词汇、篇章等多个语言层面的文化探索。

（1）注重语篇与语法的文化教学。语篇一般用来指文章、会话、面谈等比句子更大的语言单位，是使用中的语言。它是特定语境和社会文化中语言运用的产物，语篇的形成和样式反映了意义交流时的社会文化语境。口头篇章所涉及的交际风格和交际策略与文化密不可分，息息相关；而书面篇章则是通过篇章结构及修辞风格来体现其文化内涵。语篇与文化有着密切的联系，不同文化的人所使用的、制造的语篇是不同的，不同的语篇也会建构不同的个人经验和社会现实。

在进行语篇教学实践时，要尽力将文化教学融入其中，即把文化教学作为教学目的和教学内容中不可分割的一部分，突出其重要性；而在教学实践中可通过设计读前和读后任务以及相关文化的讨论和学习将学习者的注意力吸引到具体的篇章内容上，既达到了语篇分析的目的也能帮助深入挖掘东西方在思维模式、价值取向等方面的文化异同及其对篇章结构产生的影响，利用教材中的丰富资源，不断完善学生的跨文化知识体系。

除语篇之外，语法结构也与思维模式等文化内容有着不可分割的关系。语法同人们的思维模式息息相关，包含着丰富的文化内容，也是人们表达内心感情世界的一种手段。

不同民族的哲学思想塑造了各自不同的思维模式，不同的思维模式又造就了各具特色的语法形态，不同的语法形态特征又呈现出其特有的语言表达方式。各民族思维的方式、特征及风格一般都蕴含着丰富的民族文化底蕴。换句话说，一个民族的语法系统和语法使用规则常会受到其所属的语言群体的思维和文化特点的影响，带有一定的文化成分，因此，不同语言组词造句的规则不尽相同。

因此，日语语法教学也不同于汉语语法教学，其重点主要为时态、语序、句子结构。在教学中，教师可以通过区分不同语言中的时态，对比语序方面的异同以及句子结构的差异来寻找不同语言的文化根源，如思维差异，实现语法教学与文化教学的结合。

（2）加强词汇的文化教学。词汇是文化的重要载体，也是外语教学的主要内容之一。因此，跨文化外语教学要充分利用学生对词汇学习的关注与兴趣，使词汇及其蕴含的文化意义的教学成为外语教学中跨文化教学的一个重要组成部分。

词汇主要包括单词、词组、习语（成语）、谚语及警句，它们标志着一个民族的语言、文化、习俗乃至整个社会的发展，并充分体现了其语言群体的思维模式、价值观念、文化环境、文明程度及生活习惯。

由于词汇在不同时代、不同社会和地理环境中使用时会产生差异，因此，词汇必须呈现在文化语境中，由此才能确保学生所学到的不是词汇孤立的字面意义，他们学到的应该是活的词汇意义系统，在不同的语言环境中，学生都能够恰当准确地使用他们所学过的词汇。

每个语言体系中的词汇都承载着大量的文化信息，丰富而多元化，而每个词汇都蕴含着深厚的文化内涵，富于变化，是任何词典与书籍都无法穷尽的，不仅如此，不同语言中的词汇还体现了说话者不同的价值观念。正因为每个语言系统的词汇及词汇的运用都与其民族文化紧密相关，带有浓厚的文化背景，所以教师在进行词汇教学中除了注重词汇的意义和用法外，还应该拓展该词汇的文化意义，如词语来源、使用语境及使用该词汇的注意事项。把词汇的文化渊源、历史因素、社会内涵融入词汇教学中是实现词汇与文化教学相结合的重要途径。

（3）加强听说教学过程的文化教学。听说教学是语言教学的一个重要部分，也是学生最为感兴趣的一部分，因为听说活动可以让学生产生参与感，并有机会切实感受跨文化交际过程，使学生感知不同的文化差异并提高交际能力。但是需要注意的是，听与说都要建立在实际内容的基础之上，也就是说，认真选择、合理安排听说内容至关重要。在文化教学中，教师必须确保听说内容的真实性及实用性，即听、说的主题是来自真实的生活，听、说的材料具有一定的意义，并能够反映出本族文化和目的文化的不同侧面。因此，编写听说教材时不仅要考虑学习者的语言水平和学习需求，还要密切注意相关文化内容编排的一致性和系统性。在安排教学材料和教学内容时，要注意使文化教学的需要与语言教学的需要有机结合，使学习者在系统地学习语言知识的同时，也扩展了其他文化知识，增强了文化交际能力。即使教材的编者有时会受到时间和篇幅的限制，很难做到将目的文化的某一侧面细致全面地展现给学习者，也要注意提醒教师和学习者在教学和学习过程中对文化变体及个体差异给予足够的注意，避免由于以偏概全或者过度概括而引起的偏见。

教师要注意利用课堂内外听说活动，将非语言交际技巧、交际策略融入学生语言交际能力培养的过程中，利用文字、图片、音频相结合的方式来刺激学习者的感官和感受能力，使他们有一种身临其境的感受。此外，多媒体教学也是进行跨文化听说教学的一个重要手段，同时，通过将各种跨文化交际情景真实地展现给学习者，促进了学习者跨文化交际能力的培养，为在外语教学中进行文化教学开辟了新的途径，并特别有利于从情感和行为层面培养学生的跨文化交际能力。

（4）加强写作教学中的文化教学。外语学习中，写作教学与阅读教学和听说教学齐头并进，贯穿于教学的始终。尽管写的体裁不尽相同，决定了其写作内容和写作要求各有不同，但文化教学仍然可以与写作教学机地结合在外语学习的各个阶段。

写作不仅体现了作者的个人经历、生活经验，更能呈现作者的思想价值观念，也就是说能够反映作者所身处的文化环境，因此，常被看作讨论和学习日常生活、风俗习惯和价值观念等文化内容的理想的基石。

教师可对比同一主题下学生的作文与日本人的文章，引导学生思考，发现思维方式的异同，也可以指引学生寻找修辞风格的差异，如修辞格、引用方式、论证方式及谚语的使用，并进一步探索不同语言的深层文化根源。与背景知识导入相似，这部分教学也是以教师的讲授为主来增加学生的知识积累和提高跨文化意识。在阅读与写作教学过程中贯穿跨文化思维能力的训练，让学生通过了解中日思维方式的异同，体会跨文化交际实践中形成跨文化思维的重要意义。

（四）改进教学方法

教学方法的改革是跨文化教育实践所要涉及的另一个重要问题。跨文化的研究结果表明，不同文化背景下学生的认知能力、理解能力、逻辑判断与逻辑思维能力等方面均有明显差异，因此，教学方式和策略也应该因学生的不同而不同。以跨文化教育为目的的教师应拓宽思路和视野，把不同的外语教学方法应用到日语课堂教学中去，以学生为中心，从学生的智力发展特点出发，使教学方式与学生的认知结构及生活经验相结合，更好地实施有效的跨文化教育。

1. 引入联结派教学法

联结派教学法是以经验主义的哲学观点为基础；重视外语话语与实物、观念等外部世界和思维的直接联系；侧重口头操练；强调反复模仿，大胆尝试，从习惯到自然地掌握外语。联结派教学法又可分交际法、直接法、听说法、视听法等学派。外语教学法中不存在适用于各种情况的固定教学法，应合理地综合运用认知派和联结派的各种方法，总体来说，随着学生水平的提高，语法翻译法应逐步减少，交际法应逐步增多。教师要了解学生的兴趣和目的，深入研究各种教学法，适应地择优选用。要沿着继承、引进、创造的路子，博采众长，灵活运用。

2. 传统认知派教学法

中国学生一般习惯于外语认知派教学法，其共同特点是重视语言知识的传授；利用学生的本族语；重视发展学生内在的智能；激励学生积极思维。无论是语法翻译法、自觉对比法还是认知法都有较好的效果。

在教学过程中，可以采用认知法传授知识，并结合具体情况以语法翻译法和自觉对比法为辅助。认知法重在理解和领悟，可以发展学生的智力，有利于激发学生的积极思维，掌握科学的学习方法。语法翻译法和自觉对比法则能加强学生的逻辑思维能力，并使学生借助母语加深理解。

3. 引导学生采用研究性学习方式

20 世纪 90 年代起，我国日语教学界在学生学习风格、策略和个人因素方面展开了一系列的研究，有关研究性学习的实践随着整个教育体制改革的进程，得到了切实的贯彻。研究性学习改变学生以往单纯地接受教师传授知识为主的学习方式，为学生构建开放的学习环境，提供多渠道获取知识并将其运用于实践的机会。在日语教学中，教师通过提供信息、启发思路、补充知识、介绍方法和线索，引导学生质疑、探索和创新。学生通过自身的相互合作和研究，通过发现本民族文化中的优秀成分，欣赏目的语文化的过程，形成理解异民族文化的能力，从而对不同文化进行比较、批判，进而形成批判性思维。

当前世界范围内较为流行的研究性学习模式共有九种，即开放课堂学习模式、框架下的发现学习模式、以兴趣为导向的探究性学习模式、以问题解决为导向的学习模式、项目研究模式、角色扮演模式、小组合作学习模式、习明纳课程模式和服务学习模式。日语课堂上要结合具体情况使用不同的研究性学习模式来实施跨文化教育。目前，国际上有人把研究性学习看作一门课程。作为课程的研究性学习强调通过研究性课程使学生掌握研究方法。无论是将其视为方法还是课程，其实质都是强调学生的独立性和主动性。强调通过个人探索和个人研究的过程发现问题和解决问题，并由此培养一种问题意识。

研究性学习又被看作一种学习和教学方法。研究性学习强调学生通过自我探索和自我发现、自我研究的过程，培养学生的自主性、独立性和学习积极性。在研究性学习过程中，学生始终处于主体地位，既学到了知识，又锻炼了直觉思维能力和创造思维能力，学会了分享与合作，塑造了自信与自尊。

研究性学习的开放性、研究性和实践性的特点，要求大学日语课堂的教师改变教育观念、教学内容，变革以往的教学模式和教学行为。在师生探索新知的过程中，师生围绕要解决的问题共同完成内容的确定、方法的选择。学生在教师的指导下，确定研究的课题；改被动地记忆为敏锐地发现问题，主动地获取知识解决问题，获得解决问题的能力。日语教师在教学中应充分利用研究性学习对学生进行跨文化教育，有意识地开展一些英美文化背景知识方面的讨论活动，指导学生收集资料，然后就材料的内容进行扩展性介绍和讨论，再与汉语相应的文化内容做对比分析。通过对每个与日语文化有关的主题的发现、调查、探索和研究分析，有利于学生体验和感受日语国家的文化，排除民族文化差异的偏见，培养尊重他人的民族习惯，从而透视各种文化的异同点、独特性及其价值观，培养学生的探究精神和文化理解力，增强学生的文化敏感性，培养他们的跨文化意识。

总之，任何教学方法的形成都有其社会文化根源，各有所长，可以说每一种教学方法都认识到外语教学的某些方面，教师应该考虑到所处的文化环境，为适应社会需要取其精华，为我所用。不应把自己局限于某一固定的模式内。要根据各自的教学目的，考虑现有的条件和可以创造的条件，取长补短，走折中之路。在课程组织中，既应注意教师作为教学活动组织和参与者的责任，又要充分调动学生的积极性，根据学生的特点，了解其学习目的和兴趣，采用与之相适应的教学法，只要围绕着跨文化教育这一目标，广泛深入地研究各种教学法，博采众长，得到师生的充分理解和积极配合，就能产生良好的效果。

（五）加强文化测试

在大学日语的各项测试中，加强日本文化测试，以提高大学生的日语文化成绩，正确评估教学效果，不断提高大学日语跨文化教学的教学质量，推动我国大学日语教学改革不断创新。在大学日语的教学评估中，建立完善的评估体系，将文化评估作为重要组成部分，以提高大学生对中日文化的熟知度，从而在文化知识、交际能力和情感交流等方面，增强大学生的日语学习兴趣，有利于随时检测大学生的日语学习情况，对于促进大学生综合素质能力全面发展具有重要作用。例如，将跨文化教学测试和语言测试结合在一起，根据不同阶段的日语学习特点，制定合理的评估标准，使跨文化教学测试向着正规化发展，以促进大学日语跨文化教学有效性不断提高。

大学日语跨文化教学在当今全球政治经济一体化的大背景下，显得越来越重要。一方面，它将为我国与世界其他国家的政治经济等方面的往来提供复合型人才，培养适合当下激烈竞争的外语人才；另一方面，它也将为中国的文化走向世界提供桥梁。通过跨文化教学，学生的跨文化意识一定会有所增强，中国文化的日语表达能力及文化创造能力都将有所提高，这种能力的提升，必将促进中国文化在全世界范围内的进一步传播与发展。

第四节　日语教学中文化意识的培养

"大学日语的教学目标是培养学生的日语综合应用能力……同时增强其自主学习能力，提高综合文化素养，以适应我国社会发展和国际交流的需要。"由此可见，大学日语教学的目的就是通过语言的学习，使学生培养并具备一种新的文化意识，能够在了解别的文化的基础上，比较鉴赏不同的文化，进而培养全面的文化观，提升综合素质。通过语言学习掌握学习策略，培养良好的学习习惯、方法和技能，提高整体的学习效率，这也正是通识教育的主要目的。

文化意识培养是语言教学中不可分割的重要部分，日语教师在语言教学中要适时适度地将文化意识的培养与语言教学结合起来。我们的外语教学，要从纯语言技能教学转向内容教学。在课堂教学实践中，要从文化理解和语言感知能力方面着手，创设以学生为主体的激发学生创造性思维的融洽氛围，运用多种教学手段，通过科学性的开放型的教学大纲设计和教学实践来培养和提高学生的思维能力，最后获得一定的语言交流能力，从真正意义上把学生培养成为有思想的、有一定鉴赏能力的文化传承者和宣传者。

然而，大学日语教学中文化意识怎样培养呢？那就是要在教学实践过程中，得到相关部门的支持，从主客观上去培养大学日语教学中的文化意识。

一、对学校的要求

学习任何一种语言，语境是十分重要的。语言习得理论和教学实践证明"置身于语言环境是学习语言的最佳途径"。非日语语言国家的学生学习日语，尤其是中国学生缺乏日语语言环境，接触地道日语的机会很少，除了在日语课堂上使用和接触日语，几乎就没有时间和日语打交道，对日语文化知识知道得更少，更没有机会亲自到英美国家去感受他们的文化氛围。日语学习需要真实自然的语言环境。因此，学校和教师要努力创造日语文化氛围与环境，营造日语文化气氛，让学生能置身于真实的语言环境中使用日语，学习日语，不仅学习日语文化知识，更要培养跨文化意识。初中生学习日语的过程不可避免地要受到教室学习环境、学校教育环境，乃至社会文化环境的影响，这三层环境的关系由小到大，由具体到抽象层层包围。

（一）搞好校园日语文化氛围的建设

每个学校都有面向全校师生的公共宣传栏。这种宣传栏通常版面较大，位置醒目，学生每天都有机会到宣传栏阅读，在学校的宣传活动中起着不可替代的作用。因此，学校可以充分利用宣传栏开辟专门的日语学习园地或者专门建设日语文化长廊。这对于强化学生对知识的记忆和巩固，培养他们的世界意识都是非常有利的。利用校园广播指导学生进行日语晨读也是创设日语文化氛围的有效方法。每天滚动播出的日语节目相对于橱窗、宣传栏等静态媒体而言具有立体动态的优势，对学生的语音、语调、语感的培养能起到润物细无声的作用。

另外，从社会语言学的角度来看，语言是受社会的影响和制约的，是社会的产物。语言的形成和变化过程与客观世界、社会实践有密切的联系，而且随着社会以及人们认识的发展而发展。因此，从学校角度来说，自然也应当结合社会文化环境的理论来丰富培养学生跨文化意识的内容与渠道。如给学生创造机会，带领他们走出校园，积极参加口语大赛等日语文化活动等，增加锻炼的机会，学生在活动中提高了水平，丰富了知识，同时对学习日语也能保持长久的兴趣。

（二）引进外籍教师

引进外籍教师对培养学生的跨文化意识有非常积极的重要作用。外籍教师自身无可比拟的文化优势决定了他们可以从不同角度与不同侧面对学生的跨文化意识进行潜移默化的渗透与培养。来自日本的外籍教师在语言教学和跨文化知识的传授方面具有不可替代的优势。

外籍教师本是异国文化的承载者和传播者，他们的参与可以将活生生的语言与文化带给学生，让他们直观地感受真正的日语。与此同时，学生在与外教交往中，可以深切感受中日文化的差异，能身临其境地体会外来文化的细微之处，学生的书本知识与真实生活语言之间的距离缩短。

大多数外籍教师善于表演、幽默风趣、个性张扬，与中国教师含蓄持重的传统形象有很大差异。他们的教学方法新颖活泼，课堂气氛融洽和谐，并且非常注重学生自己的独到见解与个人潜力的发挥，尤其是在激发学生学习兴趣方面，外籍教师的很多做法值得好好学习。但外籍教师在中国的日语教学中也存在着一些问题：有些外教上课非常随意；没有固定的教材和教学计划，教学目标不明确，授课缺乏系统性，外籍教师普遍认为目前我国所使用的教材内容滞后，形式单一，他们往往会随意选编教学内容。有些外教对我国的常规教学管理细则考试须知、课外辅导、课堂管理须知、相互交流活动不知或知之甚少，经常会产生麻烦。另外，对于外教口语课的考试成绩缺乏统一的检测标准。基于切实存在的种种不足之处，应从以下几个方面严格对外籍教师的管理：

1. 发挥外籍教师的文化传播作用

除了鼓励学生在课堂上大胆与外教交流，直接地感受文化的差异，增强跨文化意识外，还应鼓励学生积极参与由外籍教师组织的文化讲座、日语角、小品编演、日语短剧等第二课堂活动，实现课内课外一体化教学。这类课外活动的主题要涉及文化、教育、时事、旅游等各类学生感兴趣的话题，必要时可安排一个中国日语教师协助进行组织工作。

2. 将外籍教师纳入中国学校的管理体制

为了避免外籍教师教学中的随意性问题，确保教学活动有良好的效果，学校应要求每位外籍教师在开学前准备一份教学目的明确、内容清晰的课程教学纲要。外籍教师如不适用原教材，应向学校教学管理部门提交一份自选材料的复印件。同时，外籍教师还应在开学之初的集体备课会上陈述本学期的教学目标、方式、材料以及课程作业形式和期末的考核标准。学校应要求外籍教师准时参加本校的教研活动并积极参与讨论。每位外籍教师都应严格遵守学校的上课时间，做到不迟到、不早退。同时，本校日语教师还应欢迎外籍教师不定期参加自己的日语课堂听课活动，并随后提出自己的宝贵意见。外籍教师担任的课程至少在期末需要有规范的检测以及客观成绩上交学校教学管理部门存档。

只有在井然有序的教学环境中，外籍教师与中国教师尽最大努力发挥多元化的团队协作精神，共同去克服文化差异带来的摩擦，加强彼此之间的交流互动，为培养学生的国际化视野，学会与不同国度、不同文化的人士交流与合作，搭建相互交流和理解的平台，从而增强学生的跨文化意识。

二、对日语教师的要求

（一）挖掘教材的文化内涵

在学校里，在课堂上，学生的学习始终在教师的引领下围绕着课本展开，课本中蕴含着丰富的日语文化知识，因此，挖掘并善用教材中丰富的文化内涵是十分必要的。在教学过程中，如果只是照本宣科仅仅关注对语言知识的传授与训练，而忽视跨文化意识的培养，势必会造成日语"学"与"用"的脱节；相反，如果合理地加以利用挖掘，将文化知识与语言知识有机融合为一个整体，无疑将大大提升学生的跨文化意识。

因此，教师应根据教学的实际和教学的目标要求，通过开设相关的文化专题和各种符合学生兴趣的活动，利用丰富的教学手段对文化教学的内容进行必要的补充。

（二）组织不同形式的文化活动

《课标》中明确要求学校和教师要"组织生动活泼的课外活动，促进学生的日语学习。应根据学生的年龄特点和兴趣爱好，积极开展各种课外活动，有助于学生增长知识、开阔视野、发展智力和个性、展现才能。教师应有计划地组织内容丰富、形式多样的日语课外活动，如朗诵、唱歌、讲故事、演讲、表演、日语角、日语墙报、主题班会和展览等。教师要善于诱导，保护学生的好奇心，培养他们的自主性和创新意识"。日语文化活动的举办从空间上可以分为课内活动和课外活动；从形式上分则有日语角、辩论赛、演讲朗诵等。

日语课堂中有限的时间对于语言的学习和文化知识的渗透是远远不够的。因此，教师还应利用课后时间，组织丰富多彩的课外活动，如日语辩论、演讲或朗诵。同时，鼓励学生有意识地主动收集有关日语文化知识的资料，学会自主积累文化知识。这些不仅可以使学生在丰富的日语学习环境中积累知识，较直观地了解不同的文化、风俗习惯、审美标准以及外国艺术、雕刻、建筑风格和风土人情，还能使学生体验自主学习的快乐，获得成就感，进一步增强对日语的兴趣。

（三）创设具有文化气息的学习氛围

教室是学生学习的主要阵地，虽然空间有限，却是学生在校生活时间最久的地方。具有浓郁文化气息的教室学习环境无疑能潜移默化地浸润学生的意识，熏陶他们的心灵。因此，教师可以充分合理地利用教室的墙壁和黑板报等位置，让学生对这些国家有一个形象的认识，并能感受外国人的思维方式，学生在潜移默化中，受到日语文化熏陶。同时，布置教室的活动也是充分发挥学生主动性和创造性的过程。教师可以鼓励学生自己动手来创设教室环境。他们还可以自己寻找、选择并制作感兴趣的日语作品。毫无疑问，对丰富多彩的日语文化知识的深入了解能够增强学生对日语的学习。

另外，目前小组式的合作学习很受教师和学生的欢迎。合作学习是"一种以学生为中心，以小组为形式，为了共同的学习目标而共同学习、相互促进、共同提高的学习方式"。合作交流的过程是学生运用语言知识和文化知识传递信息的过程。

三、对教育主管部门的建议

（一）加大教师培训的力度

很多教师承认自身的跨文化知识储备不足、不系统，并且不能及时得到更新，造成在进行文化教学时难以准确把握，因此，在教师职后教育中加大文化培训的力度是十分必要的。教师进修学校是我国教师教育体系中的重要环节，是我国师范教育的重要组成部分和教师职后教育的重要阵地，在教师的培养和培训中发挥着重要作用。但目前在各类培训活动中，学习教育理论往往被放在第一位，文化知识等专业知识的培训相对缺乏。

每个地区的教育管理部门是教师进修学校的直接领导，应在以下几个方面发挥好教师进修学校的教育培训作用，加大培训的力度。首先，应定期在各个中学选拔擅长文化教学的优秀日语教师，为他们提供机会，以进修学校为平台，在开展先进教育教学理论学习的同时，开展如"如何更好地进行日语文化教学"的专题讲座，起到以点带面的作用；其次，应该针对城乡差距，面向相对落后的乡镇中学教师提供专门的语音、语调和口语表达能力和现代教育技术等培训内容，让乡镇教师更多地接触文化教学的新信息的同时也提升了他们的语言和文化的专业素质，以缩小与城市教师的差距；最后，可以由教师进修学校牵头，在城乡中学间通过示范课、研讨课、讲座等形式，开展短期或长期的互助互动型定期交流活动，也可以由教育主管部门提供机会让城乡日语教师出去学习或者引进日语国家的教师和专家资源，开展国际的交流与合作，让教师更深入地了解日语国家的文化背景知识，开阔视野，也可以提高日语教师的语言水平和教学水平。

（二）加大物质资源的投入

物质资源的配备在一定程度上制约着学校教育水平的发展，自然包括对日语教学中跨文化意识培养的制约。我们常常从硬件和软件两方面来衡量一所学校的资源配备。硬件资源主要指教学设施与设备，软件资源主要指教育信息与资料等。

因此，建议教育主管部门首先要在学校基础设施建设方面加大投入力度，完善教育信息网、校园网等不同层次的数字化信息平台的建设，促进各中学实现校际教育资源共享。其次，在进行资源配置时尽量向乡镇中学等相对落后的地区倾斜，除必备的课本外，尽量为各中学配足配齐练习册、挂图、书籍、光盘等跨文化意识培养所需的课程资源，同时，积极开发和利用和报纸杂志等其他资源媒介，为形式多样的、内容丰富的文化教学活动奠定物质基础。

四、大学日语教学中文化意识培养的方法

在经济日益全球化的背景下，在新的教学手段和教学方法不断涌现的今天，日语教师应尽快适应新形势发展的需要，积极调整教学思路，拓宽视野，提高自身文化修养，以学生为中心和主体，使教学方式与学生的认知结构及生活经验相结合，实施有效的跨文化教育。当然，文化教学的方法多种多样，教师可以根据自身的教学情况，采用灵活多变的方法来提高学生的对文化的敏感性，培养他们的跨文化交际能力。

（一）充分利用现代化教学手段

21世纪，社会对日语人才在知识结构、创新意识和综合能力等方面提出了更高层次的要求，要更好地适应社会对大学生知识和能力的要求，现代化的教学手段和方法是必不可少的，它是使受教育者在短期内获得知识和能力的有效途径。

综上所述，一个优秀的外语学习者，不仅是一个语言工具的使用者，还应该是另一种文化的接受者。大学日语教学中培养学生的文化意识也是一个很复杂的问题，其培养方法也应该是多角度、多层次的。教师只有根据教材、学生、环境等多方面因素，加强大学日语教学中的跨文化意识的培养，才能促进学生更好地学习目的语，培养出具有创新理念和全面发展能力的21世纪新型人才，真正实现大学日语教学的目标。

（二）结合教材导入文化背景知识

教师在平时的日语课堂中应该结合教学内容介绍相关的文化背景知识，把语言教学和文化教学有机地糅合在一起。学生学习日语的时间主要在课堂上，平时很少接触该语言环境，遇到与课文相关的文化背景知识时，往往会感到费解，有时甚至会错误地认为外国人

的思维方式和行为方式完全与我们的相同。在这种情况下，教师要发挥其主导作用，直接给学生介绍文化背景知识，教师须在备课时精选一些典型内容与教学相关的文化信息材料，将它们恰到好处地运用到课堂上。教师在授课过程中，应就教材所涉及的文化背景知识，具有文化内涵的词汇、谚语等进行解说和介绍。这样不仅可以活跃课堂气氛，调动学生的学习积极性，激发学生的求知欲和学习兴趣，同时，可以帮助学生更加深入地掌握文章主题，加大学习内容的深度和广度。结合课堂教学展开的文化教育，使学生获得的不仅仅是语言知识和言语能力，而且还使他们由文化表层深入了解深层结构，增强跨文化交际的敏感性。

（三）加强文化知识在课堂教学中的渗透

改变传统的课堂教学模式，将文化知识融入课堂。传统的教学模式以单元教学为主题，强调语音语调准确，词汇量大，侧重词汇的搭配和使用，应试能力强，往往忽略了文化因素。在课堂上，老师是教学的主体，学生除了在课上听课，就是课下做大量的练习题。以这样的方式培养出来的学生一般基础扎实，能熟练掌握单词的用法，可以用日语写作。但由于不了解异国的文化，这样的学生无法正确理解和运用外语，无法进行得体的交流。所以教师应改变课堂教学模式，在课堂教学中应加强文化知识的渗透，培养学生的文化意识。

第五章 日语课堂教学研究

第一节 日语课堂中的趣味教学

在我国，大多数学习日语的人员在前期接受过英语教学，受到英语的影响，日语学习的难度有所提升。基于这样的情况，使用趣味教学的方式完成日语课堂教学，不仅实现了学习者兴趣的提升，降低了日语学习难度，也有效培养了学习者的日语使用能力。

一、日语课堂教学的现状分析

现阶段就我国的日语课堂教学来说，随着日剧、日文歌曲、日本动漫等文化输入程度增加，相关教师的教学资源得到了有效的拓展，更多的教师重视并且利用这些资源。可以说，相比前期的日语课堂教学来说，我国目前的日语课堂教学已经取得了一定的进步，但是依旧存在着一定的问题。其中，对趣味课堂建设的重视程度不足就是一个重要的问题。目前，相关教师在实际的日语课堂教学中，普遍更为重视语法、词汇等的理论教学，对于学生学习积极性的提升较为忽视，导致了课堂学习氛围较为沉重，降低了学生的学习效率。而这样的现状也引发了另一个问题，即对学生日语实际应用能力的培养程度不足。教师在实际的日语课堂教学中侧重于理论知识的教学，并没有展开多种交际活动来提升学生的听、说等能力。针对这样的情况，笔者认为，可以通过趣味教学，提升日语课堂学习的趣味性，同时完成学生日语交际能力的培养。

二、日语课堂中趣味教学的重要性分析

当前，经济全球化的进程加快，我国与其他国家之间的经济、文化等交流更加频繁，程度也更深。在这样的大背景下，我国各个行业对外语人才的需求数量与质量显著提升。日本作为与我国相邻的国家，近几年的经济贸易交流等更加频繁，这不仅为日语课堂教学提供了更多的便利条件，也对日语教学提出了更多的现实要求。结合上文的分析能够发现，就当前的日语课堂教学情况来看，虽然已经取得了一定的进步，但是对趣味课堂建设的重视程度不足，在这样的情况下，学生的日语学习主动性、兴趣普遍偏低，课堂氛围不够活跃，学生的日语学习效率并不理想。基于这样的情况，提升日语课堂教学的趣味性十分重要，

其不仅能够充分发挥出学生的主观能动性，提高学生对日语学习的主动性与积极性，还能够进一步增强日语课堂学习效率，确保学生的日语阅读、听力、读写等综合能力的同时提升。趣味教学作为一种新型的教学方式，在提升日语课堂趣味性方面发挥出了重要的作用。在趣味教学理念的支持下，教师能够不断丰富教学内容与手段，让学生在更轻松、愉悦的课堂氛围中完成学习，提升了学生的课堂学习效率，培养了学生的日语综合应用能力。可以看出，在日语课堂中引入趣味教学有着重要的意义，需要相关教师重点关注与应用。

三、日语课堂中趣味教学的具体策略探究

（一）利用日剧展开教学

在电视剧中，包含着大量的对话，这些基于实际情境的对话能够让学生更好地理解语言的应用条件。所以日语教师在展开课堂教学时，要充分地利用日剧的作用，让学生能够对相关语句的使用氛围、实际表述等都着更深刻的理解。同时，利用日剧展开教学，能够提升学生在课外时间自发观看日剧的概率，激发学生对日语学习的兴趣。

日语教师在利用日剧展开课堂教学时，要结合某一项知识点（或是语法）寻找相应的日剧片段，帮助学生更好地学习与理解。例如，笔者在进行"で""それで"的教学时，就选取了日剧《woman》中的相关片段完成教学。该对话片段如下：

女儿：今住んでいるアバートの更新料が拡えなくなりました。

母：それで?

女儿：仕事を続けながら、この子達と暮らすのが難しくなってきました。

母：で?

……

女儿：ご迷惑はかけません。部屋を一つ貸してください。

在这一段对话中，母亲通过"で""それで"来进行回答，故意装作听不懂女儿话中的含义。学生结合该组对话，能够充分地理解到"で""それで"有催促对方继续说话的含义，让学生认识到利用"で""それで"的具体语境。

对日剧来说，由于其与日本人的日常生活、历史等息息相关，所以利用日剧展开日语课堂教学，不仅能够让学生认识到日语固定短语、语法等的实际用法，还能够让学生充分了解到日本人的礼节、历史等文化方面的内容。在这样的教学方式下，学生的跨文化交际意识得到了进一步提升，实现了日语综合应用能力的发展。因此，教师在选择应用于课堂教学的日剧资源时，要尽可能地选择体现出日本人礼节的片段，潜移默化地培养学生对日本礼节、文化等的认识。

例如，在实际的教学中，教师可以向学生播放日剧《无法坦诚面对》中的三个片段，即女主角不小心将咖啡撒到别人的裤子上；春、光等人物相继出场时的自我介绍；春、光、医生等人物一起拍照。利用这些日剧的片段，学生能够了解到日本酒吧、咖啡店等公共场

所的真实情景，明确在日语语境下如何向别人道歉、如何进行自我介绍、如何与朋友聊天等，让学生感受到日本年轻人之间的交际氛围与实际情况。为了进一步提升日剧在日语课堂教学中的作用，教师在利用日剧完成相应的教学后，可以让学生模拟"与网友第一次见面并自我介绍"的情境，组织其利用日语完成自我介绍，巩固学生对日语知识点的掌握情况。

（二）利用日语歌展开教学

在日语的歌曲中，也包含大量的词句。相比日常对话、日剧等来说，日语歌曲中使用的语句更加简练。相关教师在实际的课堂教学中，可以通过播放日语歌曲，并对歌词中的相应语法点展开教学，能够更好地吸引学生的注意力，同时也提升了学生的实际学习效果。例如，笔者在进行"なら"的教学中，就结合了日语版的《幸福拍手歌》完成了教学。在歌词中，包含着大量的含有"なら"的句式，包括"幸せなら / 手をたたこう""幸せなら / あしならそう""幸せなら / たいどでしめそうよ"等。这些歌词能够让学生对"なら"的用法及含义有着更加深刻的理解。

相关教师在利用日语歌展开日语课堂趣味教学时，需要注意日语歌词与汉语歌词的对应给出。具体来说，就是在给定一首日语歌的歌词后，教师要提供该日语歌的汉语歌词，方便学生更好地探究与理解相关知识点。笔者认为，相关教师要尽可能地选择中文歌的日文版，或是人们普遍听过的日语课展开教学，例如，《幸福拍手歌》《海阔天空》《甜蜜蜜》等。

（三）利用动漫展开教学

在日本文化中，动漫文化的发展较为重要，其也是日本文化输出的重要形式。在日语课堂教学中，教师可以充分地使用日本动漫的相关内容，提升学生课堂注意力、日语学习兴趣的同时，加深学生对相关日语知识点的理解程度。在实际的日语教学中，教师可以鼓励学生结合自己的学习水平，利用课余时间观看无字幕的日语动漫作品，逐步提升日语水平。

相关教师利用动漫展开日语课堂教学时，要结合班级学生的实际日语水平选择合适的动漫作品。例如，在对日语初学者进行教学时，可以利用《哆啦A梦》《天空之城》辅助教学。在这些作品中，人物之间的对话相对简单，没有过多的不常用词汇，更容易理解；在对日语水平较高的学生展开教学中，可以利用《全金属狂潮》《云之彼端约定的地方》《侦探学园Q》等辅助教学。在这些作品中，语速一般，同时也包含着大量与生活相关的词汇，能够进一步提升学生对日语的理解程度；在对日语水平更高的学生展开教学时，可以利用《犬夜叉》《苍之瞳的少女》《地狱少女》等辅助教学。在这些作品中，包含着不太常见的词汇，特别是在《苍之瞳的少女》中，还涉及了诗歌和文言文法，适合高水平的日语学习者提升水平。

相比日剧，日本动漫资源更多，内容也极为丰富，其中包含的语法、生词等都更加多样。所以在实际的日语课堂教学中，教师可以利用这一优势，让学生在观看动漫之余实现

对语法、生词的同时学习。例如，在动漫《白熊猫咖啡馆》中，"熊猫"说过"どうせなら、オシャレなバイトがいいな"这句台词，其中，就包含着两个片假名生词（オシャレ、バイト）以及一句语法（どうせなら、……）。通过这样的方式，学生对于日语学习的兴趣能够大幅提升，同时也将课堂上的日语学习有效地延长至了课后，延长了学生的日语学习时间，显著提升了学生日语学习的趣味性及效果。同时，由于动漫中的语法、生词都是以句式、场景对话的形式存在的，所以还能够进一步提高学生的日语应用能力。

（四）应用交际式教学法

结合上述的分析能够发现，相关教师除了要提升学生对日语的学习兴趣之外，还要培养学生的日语应用能力。笔者认为，在趣味课堂的指导下，学生日语应用能力的提升可以使用交际式教学法来实现。在交际式教学法中，主要将学生作为主体，重点锻炼与提升了学生的日语实际运用能力。交际式教学法中包含的策略有很多种，例如，相关教师在日语课堂教学开始前，让学生进行 1～3 分钟的日语演讲，主题可以在课前通过教师设定，也可以自拟。台下的学生在该演讲结束后，要针对演讲的内容，向演讲者提出问题。最后，教师要对演讲以及提问的过程进行点评。教师也可以组织学生在日语演讲中分享自己近期观看的日剧、动漫或是收听的日本歌曲，并用日语展开简短的介绍。通过这样的方式，学生的日语听、说、读、写等能力都能够得到有效的提升，也能够完成演讲礼仪的学习。

小会话表演也是提升学生日语交际能力的重要方式，同时也能够锻炼学生的听说能力。在实际的教学中，相关教师可以通过设定一个主题或是句式，让学生以小组为单位组织对话。讨论结束后，要在班级中展示本组的对话成果。在这一过程中，学生对于语法应用的方式与理解程度得到了进一步的提升，也锻炼了学生的日语口语。当学生的日语学习水平发展到较高的阶段后，相关教师可以适当提升会话表演的难度，可以组织学生展开日语话剧表演、日语电影配音等，在调动学生学习热情的同时，实现学生日语应用能力的提升。

另外，游戏教学法也是一项基于趣味课堂理念的日语教学策略。教师需要在课堂中展开多种日语小游戏，如单词接龙、猜谜游戏等，在缓解课堂气氛的同时提升学生的日语学习能力。

综上所述，在现阶段的日语课堂教学中，存在着趣味性不足、学生应用能力培养程度不足的问题，需要相关教师重点关注与解决。通过利用日剧展开教学、利用日语歌展开教学、利用动漫展开教学、应用交际式教学法等，提升学生的日语学习兴趣，创建更加轻松、有趣的课堂环境，加深学生对相关知识点的理解。

第二节　日语二外课堂创新教学

顺应时代背景，国内各大高校纷纷开设日语二外供语言专业学生学习。本节针对课堂教学中出现的一系列问题进行分析，拟探索更加适合二外学生的日语教学模式，促进高校日语二外教学工作的发展。

随着经济全球化趋势日益加强，中日之间的贸易往来也更加频繁，越来越多的学生因为留学、旅游或者升学考试等原因开始学习日语，以便更好地提高自己、发展自己。国内众多高校陆续开设日语选修课程供广大学生学习。但由于课时不足、配套教材不合理、学生学习时间无法把握等众多原因，导致课程开设流于形式，收效甚微，无法圆满完成教学大纲的目标，导致学生学习积极性下降，学习动力不足，无法提高成绩。

一、日语二外教学现状

（一）课时分配不合理

日语二外作为语言专业的必修课程之一，在整个语言学习过程中发挥了重要作用。目前，各大高校普遍都是大学二年级才开设日语二外课程，整体学习时间也就 2 ~ 4 个学期，加之周课时量很少，所以最终课时总数是有限的。教学大纲要求学生通过学习，掌握听、说、读、写、译等专业技能，并且能够运用日语进行一定的口语交流。二外与日语专业课程是有一定区别的，它是"精读""泛读""听力""口语""概况""文化"等一系列课程的综合压缩，麻雀虽小，五脏俱全，要想短时间内扎实掌握基本功并且熟练运用所学知识是有一定难度的。

（二）教材选用不配套

二外学习的综合性使教材的选用十分重要。当前，大学基本选定《中日交流标准日本语》《大家的日语》及《新编日语》等教材作为学生的教科书。这些教材各自拥有独特优势，可以满足不同学生的学习要求，实现学习目的。但由于课时数太少，导致教材无法正常使用，往往一本教材还没有学完该课程就结束了，教材形同虚设。

（三）选修人数多，学习动力低下，积极性不高

基本上所有英语专业以及其他部分语言专业的学生都会选择日语作为二外，人数繁多，每个班级的学生数普遍较多。所有学生基本都是从零起点开始学习，授课过程中教师很难兼顾每位学生。对学生来说，该门课程毕竟不是专业课，在学习过程中往往轻视此门课程，不会花费较多时间用于预习和复习，顶多只是课堂认真听讲而已，整体学习积极性不高，很难达到教学任务要求。

（四）教学方式单一

在二外课堂中，大多数日语教师仍然沿用传统专业日语教学方式，严格按照专业课的单词、语法、课文、作业顺序来讲解，基本是枯燥无味的满堂灌。加上课时的限制，教师往往只是快速完成教材的学习，不会进行相关知识的扩充和情景模拟等实践环节，学生处于被动的地位，无法增进学生的学习积极性，提高学习成绩。

二、创新日语二外课堂教学策略

（一）提高教师的职业素质和教学能力

当前，各大高校的日语二外教师对于二外课程的重视程度普遍较低，往往认为二外教学很简单，不会花太多心思研究更好的教学方式和策略，也不会关注每一位学生的学习状况，思想松懈，应付了事。在课堂教学环节以及课后作业环节对学生的要求也不是特别严格，导致学生的学习动力不足，学生也会厌烦日语，影响二外的学习质量，造成总体教学效果不佳，恶性循环。

作为一名成功的二外日语教师，首先，需要具备良好的职业道德，要坚守教师的初心，认真分析学生的特点，明确教学目的和精准把控教学进程，认真、公平对待每一位学生，让他们感受到老师的鼓励和安慰，增强学习的动力和信心，构筑和谐的师生关系。同时，教师除了自身具备较高的专业理论知识以外还需要不断研究、学习，不断更新知识，并且要努力研究、提高课堂驾驭能力和精准的时间把控能力，及时了解最新的二外学习新动态，合理选择适合的教材，灵活运用于每一堂课中。

（二）运用多媒体辅助教学

近年来电子信息技术飞速发展，越来越多的高校开始使用多媒体辅助教学，教师可以借助多媒体来开展各种形式的教学活动。教师备课阶段可以将教材当中复杂、枯燥的知识点通过自己的理解、分析、删减、改编后制作成精美的 PPT，以简洁、清晰、易懂、有趣的形式呈现在广大学生面前，将教材知识简单化、娱乐化。比如，在教授"五十音图"的时候，如果单纯按部就班地学习课本知识的话将非常无趣并且难以记忆，很多学生在日语入门阶段就被挡在了门外。此时，教师可以发挥想象，将每一个对应的平假名、片假名以及发音进行语音和书写特点的相关语境联想，总结成一句简单、幽默的话，通过多媒体的手段，将每一句话配合图片、发音的形式呈现出来，事半功倍，大家就能快速、简单、深刻地记住了。例如，第一组假名及发音，"あ／ア／a"可以联想成："女"孩儿胖"了"，喊了一声"a（啊）"！大家通过一幅幅有趣、生动的图片及诙谐的语句就能轻松掌握 50 个假名的基础发音和书写了，这样再继续学习"浊音""拗音""促音""长音""语音语调"就十分轻松了，从而做到日语快速入门。否则，在语音方面花费大把时间反而会消磨学生的学习斗志，不利于接下来的教学。

在日常教学过程中可以让学生下载相关电子书，课下进行点读学习、跟读、记忆，利用真实语境下的语音学习能够做到随时随地学习地道的发音，避免课下读错音造成恶劣结果。

另外，可以给学生推荐一些日语网站，比如"NHK 新闻""哔哩哔哩"等，里面有丰富的音频、视频资源供学生自主选择、学习，在真实语言环境下欣赏地道的日语表达往往会激发学习兴趣，捕获最新资讯，受益匪浅。教师还可以使用语音教室来进行"听力""口语"练习，搜集一些与所学知识点相关的视频、影视片段、文化纪录片以及著名音乐等供大家一起欣赏。通过多媒体形式增强课堂的趣味性，锻炼学生的听、说能力，减少了板书反而提高了学习效率。

（三）将日本文化融入课堂教学中

任何一门语言的学习都与该国文化密不可分，语言不能离开文化单独存在。在日常教学中要十分重视跨文化教学的内涵，不能仅仅单纯地讲解某个单词和句型，生搬硬套，必须在教学过程中注意中日表达的区别和语意的不同。在讲解相关重要词汇的时候，将相关文化资料以通俗易懂的形式告诉学生，可以通过图片以及相关视频予以呈现。比如，学习"着物"（和服）的时候，不能仅仅说明汉语意思，而应该给学生讲解一下和服的由来、演变以及穿和服的场合甚至和服的区别等，最好配合图片来讲解，否则学生学起来也比较枯燥、费劲。

在一些日语句型的表达方面也要告知学生注意日本人的生活方式、思维方式以及表达习惯，要和汉语类似表达进行比较学习。学习句末暧昧表达的时候，要结合日本人的传统习惯和为人处世的习惯来说明；讲解敬语知识的时候要将日本人的团体精神和内外有别精神给大家先说明后再融入不同的敬语表达方式进行解说。上课过程融合文化来教学往往能够吸引学生的注意力，让学生更直观地去学习知识，不仅记住了单词和句子表达，还掌握了一系列文化常识，寓教于乐。教师还要注重引导学生从国家的地理位置、气候条件等方面来体会大和民族的性格特征，更好地进行交际。

（四）注重培养学生的学习兴趣

俗话说"兴趣是最好的老师"，拥有兴趣可以促使学生积极参加教师布置的学习环节，学生会不断探索新奥秘，提高学习效率。尤其是第一堂课的教学更是要充分利用好，让学生能够对日语产生兴趣，教师可以先和大家愉快地探讨日本这个国家的特点、地理位置、相关祭祀节日以及大家喜欢的日本动漫等，让学生畅所欲言，逐渐对日语产生兴趣。日常教学过程中，教师务必注意这一点的开发和引导，平时讲到某篇对话和课文的时候，可以让学生充当编剧，将课本内容改成情景剧，以教室为舞台将课本知识表演出来。这样可以让学生更深入地理解课本知识，提高了他们积极参与的热情和兴趣，将被动的学习主动化、枯燥的内容生动化。还可以合理使用多媒体教学方式播放日本相关影视作品等，让学生在学习课堂知识的同时通过视觉、听觉等来体会日本的独特魅力，逐渐对日语、日本产生兴趣，为往后坚持学习日语做好基础准备。

在平时的课堂交流中要重视学生的学习成果，多鼓励、表扬学生，使他们树立信心，更积极地发挥才能参与课堂教学环节。对学生来说，当他们的成就被肯定后往往会产生动力进一步学习，在此过程中兴趣也就逐步落实了。平时，针对出色回答问题的学生一定要大力表扬；作业批改后也应该根据不同学生的情况做出合适的批注，并鼓励其继续努力，不断鼓舞士气。

（五）注重实践教学

日常课堂教学过程一定要劳逸结合，不能总是一个劲儿地灌输理论知识，必须穿插相关实践环节，比如知识点提问、分角色朗读、情景对话表演、上台发表等。理论与实践相结合才能更好地完成教学任务。

学习任何语言仅仅依靠课堂上教师的讲解是不可能完全掌握、记牢的，课下的努力是必要的。每天重复记忆单词和相关句型，做到逐步熟练直至掌握。教师可以布置任务让学生组成学习小组，针对单词和句型进行听写，互相朗读课文进行比赛等。

另外，针对二外的学生可以举办独特的日语角，不光是二外学生参加，还可以邀请日语专业的学生以及日语业余爱好者过来指导、交流、学习，通过沟通的形式把课堂知识与现实交际融会贯通。总之，条条道路通罗马，对二外日语教学来说务必要注重灵活运用知识，牢固掌握理论。学生也要改变传统的死记硬背学习模式，适应各类新形式的辅助教学工具，更快、更好地掌握知识，达到升学、出国等目的。

要想提高日语二外的教学质量，教师在不断丰富自己的专业理论知识的同时，一定要注意转变传统的思想观念。教学过程中要密切关注每位学生，并且能够采用灵活、多变的教学方式来丰富课堂内容，增强学生的学习兴趣，多鼓励、帮助学生克服困难，提高学生自信心，达到学生自主学习的目的，从而促进日语二外教学的发展。

第三节　日语视听说课堂教学

传统的日语听力课堂教学不利于日语专业人才的培养。本节基于 Wajnryb 提出的合作听记法（dictogloss），对日语听力课堂教学开展了创新研究，提出适合日语专业学生听力课堂教学改革的创新思路和举措。

本节基于 Wajnryb 提出的合作听记法（dictogloss）理论，结合高等学校《日语视听说》课程，对日语听说课堂教学开展改革和创新研究，提出日语听力课堂教学改革新思路和新举措。

一、日语听力课堂教学现状和问题

在高校，日语听力课程是日语教学最重要的环节之一，一个学生日语学的程度如何，听力是一个重要的标志。笔者经过调研，发现相当一部分学生的日语听力不容乐观。日本日语教育学会报告也表明，参与日本语能力考试的中国学生的语言知识、阅读理解等项目得分明显高于来自其他国家的学生，但听力部分分值却普遍较低。大学日语本科专业的学生入学时其日语水平基本上为零，在学习期间日语听力能力的提升相对滞后于日语其他方面能力的提升。这虽然与学生自身因素有一定的关系，但与目前日语课堂教学理念与方法陈旧也不无关联。长期以来日语课堂教学重理论、轻应用和以教师为主导型的课堂教学理念，导致日语教育仍然偏重于文法、句型和阅读理解等方面的教学，而且基本上是通过做题训练强化学习效果。具体到日语听力课堂教学，也是模式单一、方法陈旧，长期使用着"听录音—对答案—再听录音"的教学模式。可以说，传统的日语听力教学理念和方法在一定程度上影响了学生的听力效果，影响了学生听力的提升。语言交际是由听、说、读、写四种功能构成的，日常实际生活中的语言交际，听和说占了很大的比例，而边看边听说可以说是语言交际的主要活动。因此，如何提高学生听力水平，特别是日常交流能力，做到学以致用是当前迫切需要深入探讨和解决的问题。近段时间以来，国内也开展了关于日语听力课堂教学的一系列研究，但这些研究更多侧重于从理论方面对生态教学、翻转课堂、发现教学法等进行描绘，没有在具体操作或实施层面深入展开。

二、日语听力课堂教学改革的依据和思路

基于合作听记法（dictogloss）理论，采用小组互动交流重构听力短文的方式，以调动学生主动性、锻炼学生合作性，更好地提高学生视听说能力。也就是说，在学生互动交流重构听力短文的过程中，调动彼此学习主动性的同时会注重哪些语言形式，哪些语言形式容易取得效果，哪些语言点不易习得。

日语听力课堂教学改革的理论依据。合作听记法（dictogloss）最早由著名语言学家Wajnryb 于 1990 年提出，作为一种传统语法教学的替代方法，要求学生听一篇短文，记录关键词，然后利用关键词重构短文。通常包括四个部分：一是预热：谈论相关的主题和做一些预备的词汇练习。二是听写：教师按正常的语速朗读短文，学生在听的过程中记录关键词，可以是断断续续的话语碎片。一般来说，学生听两遍：第一遍，老师朗读，学生只听不记录；第二遍，要求学生记录。三是重构：采取学生分组的形式，小组成员通过相互分享各自的记录内容，并相互讨论来重构短文。四是分析和纠错：将重构的短文与听力原文进行对比分析，找出错误并进行改正。合作听记法有助于学生更准确地理解语言知识，提高学生实际运用语言的准确性。它的价值体现在它是一种交互式的语言学习，对听力原文的重构过程是学生对短文内容和形式的协商、讨论的结果，这种形式的合作学习让学生

在学习过程中保持积极、主动的状态。

合作听记法与传统听写法（Dictation）不同，传统听写法一般要求学生逐字逐句复制一篇听到的文章，而合作听记法则鼓励学生运用语言和语法知识产生一篇类似的文章，学生可以使用不同于原文章的语言形式。另外，合作听记法要求学生与同伴一起重建原文，因此，它促进了学生之间的合作，而传统听写法则要求学习者独自完成任务。合作听记法基于语言输入输出理论，结合心理语言学的最新成果，帮助学生实现从意义向形式的转变，其基本流程是：语音输入—感觉记忆—思维编码—记录—讨论—重构。语言输出主要有两种形式：口头语言输出和书面语言输出，合作听记法结合了口头与书面两种语言输出方式。既然输出在语言学习中对语言表达和语言反思起到积极作用，那么听力教学中也可以通过加强语言输出促进学生对听力语料的反思理解能力。

日语听力课堂教学改革的基本思路。在日语听力课堂教学中，尝试进行以篇章为基础的听写任务，重构听力短文。听力课堂教学主要分为三个阶段：听前导入阶段。在听前教师提示新的词汇，激活学生头脑中已有的与主题相关的背景知识、信息和经验等。利用相关的视频及图片等让学生对内容进行预测，这对缓解学生紧张情绪，增强听力信心，切实理解听力内容将会起到铺垫作用。听力理解阶段。先让学生听 3 遍短文，第一遍主要是让学生听短文的大概内容，了解短文的总体情况，同时不断确认自己听前的预测是否正确。第二遍和第三遍让学生对所听内容适当地做些记录，以便之后重构短文。最后，小组成员依据各自所做的笔记或记忆理解的内容，一起讨论、交流，通过小组合作将听力内容进行还原，整合成语法正确、语意连贯、内容与原文接近的文章。每个小组将讨论过程进行录音；听后巩固阶段。老师呈现原文，让学生将重构的短文与原文对照，进行分析、修改。也可结合录音查找问题和差距，如有其他无法自行解决的问题，可以寻求老师加以指导。

听力短文选择应遵循的基本原则。每次选取的听力短文材料长短要适宜，通常为 200字左右。如果在教材中听力短文较长的，可以将其分成几个片段进行听力教学。听力短文要选择事先准备好的材料，有的可能是教材上现有的短文，有的也可能是教师事先从其他地方选取的素材。自然的话语和书面语在语言学上是有差异的，听觉输入的特征有音韵的变化、单词的重音、语调、暂停、不恰当的语言的分段和起始、词汇的修正甚至有语法错误的句子等。要求学生能够处理词义、句子和篇章的特征，因此，听力短文要精心挑选。

三、日语听力课堂教学改革具体案例

听力课堂教学改革在大学日语专业二年级某个班实施，一个班共 36 人，分 9 个小组，每小组 4 人。为便于分组和操作，分组按照就近原则进行搭配。从理论上讲，每个小组学生有着相同的学习经历，总体均值。上课时间为 2018 年 9—12 月，每周上四节听力课，每节课 50 分钟。参考教材为《每日の聞き取り 50 日上》（日本凡人社出版）。

利用课堂环境，互相学习，取长补短，互相激励。通过小组讨论互动过程，让学生一

起复原录音内容时的对话。从听力课堂教学学生互动的过程可以看出，除了词汇部分学生在语法学习方面也有很大促进作用。下面以第 4 课《カラスのカー子ちゃん》为例加以说明。

学生 A：生まれるばかりのカラスが … 嗯、什么から落ちているのを。

学生 B：巣から就是从鸟巢掉下来。

学生 C：不是生まれるばかり而是生まれたばかり。

学生 D：对对。动词たばかり表示刚刚发生。

学生 A：生まれたばかりのカラスが巣から落ちているのを后面是什么来？

学生 C：見つけて育てたのです。

学生 B：我听出是育てて什么

学生 D：育ててきたのです。

学生 C：見つけて育ててきたのです。

学生 A：今ではすっかり木村さんの家族の一員になり、カー子ちゃんの名前で呼ぶのです。

学生 D：应该是カー子ちゃんという名前

学生 B：我听着不是呼ぶ而是呼ばれ什么什么的。

学生 D：嗯、呼ばれています。是被动形式。

学生 AC：カー子ちゃんという名前で呼ばれています。

从以上互动中可以看出学生不但从同伴那里学到了词汇"巣""見つける""育てる"等，还加深了对"生まれたばかり"的理解，进一步掌握了动词た形后面加上"ばかり"表示动作刚刚结束的用法。同时，通过讨论互动，学生对被动用法也有了进一步的理解。针对学生 A"呼ぶのです"，学生 B 产生了疑问，但自己又不确信该不该用"呼ばれ"。学生 D 的回答进一步明确该处应该用被动"呼ばれています"。通过大家的合作互动最终重构出语法正确、意思通顺的句子"カー子ちゃんという名前で呼ばれています"。

四、日语听力课堂教学改革的实际效果

一学期的日语听力课堂教学创新改革结束后，笔者进行了问卷调查。其中，问卷发放 36 份，回收 36 份。通过课堂教学学生的互动氛围、笔者的切身感受和开展的问卷调查数据，笔者认为一学期以来开展的日语听力课堂教学改革达到了以下目的或效果。

缓解了学生的紧张感，创造了轻松的学习氛围。如有的学生说，平时上课一时学不会或自己记不全，又担心老师提问，就会搞得自己焦虑不安，通过这种方式能更好地让自己进入听力状态，减少了紧张感，全程基本都处于心情相对轻松的状态，而且小组讨论可以活跃课堂气氛，要比一个人精听后核对答案改错更有趣，不会感到无聊或者产生听够了的感觉，很喜欢这种方式。

消除了"一个人死憋"的情况，强化了学习效果。如有的学生说，听一大段日语材料，以目前的水平，自己单独完成听力全文的记述是很困难的，通过小组协作的方式可以起到相互补充，能提高还原日语的能力，自己听不出来的部分经过和其他成员一起商量也加深了印象，在核对答案的过程中也能发现自己表达上的失误。而且小组一起学习交流，锻炼的机会是均等的，每个人都有机会参与进来，每个人都有发表意见的机会，在讨论的过程中又能集思广益，让自己认识到与他人的差距，有利于调动学习的积极性，感觉效果很好。

避免了学习上的单打独斗，增强了团队合作能力。如有的学生说，在创新日语听力课堂教学后，小组成员要依据各自的笔记或记忆，一起讨论、交流，并将听力内容进行还原。通过小组的这种方式，大家要互帮互助，通力合作，增强了团队合作能力，长此以往也增强了日后走上社会的生存能力，事业也更容易成功。

另外，抽样把学生小组讨论的部分录音转换成了相应的文字资料，进一步考查了学生对哪些语言形式敏感，对哪些语言形式容易习得或者不易习得，并分析了其原因，提出了相应的对策。当然，通过几次日语听力教学，笔者也发现了有待继续改进的地方。例如，小组成员在共同组织答案的时候有时会难以协调，存在乱说或者不说的情况。同小组内的人对于所听到的内容，有些部分听出很少或没有真正理解，有时还没反应过来听力材料就已经播放完两遍了，此时，开始讨论效果会不太理想。

总之，本研究开展的日语听力创新实验，在轻松的环境下有效组织了小组活动，学生在有效合作过程中激发了潜能，增强了学习积极性，也增加了语言实践机会，切实提升了学生语言能力，同时也促进了学生交际能力的发展和团队合作精神，这对日语视听说课程课堂教学改革必将起到一定程度的推动作用和示范效应。

第四节　日语语法课堂教学方法

关于日语语法的教学方式，在外语教学阶段一直存在着争议，但又是一个不可回避的问题。那么我们在课堂上，究竟要采取哪种教学方法，哪种教学方法又是最为行之有效的呢？本节将结合初中高级语法教学涉及的实际情况，加以简单的分析和总结，并提出在基础教学阶段适当穿插语法知识，在系统语法课上尝试使用基础教学的教学手段来提高学生对语法学习的主动性这一解决方法，全面均衡发展学生的听、说、读、写能力。

外语课堂上，语法的讲授是不可避免的。随着社会的发展，在教学方法层出不穷的今天，语法教学究竟该以一种什么样的方式进行，值得我们思考。本节将结合日语课堂的实际情况进行探讨。

一、日语课堂教学中相关语法教学

在现有的日语教学环节，涉及语法教学内容的，主要集中出现在初级综合日语、中级综合日语以及中级以上开设的系统语法课上。这些课堂上，关于语法学习的现状是不同的，并存在不足之处。

（一）日语初级中级基础阶段语法教学现状及不足

语法教学的方式在初级、中级的外语教学阶段一直存在着争议。在经历了翻译法的尊崇、直接法的摒弃、交际教学法的兴起之后，专门针对语法内容的教学模式在外语教学中的地位逐渐被削弱。在现有日语基础阶段的教学中，即初级、中级阶段形成了回避语法，以句型为中心的教学模式。以日语精读课为例，提出强调听说领先，力求还原语言环境，以模仿为手段，提高学生实际应用能力为主要教学目标。可以说，这种以直接教学法为教学手段的精读课，能够给学生留下最为直观、深刻的语言印象，甚至有人认为，只要在课堂上模拟语言环境，提供有意义的语言交际，语法就会被语言学习者自动习得。但仔细分析会发现，此种教学模式仍具有不可回避的缺陷与不足。

首先，不同于母语学习，在外语课堂教学中建立起来的语言环境很明显时间不够充足，就某个知识点学生无法得到充分的练习，没有办法形成连贯性的语言刺激，单纯依靠课堂上的模仿，达不到预期效果。如若再回避语法讲解，忽略语法上的解释与说明，就会造成学生知其然不知其所以然。体现在口语表达上，助词、助动词等基础知识掌握不牢，时态使用错误频出等最基本的语言表达不尽如人意问题。这种直接教学法难以引导学生进行深度的思考，所习得的只是技能，而不是知识，没有一个强大的语言基础，到了高年级就会显得后劲不足，语言能力的发展也会受到限制。如果在教学过程中，忽略对语法知识的讲授，放任学生自己思考总结语法，很容易出现理解不到位甚至出现错误，不能得到及时的纠正，长此以往，非常不利于日语学习的可持续发展。一个语法模糊不清、错误百出的学生是无法具备很优秀的交际能力的。

其次，大学生不同于婴幼儿，具有高度的理论学习能力，在语言的习得上不能仅凭感知认识的积累，一定要有理论上的指导，这样才能事半功倍。过分地强调直接教学法的模仿，难以使学生建立起规范的语言体系。

（二）中高级系统语法教学阶段现状及不足

通过对高年级学生语法掌握情况的观察，无法区分样态助动词和传闻助动词的使用，无法区分可能、尊敬、受身、自发助动词的使用，无法区分自、他动词的现象屡见不鲜。这也是基础知识不够牢固的常见表现。正是因为语法基础知识的欠缺，在大面积接触系统语法时，面对知识量增多、难度加深等情况时，学生无法适应，也无法做到对比分析的独立思考，日语水平难以提高。而中高级语法教学，不同于低年级的实践课，教学内容发生改变，多为抽象的语法概念及知识。如日语的词的构成、分类及特点等，对学生来说难免枯燥无味，无法集中精力学习。从教学方法上来看，形式往往比较单一陈旧，多采取老师单方向讲授，学生没有一个可以思考、消化的过程，只能是一种填鸭式的、应试的教学。学生很难将语法知识补充到实际应用当中，语法也就无法发挥其语言基础的作用。

因此，如果我们能在低年级适量渗透相关语法知识，高年级语法教学中利用以往所学知识加大力度分析语言现象，将基础教学的教学手段同系统语法的教学内容合理地结合，将更有利于培养学生学习兴趣，帮助学生找到具有规律性和行之有效的学习方法，增强学生的自学能力，以及发现问题和积极思考的能力。

二、语法教学方式探讨

（一）初级阶段语法教学方法探讨

在现有的教学中，往往是初级阶段会刻意回避语法的讲解，到中级高级阶段想系统讲解语法时，学生基础又难免不好，老师上课讲授内容听不懂，学生自然不感兴趣，所以很难有效地开展语法的学习。如果能在初级阶段有效地将语法知识渗透到日常教学中，就低年级句型教学可能涉及的相关语法内容加以理论上的引导，可以提高学习效果。那么，其中哪类内容可以渗透，哪些不宜渗透，要做好分析归类。我们知道，广义语法包括所有和语言活动相关的内容，如语音、文字、词汇、表现等各方面。实际上，在初级的语言教学过程中，已经有所接触的语法基础知识完全可以不用避讳，并且可以更深一步地拓展。

例如，日语拨音的具体情况，有很多同学受母语方言的影响，经常会出现咬音过重，而全部发成软口盖的鼻浊音"ŋ"，在反复要求其模仿教师仍然无法做到正确发音的情况下，可以从音声学的角度，从发音位置上加以指导，即将拨音的发音条件及三种异音"m""n""ŋ"做简单的介绍，以此来克服发音困难。音声方面还有一个比较突出的问题就是音调，很多学生在动词＋助动词的音调上会出现过多的分离的高音节，很显然，这是违背了日语发音特点的。如果此时能够适当地介绍日语音调特点，即多音节单词中不能出现多个分离的高音节，势必会有效地克服发音错误。

再如，关于词的方面，自、他动词的使用，无论是低年级还是高年级都是一个难点，在考试中经常成为丢分的部分。实际上，在初级日语教学中很早就涉及自动词和他动词的使用问题，只不过在直接教学法的影响下没有对所学的词汇做明显的分类和区分使用，导致学生只对单个词汇有印象，一旦实际应用中出现大量的同类词汇时，就会严重混淆。因此，在学生已经掌握一定量的自、他动词时，就可以将其一些特性做简单的介绍，并通过大量的练习来帮助学生有效地掌握自、他动词的使用方法。

总之，笔者认为初级日语可以适当地涉及语法知识，但一定要注意两方面，第一要注意有选择性，要把握好"度"，不能过于深奥；第二要注意形式，最好以讲练结合的方式进行。

（二）中高级语法教学方法探讨

高年级的语法课上，如果教师仅仅按照教科书单纯讲语法，难免枯燥无味、晦涩难懂，学生自然不感兴趣。这就需要寻求新的方法。那么有哪些方法我们可以尝试呢？

首先，不要照本宣科地只讲理论，要多讲解一些和学生日常言语活动息息相关的语言现象，以此来提高学生的兴趣。例如，在接触到形容词敬语音变时，单纯地只讲规则，学生只是机械地记忆，很快就会忘记。如果能够结合每天都在使用的问候语做详细分析，进而导入形容词音变规则的话，会使学生感觉语法就存在于我们的日常语言生活中，而不是高深莫测的理论规则，便能养成善于发现的学习习惯。

其次，不要过分依靠教科书，应在教科书的基础上，适当地结合基础阶段已经习得的语言知识，尝试采用一些基础教学阶段的教学手段。例如，讲练结合，保证每种语法规则都有相关的配套练习，对课上内容有一定拓展。加强对语法现象的对比分析，在比较分析中引导学生独立思考，抓住语言现象，理清语法规则。采用这种方法往往能够深入浅出地帮助学生理解晦涩难懂的理论知识，使学生认识到语法课也有其实践意义，增强学习的信心，也能起到对已习得的语言知识的再巩固再复习，进一步提高语言交际能力。

最后，采取分组讨论发表的形式，让学生积极参与到教学活动中来。例如，助动词的使用在一、二年级就已经学过，那么，在语法课上关于助动词内容再出现的时候，就可以尝试着让学生自己去分析总结。如果有可能，还可以由教师事先将所有助动词按照活用种类或者意思进行分类，指定学生做分组发表。这样学生通过查阅资料和集中讲解等过程，既巩固了旧的知识，也在实践中找到了乐趣。这种学生自己查资料、自己写研究报告并发表的形式，对于书写毕业论文也可以起到练习作用。

那么在高年级的语法教学中，如果能够同基础教学阶段的教学手段相结合，进行适当的复习与拓展，避免教师"一言堂"式教学，充分结合已有的语言基础知识，让学生积极思考，分析语言现象，加以归纳总结，注重实践性，就一定能够提高学生的学习兴趣，以达到准确掌握知识的目的。在当前实践教育领先的前提下，学生感兴趣的不是理论，而是一个一个特殊的例子，特别是基础教学中未曾见过的特殊用法，以及和汉语有关联性的语法现象，能提高学生求知的欲望及知识习得的满足感。所以我们在教学中一定要遵循从实践到理论，再由理论指导实践的过程，把握好日语教学环节。

语法是学好一门语言的基础，语法知识不牢固，其他的教学环节难以顺利进行。语法教学不应该孤立地存在，在基础教学阶段，在已有的教学模式下，应该适当地对语法加以引导，穿插语法知识；在高年级系统语法课上，要改变传统的枯燥的教学方法，适当地使用基础阶段的教学手段，加强实践环节练习。如此，让语法能够在不同阶段以不同的教学方式出现，融会贯通，在教学中实行从实践到理论，再由理论指导实践，那么就一定能够让学生在听、说、读、写各个方面的能力得到整体、均衡的提高。

第五节　日语人性化课堂教学模式的构建

在实际教学活动中，除了要保障师资力量和完善课程设置外，采用与日语教学特点相适应的、先进的教学模式也尤为重要。在网络环境下，翻转课堂教学实践作为一种先进的教学模式，它通过内容丰富多彩、形式灵活多样的课堂活动，可以优化教学环境，营造"日语课程自驭舟"的人性化教学氛围，提高学生的日语学习兴趣和能力。

一、构建日语人性化课堂教学模式的必要性

随着经济的飞速发展，社会对人才培养提出了更高要求，教育观念的更新和教学方式方法的改革势在必行。在网络环境下，翻转课堂教学模式应运而生，它契合了当代以学生为"本"和以学生为"主导"的人性化教育理念。

构建日语人性化课堂教学模式，是优化目前高校日语课程教学环境的迫切需要。要优化教学环境，首先，需要清楚地认识到日语课程教学环境的实际状况。以湖南文理学院日语课程教学为例：一是日语课堂人数偏多。专业班日语课堂一般有 30 多人，公外日语课堂人数一般在 40 人左右，因课堂时间所限，原有的教学模式只能使少数学生参与到课堂教学互动环节中，在每一次课堂教学中教师也只能了解少数学生对该次课堂知识的大概掌握情况。因此，在有限的时间内很难做到既能高质量地完成知识传授，又能全面了解学生对知识的掌握程度。二是学生对日语的认知程度参差不齐。来自全国各地的学生，因各自的语言学习环境不同而形成了较大的日语学习基础的差异性，这为统一教学进度带来了困难。三是学习目的和态度各不相同，不同的认知度产生不同的学习着力度。有的学生对学习日语带有偏见和情绪化，认为英语用途广泛，只有学习英语才有出路，日语这种小语种没有什么前途。再加上中日关系的不断恶化，中国人普遍厌恶对我国不怀好意的日本执政党人，进而对学习日语有严重的抵触情绪。其结果是不愿花时间学习日语，课前不预习，课后不复习，即使勉强到课，也完全没有学习动力和兴趣，久而久之学习难度增大，学习内容更加生涩，甚至可能无法通过课堂测验或者期末课程考试，既浪费了美好的大学学习时光，又使其自信心受挫。四是部分学生进入大学之后换专业改学日语，面对日语这种发音模糊、文字多变、语法纷繁的语言，很长时间都找不到适当的学习方法，无法入门，达不达预期学习效果，焦躁迷茫。湖南文理学院的这种实际教学环境不是个例，它具有普遍性和代表性。鉴于此，迫切需要构建一种适合当代大学生学习、生活特点的日语人性化课堂教学模式，帮助日语学习者走出困境。

日语翻转课堂教学作为一种先进的教学模式，实现理论知识传授与教学情趣表达相结合，统一教学大纲与日语专业特点相结合，传统教学方法与现代教育技术相结合，个人自

主研究与团队共建相结合，课堂小环境与校园、社会大环境相结合，使各个教学环节形成了和谐的生态链。它通过内容丰富多彩、形式灵活多样的课堂活动，利用学生喜闻乐见的网络手段，创造"日语课程自驭舟"的人性化教学环境，帮助日语学习者走出困境，提高学生的日语学习兴趣和能力，从而达到优化教学环境的目的。

二、日语人性化课堂教学模式的构建

建构主义理论认为，知识是学生在一定的情景即背景下，借助他人（包括教师和学习伙伴），利用必要的学习资料，获得事物的本质、规律以及事物之间的联系，即通过意义建构的方法而获得。其中心思想是"以人为本"，现代化的教学模式也必须以学生为"本"，让学生在学习中充分发挥主动性，体现学生的创造精神；让学生享有多种机会，在不同的情景中运用所学知识，并通过自己的一系列亲身体验所产生的反馈信息形成对客观事物的认识和解决实际问题的方法。翻转课堂教学模式是一种新的教学方式，可以满足现代教育的双向需求，因而被广泛应用于教学改革实践和广大学科领域。

（一）日语翻转课堂教学模式的主要组成部分

日语翻转课堂教学模式主要由教学课件制作、课堂教学实践活动以及学习流程监控三部分组成。

日语翻转课堂教学课件是指由计算机处理的包括文本、图形、图像、声音、动画、视频等的信息课件。它是在原有课程课件的基础上，通过视频剪辑和其后的合成完成教学视频制作，再加上课程页面编辑建成的。主要包括教学大纲、教案、章节知识点划分表格、课程教学视频、教学PPT、课程学习计划、作业习题等。在学习周期里，计划教学内容、课后习题都在课件中设为任务点，让学生网络在线完成，并做好相应的准备。

日语翻转课堂教学活动是采用课堂讲授和网络教学相结合的方式。学生上课、作业、练习、测试等环节都可以通过网络进行，不再受传统教学的时空限制。教师可以通过发放通知来提前告知学生教学计划，督促学生学习，把控学习进度，并根据学生学习情况，利用网络或者面授时进行答疑、辅导，进行互动式教学。

此外，还有学习流程监控，它包括教师监控和学生监控两个方面。教师可以对学生学习流程进行自动化的量化统计与监控。学生在网络上进行的所有学习行为，都可以在教师后台实现整个学习流程的监控，包括全部学生的平均学习进度、最快与最慢学习进度、单个章节知识点的学习情况等。同时，学生也可以对自己的学习行为进行监控，学生可以看到自己的课程学习总体情况、自己在每个章节知识点的学习轨迹，以及自己的成绩排名。

通过教学课件制作、课堂教学实践活动以及学习流程监控这三个主要环节形成紧凑、和谐的教学生态链的高效循环运转。

（二）日语翻转课堂教学模式的功能和优势

建构主义学习理论还认为学习是一个动态的过程，这一过程要求学生在教师的正确引导下，通过自主学习和协作学习，创造出学习作品，建构知识概念。而日语翻转课堂教学模式具有一般传统教学方式不可比拟的功能和优势，恰好满足了这一动态的学习过程要求。

第一，翻转课堂教学可以转换异地场景以便置身其中，将静态教学变为动态感受，这样的功能能够极大地增强教学效果，培养学生各种认知思维。教师可以充分利用网络时代信息操作快速、便捷这一优势，在指导学生学习重点和难点部分时，对复杂知识信息进行转化和分解，减轻学生的认知压力。将课件设计成学生学习的导航器，并注意增强课件的交互性和界面的人性化，同时，情景联系更广泛化，这样师生之间的知识信息传递效率就会大大提高，使学习者更容易发现或找出各项事件间的联系，从而构成新的知识体系。

第二，日语翻转课堂教学能够解决在有限时间课堂内学生语言练习时间不足的问题。章节知识点的细化有助于学生有针对性地观看视频，理解课程内容。一般情况下，学生只需要三五分钟就能掌握一个知识点，教师可以通过每一个知识点了解学生的学习情况与学习进度，适当督促学生学习，采取有效的教学措施进行授课。因此，这种新的教学模式可以使教师讲授和学生练习的时间分配趋向合理化，改变了在传统课堂教学中教师无法全面了解学生对学习内容的认知和理解情况。

第三，日语翻转课堂教学可以为学生提供简单明了的视觉印象，有规律地理解和加强记忆。教师可以根据日语语法体系本身的特点，利用网络技术把繁杂的语法知识简约化、公式化、图表化，便于学生轻松学习和记忆，快速有效地巩固已学知识点。同时，教师还可以根据自己的讲解节奏和学生的学习反馈来调节教学进度，以保障良好的教学效果。

第四，日语翻转课堂教学为学生提供了直接参与教学的机会，可以增加师生情谊，锻炼学生的实际动手能力。在教师有目的的引导下，学生参与制作教学课件，师生共同寻找教学素材，这样增加了师生之间的交流与合作，使学生拥有成就感并体会到学习的乐趣。教师的课件内容、演示技巧也会因为学生的参与和交流而得以丰富、提高。在这一过程中，活跃了课堂气氛，营造了轻松愉悦的语言学习环境。同时，教师可以通过平台将相关资料共享给学生，所有参与课程学习的学生都能自由下载共享资源，学生也可将自己认为优质的学习资料上传分享，这样就实现了师生教学课件共建，学习资料共享。

第五，教师通过监控与分析学生的学习行为，可以从大局把握课程的整体情况，便于老师根据学生在学习过程中的反馈信息进行统计分析，从而制订出有针对性的辅导方案，高效利用教学资源；学生通过监控与分析自己的学习行为，能够达到提高学习自主性和学习效率的目的。

由此可见，日语翻转课堂教学模式具备一个成功的辅助教学课件的功能和优势：能够为学生创造最佳的学习环境，可以使学生在学习过程中进行感觉、视觉以及思维认知模式的学习，有利于激发学生的学习兴趣，便于知识的获取和保持，可以实现对教学信息的有效组织和管理，作为理想的辅助手段可以增强教学效果。

并且，通过理论知识学习与素质拓展体验的链接，形成学习、发现和构建过程的催化循环，激发出自主学习、协作学习、创新学习的可持续驱动力，从而使学生在互动中学习和掌握日语课程知识，并对日语知识体系有自己的见解，提高自身的综合素质。

三、日语人性化课堂教学模式的构建原则

（一）局限性原则

日语人性化课堂的教学内容必须按照事先确定的教学目标来设计。网络媒体仅是教学活动的辅助手段，要避免喧宾夺主，不能简单地用多媒体课件取代文字教材和常规教学，所以在设计课程教学中，不能忽视整体教学内容、教学目标的要求。运用网络技术展示教学活动中的思维发散性，同时也要注意网络媒体的局限性原则。

（二）互动性原则

要在教学过程中整合教与学的关系，以完成教学目标为宗旨。在设计课件时，应遵循学生的学习特点来选择设计方式传授知识要点，要注重"教"与"学"双方的理解和配合。该原则对增强教学效果极为重要。

（三）针对性原则

人性化课堂的一个重要特征是其针对性，它决定了课堂的内容和结构的设计。大学课堂师生之间产生一种对话关系，学生不再是消极地接受，而是通过积极的解读、反问和反思，消化授课内容。应根据不同的学生群体，进行个性化设计，采用不同的教学方法，选择他们感兴趣的内容作为切入点，实现教学目的。对学生来说，有兴趣地解读符合自己口味和心理的信息，会较快地完成对知识的学习。

（四）实用性和多样性原则

在人性化课堂的设计中，要注重知识点的常用和实用性，以及教学方式和课堂信息的丰富多样化，提高可学性。实用性以多样化为依托，多样化也离不开实用性原则，两者之间的关系是相辅相成的。

综上所述，日语翻转课堂教学模式具有一般传统教学手段无可比拟和无法替代的卓越功能，只要遵循其基本构建原则，便可以大大丰富教学形式和内容，轻松解决很多教学难题，推进教学运行模式的改革与发展。它遵循现代学生心理需求和利用学生喜闻乐见的网络手段，方式灵活、内容丰富、时空不受限制，学生可以根据自身情况自主进行课程学习。教师采用网络互动、课堂互动方式进行授课，进行感觉、视觉和思维认知模式的教学，学生参与度更高，教师面授内容更有针对性，高效率利用课堂时间，展开多项教学活动，在教学过程中优化教与学的关系，在人性化的教学环境中完成教学目标和任务。

第六节　网络环境下的大学日语课堂教学

一个国家的综合实力越强，越来越多的外国人就会想要了解这个国家，这个国家的语言、文化都成为旅游发展的推动力。由于日本的综合实力很强，和我们国家又都同属于亚洲，所以，近年来，越来越多的高校越来越重视并开设了日语课程。但大部分仍然恪守传统，维持着老旧的教学模式，因此，效果并不如人意——学生并不能将其运用自如。当今网络发展迅速，所以可以通过网络多媒体与传统相结合的办法来达到日语课程的学习。虽然利用网络媒体教学突破了传统模式，但若完全依靠于网络的交流与学习，却很难达到学习的最佳效果。因此，最好的教学方法是网络多媒体与传统结合。

由于互联网具有开放性、交互性、趣味性、便捷性和不断更新的丰富的学习资源等特点，因此，对于学生这个需要提升各方面能力的群体来说无异于提供了一个不可或缺、重要的学习渠道和手段。互联网深受学生的喜爱，并且大学生已经习惯将科技与互联网工具运用到教学环境中。当然在学习日语的过程中，大学生也会用到互联网工具。有学者曾对大一、大二、大三学生共 120 人在大学日语学习方式方面进行了问卷调查。结果表明两个重要有用结论：第一，大部分大学生，喜欢利用网络学习日语；第二，通过利用网络学习日语的大学生在其能力与素质方面都有显著提高。但是，互联网是把双刃剑，究竟是好的还是坏的，还得依据每个学生来定。所以为了让学生正确使用互联网，并进一步让互联网成为日语教学的一部分，还需要教师对学生进行指导，教师可以通过引导学生充分利用互联网的优点来学习日语、提高日语。

一、对网络环境下日语教学的现状分析

在传统观念的教学模式下，学生所学的不过是语法。学习任何一种语言，最基础、关键的一步都是语法的学习。但在课堂上，老师能做的却仅仅是通过举例子来给学生传授和强调相关语法。这导致很多学生都只是死记硬背。并且老师注重的只是学生是否会做题，并不管学生是否理解。因此，大部分学生就算学了日语这门课程，也只是会做题，无法用日语与外国人进行交流与沟通，即无法将其作为另一门语言与他人进行交流。

由于网络信息库中可以收集、存储、共享的资源，因此，为了给学生创造更好、更全面的学习环境，如今，在教学中高校常常会在传统教学的基础上利用网络环境来增加多媒体教学。

网络多媒体教学与传统教学相比主要有四点优势。老师利用网络多媒体可以至少为学生做到四件事。首先，网络多媒体教学不但可以为学生将难记忆的、抽象的日语单词用与日语相关：有趣味性的图片、有可读性的文章、经典的视频、甜美的声音等方式表现出来，

从而使日语单词的学习能够更形象、更印象深刻，这使学生在学习过程中更容易接受，也可以使教学目的更容易达到。学生之所以能够更轻易地学习这门语言，是因为它使得学生的目光不仅仅局限于书本有限的文字，还能够让学生在口语方面有所掌握。教师提供一些可以用于日常生活的简单交流的相关日剧，来帮助学生进行口语训练。同时，教师通过论坛或 MSN 等可以发布信息、聊天、讨论的方式来开辟第二课堂，从而使其成为学生在时间和空间方面学习的一个扩展方法。因为在课堂上的时间是有限的，而学生的问题却又必须得能够及时解决才能达到优秀的学习的效果，所以开辟第二课堂是非常有必要而且是非常重要的。

二、网络环境对大学生日语学习的影响

（一）网络学习的内涵

（1）网络学习是指学生让网络媒体成为学习的一种工具。

（2）网络具有大量资源，所以可以通过网络进行学习。而网络资源又需要网络学习的不断开发、利用、再生才能够跟上时代的发展。

（3）为了使网络的共享性、创新性、探索性得到充分利用，学生通过网络可以得到知识和信息用于学习日语。由于网络不但可以提供一个学习的环境，而且相当快捷便利，因此学生通过网络学习日语是个很不错的选择。

（二）网络学习对大学生日语学习的影响

（1）提高阅读能力。想要增加日语文献的有趣性、可读性，从而让学生主动且无意识地阅读得更多、学习得更多，这通过网络是很容易办到的。

（2）提高口语交流能力。语言心理学研究表明，模仿是高效率地学习语言的有效方法。因此学生可以通过模仿来锻炼自己的口语，进一步达到提升口语能力的目的。而根据模仿对象可以将模仿的方式分为两类。第一类主要是通过模仿在网络上认识的正规日语学者。学生在与日语学者交流的过程中可以发现自己口语错误，也可以逐步地学会用日语进行简单的交际。第二类主要是借用网络视频。可以是来自网络的视频，也可以是教师给的日语教学软件或课件的视频，总之凡是能够吸引学生和锻炼学生口语的视频都可以有所涉猎。学生很容易被有表现力、形象生动的图片或声音所吸引，同时，为了让学生产生一种身临其境的感觉，就要求教师提供的网络视频具有上述特征。这不但可以给学生一种视觉上的冲击，增加印象、记忆；通过这种方式还能拉近日语与学生的距离，从而达到提升学生日语口语的能力。

（3）开阔视野，尤其是日本文化方面的相关习俗。当学生能够说地道日语时，才可以说是学习了日语。而想要会说地道日语，这对于学生在日本文化方面是有很高的要求的。这也就要求学生能够知道日本的相关习俗。而丰富的学习资源网站，就提供了一个机会——可以让学生了解日本，了解日本的文化，了解日本的各个方面。学习的过程也是扩

宽视野的过程。

三、优化网络环境下的大学日语课堂教学措施

当今是信息化时代，所有的事物通过网络都在迅速变化着。网络有很多优点，而在教学中，我们完全可以利用网络来进行高效率的学习。这时，我们要思考的是：怎样将网络加入传统教学的模式中，怎样才能够充分利用网络，这些都是关键问题。

（一）合理建构网络资源库

老师在台上讲授知识，学生在台下接受知识。这样一成不变的传统日语教学模式带来了很多问题。首先，从教学方式来看，老师一般都是按照一定的方式进行讲课，一般是不轻易改变的，这就很容易导致学生产生厌倦心理。而一旦学生产生厌倦心理又会给老师带来失落感。而当老师都不再有成就感时，学生学习日语的状态就会变得更加糟糕。其次，从效果来看，由于日语这门学科本就是枯燥的、难学的，如果老师只是通过讲解知识点，而没有利用网络来增加一定的趣味性，久而久之，学生可能连考试过不过得了都是个问题。

（二）最大化利用教师资源

要实现教师资源的最大化这一问题可以从两方面做到。第一，开辟第二课堂——网络课堂。通过网络课堂，可以实现与学生一一交流，解决在线下课堂未解决的问题。第二，一流的教师将自己的上课视频或教学视频利用网络进行传播，不但能够给学生多一种方式学习日语，而且让想提升教学水平的教师也可以通过这些来改进自己的教学方式。

（三）学生自主的教学形式

每个人学习日语掌握程度和运用程度都会有所不同，并且遇到的问题也各不一样，所以为了进行一一指导、找到适合学生的教学方法，教师可以利用计算机的双向交互功能来调用数据库，这样就能够很好地解决这个问题。

（四）提高学生自主学习的能力

因为大学的学习很大程度上依赖于学生的自主学习——大学老师在有限的时间内是有自己的教学目标的，这意味着课堂时间是非常紧张的。也就是说，当学生遇到问题时，课堂时间是不会一般用在解答同学们的问题上的，所以当遇到问题时，靠自己解决是最佳途径。这就要求老师指导同学们学会利用网络进行自主学习，尽量在做好预习工作的同时做好复习工作。

如今是大数据时代、信息化时代，网络多媒体教学与传统教学相比可以提供更好的学习环境。在网络环境下，学生不但可以在课后学习到更多日语相关的知识，而且最重要的是，这很大程度上提高和培养了学生独立地运用分析、探索、实践、质疑、创造等方法来实现学习目标，使学生具备与现代社会需要相适应的学习、生活、交往、生产以及不断促进自身发展的基本素质。

但这并不意味着要放弃传统教学，而是教师在教学方面可以利用网络媒体的优势和传统教学的优势来进行创新，创造一种以传统课堂模式为主导；同时，以多媒体网络为辅助的教学方法。

第六章　交际日语教学实践

第一节　日语教学中的非言语交际

　　非言语交际在外语教学中所发挥的重要作用，已经引起越来越多的专家和学者的关注。新时期对日语课堂教学提出了新的要求，然而，传统教改思路已经很难在日语教学改革中有新的突破。我国学者毕继万总结西方学者的观点，将非言语交际分成体态语、副语言、客体语、环境语四大类，本节分别阐述了这四类对日语课堂教学的影响，期望能对今后的日语课堂教学改革提供一些新的思路和启示。

　　人类之间的交际有两种途径，言语交际和非言语交际。思想内容的表达主要通过言语交际的方式完成，而非言语交际则能体现双方的情感、态度、实质关系等。Ross 经研究提出，言语交际所传达的信息仅占 35%，而非言语交际所传达的信息高达 65%。Grant 和 Hennings 曾指出，课堂教学效果的 82% 通过教师在交流过程中通过传递信息的表情、举止等非言语方式实现，而只有 18% 的信息是通过言语方式达到的。Cooper 认为，教师如果学会如何在课堂上更有效地运用非言语交际，师生间的关系就会得到改善，学生的认知能力和学习效率也会提高。由此可见，非言语交际在课堂教学中的重要作用。

一、非言语交际的定义和分类

　　关于非言语交际的定义，国内外学者多有论及。总的来讲，非言语交际指的是言语行为以外的所有交际方式，它包括姿态，手势，眼神，表情，服装打扮，肢体接触，说话人之间的距离，讲话的音量、音调、语速，对空间的利用等。总之，说话者利用身体的自然特征或周边可用之物来传达自己思想内容的行为方式都应属于非言语交际的范畴。

　　因非言语交际涵盖内容广泛，不同的学者对此有不同的分类。毕继万借鉴西方学者的观点，从跨文化交际和我国外语教学的实际出发，将非言语交际分成四大类进行中外对比研究：体态语包含基本姿态、基本礼节动作，以及人体各部分动作所提供的交流信息；副语言包括沉默、话题转换和各种非语义声音；客体语包括皮肤的修饰、身体气味的掩饰、衣着和化妆、个人用品的交际作用、家具和车辆所提供的交际信息；环境语言包括空间信息、时间信息、建筑设计与室内装饰、声音、灯光、颜色；等等。本节将从这四个方面出发探讨非言语交际对日语课堂教学的影响。

二、教学中非言语交际能力的培养

非言语交际和语言交际在交流活动中相互作用、相辅相成，是有机的统一体。在日语课堂教学中，可尝试从以下几个方面优化教学组织：

（一）教师的认识与自我约束

首先，教师需要提高自己在思想上的认识，抛弃完成语言培训就可顺利交流的错误认识，充分认识到非言语行为对学生跨文化交际能力的重要意义；其次，在知识积累中注重对日本文化和习俗的学习，提高自己对日本文化中非言语行为的理解能力，具有较高的日语文化修养；最后，利用多种途径积极参与日本文化交流，在实践中提高自身的文化交际能力，并有意识地规范使用非言语方式进行意愿表达。

（二）教学内容的精心设计

教学内容的设计以教材为中心，却不能以课本为全部。结合课程进度，有计划地增加日语文化背景的知识含量；结合阅读训练，适时进行俗约、习惯及文化禁忌的介绍。为了使得非言语教学的设计不显得突兀，所设计教学内容需要与相应的语言内容密切相关。以日常交际场景为基础设计练习环节，课堂教学与交际实际紧密结合。可采用音像资料充实教材，拓展交际训练环节的深度，结合场景故事将非言语交际知识有机融入教学内容之中。

（三）教学方法的恰当选取

鉴于非言语教学的无结构、非连续特点，在课堂教学中要选用适当的教学方法。小组交流、场景应用等教学手段效果较好。融入角色的场景教学过程形象，带入感强。在教学手段上要灵活利用现代教学设备，如音频、视频资料的加入可以活跃课堂气氛，为学生提供更加自然、真实的学习题材，达到有效学习和领会语言交际与非言语交际及其文化差异的培养目标。

（四）试炼机会的充分给予

面对面与日本人进行交流的方式是最直接有效的训练和提高手段，是最好的学习途径，教师和学校应尽力给学生创造实际锻炼机会。将学生送出去和聘请高质量的外籍教师都是捷径，但教育投入成本太高，无法满足多数普通高校学生的需求。不过，在国际交往频繁，外籍人士增多的今天，应鼓励学生利用自身条件，走向社会，寻找机会，尽可能参加一些跨文化交际活动，这也是提高日语交流水平的一种方式。如与外国留学生的各种联欢交流活动，参加涉外导游活动或涉外宾馆的接待活动，以及中外学校之间正式或非正式的学生交流活动等。

非言语交际能力的培养是日语教学中的重要组成部分。培养熟练的日语交流能力，仅停留在词汇和文法的训练教学上是远远不够的。正确地理解和使用肢体语言等非言语内容，有助于提高日语工作者的交际能力。在教学过程中，将非言语行为培养与语言教学有机融合，以避免在跨文化交际中产生误解，提高日语课堂的教学质量和水平⑪。

三、非言语交际对日语课堂教学的影响

（一）体态语

教师在课堂上通过语言的交流即可完成教学，而能否顺利完成教学任务，达到教学预期则取决于学生在课堂上的表现。当然，教师完全可以在课堂上通过言语交际的方式询问学生是否理解与掌握，但是语言具有欺骗性，学生迫于教师身份所带来的压力或为避免教师的尴尬很可能违背自己的意愿去迎合教师。而体态语在师生交际之间发挥着至关重要的作用。体态语也可以叫作"身体语言""肢体语言"，包括基本姿势、基本礼节动作以及人体各部分动作所提供的交际信息。

在课堂上，体态语提供给师生的交际信息更直观。在教学中，学生绝大部分注意力集中在教师身上，耳朵接收教师"说"的信息，眼睛也在接收教师的"体态信息"。教师的"说"主要集中在教学内容上，而"体态信息"可以表达教师的情感，承担交际的功能。教师在课堂上是走是站，是微笑是蹙眉，任何姿势、表情、手势的变化无一不牵动着学生的视觉神经，影响着教学效果。同样，教师的注意力也集中在学生身上，学生的坐姿、眼神、面部表情的变化更能客观及时地反映出学生的听讲状况和课堂氛围。以日语专业为例，高校日语本科专业以招收日语零基础的学生为主，教师面对庞大的词汇与语法教学量，很容易将日语课堂变成教师唱独角戏的"一言堂"。在此环境中，教师可以通过丰富的面部表情和形象的动作吸引学生注意，营造积极的课堂交际氛围。同时，教师也能通过学生的课堂反应及时调整教学方案，活跃课堂氛围，以达到预期的教学效果。比如，在讲授过程中发现有学生出现趴在桌子上、眼神迷离、表情木然等现象时即可判断为教学效果不佳，需要对既定的教学思路进行纠正。

（二）副语言

副语言伴随着话语而生，是一种没有固定含义的表意方式，包括说话的音量、音调、语速甚至咳嗽和沉默。人和动物都能发出声音，而语言是人类特有的表达工具。语言和声音的区别在于语言是表意的，人类通过语言能够表达自己的思想内容，而动物虽然没有语言，也能透过声音表达自己的喜怒哀乐等基本情感。同样，人类在表达喜悦时语调缓和、声音轻快；在表达愤怒时声音急促、语调加重；在表达难过、沮丧时声音又变得深沉凝重。因此，可以说声音能反映出人类复杂的情绪。在课堂教学中，声音的高亢有力代表着教师的激情和自信。学生通过声音接收教师的情感信息，从而刺激大脑皮层做出应激反应，可以充分调动学生的积极性，为沉闷的课堂教学增添活力。

⑪　陈亚敏.浅析日语教学中的"双向文化导入"：以中日成人礼为例[J].新乡学院学报，2015，3（31）：369-376.

人类的说话方式受地域、个人性格、生活方式等诸多方面的影响，在说话的音量、音调、语速上肯定也各不相同。但是无论语速快慢、音量大小，同一个人总喜欢下意识地用自己习惯的说话方式进行交流。教师在课堂上也不例外，教师在讲课时肯定都是下意识地用自己习惯的音量、音调、语速进行讲授。尤其在日语教学中，日语相较于汉语，语音较平、语速较快，没有汉语的抑扬顿挫感，学生长时间跟随教师声音所带来的同一节奏，大脑皮层接受不到新鲜的刺激，很容易造成课堂气氛沉闷，影响教学效果。这时，教师就可以根据学生的课堂反应适当调节声音节奏。同时，遇到教学中的重点、难点，教师也可以放缓语速、加大音量以吸引学生的注意力，增加课堂活力。

（三）客体语

客体语包括衣着、体味、化妆、个人用品、肤色等可以传递信息的表达方式。客体语对课堂教学的影响在前人研究中鲜有提及，就算夹杂在论著中偶有提及，所占篇幅往往较小，并没有进行深入探讨。究其原因，主要是大部分的学者认为在非言语交际中承担主要功能的是体态语和副语言，通过对体态语和副语言的深入研究能够很大程度地提高教学效果，从而忽视了客体语在课堂教学中所起到的重要作用。但是课堂交际是种"立体"的呈现，是感性与理性的结合。教师作为课堂教学的"载体"，其自身所呈现给学生的直观感觉也是课堂交际中必不可少的一部分，就像选购商品时，商品的性能固然重要，外观所带来的直观感受也是左右消费者消费意愿的重要一环。总之，客体语在课堂教学上的重要作用不容小觑。

由于历史和文化的原因，日本相较于其他国家，更重视客体语的使用。课堂教学中，日本教师一般是以深色西装搭配浅色衬衣的形象出现，正式场合还会系上领带，这种严苛的近乎仪式般的穿衣方式首先带给学生严谨性的观感，迫使学生以一种更恭敬认真的态度面对课堂和教师，从而提高教学效果。

（四）环境语

环境语顾名思义，是交际双方所处环境所能传递的信息，包括空间行为、时间行为、建筑设计、室内装饰等内容。在课堂教学中，师生所处最重要的环境莫过于教室。由于受教学条件限制，教师不可能完全按照自己的意志改造教室，但是可以最大限度地改善教室环境。比如，日语专业教室需要创造一种日语学习环境，可以将一些与日本文化有关的图片、节选的文学作品、动漫或电影中的经典台词、学生所写的新年寄语等张贴在教室四周的墙壁上，也可以在教室后面开设"书报角"，定期收集日本的报纸、杂志，供学生在课余时间阅读，还可以充分利用教室的多媒体设备，每天定时播放日语新闻、歌曲等。诸如此类的举措的目的就在于让学生在教室中所见、所闻全是日语，全方位立体化地沉浸在日语学习的氛围之中。

第二节　交际教学法与日语句型教学

　　第二语言的习得与母语习得最大的不同就是在第二语言的应用能力上会出现很大的学习者的个体差异，母语习得不会出现很大的个体差异。影响语言应用能力个体差异的要素主要有环境因素（文化背景因素、教授法等）和学习者的适应性因素（知识结构、情感因素等）两方面。从 20 世纪 70 年代开始，外语教学的研究者开始着眼研究教学法以外的学习者的适应性个体因素的影响，并提出了以学生为中心的教学方法。

　　句型是日语基础知识，是日语教学的重要组成部分。在日语基础课中，句型的教与学占了相当大的比例，采用的教学模式是以教师教授学生学习为主。本节探讨的交际教学法强调在交际情境中开展特定的语言交际活动，构建互动性很强的日语课堂。

一、日语句型教学中交际教学法的运用现状

　　日语的教学法有很多种类，其中包括翻译法、听说法等。交际教学法是一种主要以学生为中心、培养学生语言交际能力为目标的教学方法，产生于 20 世纪 70 年代的欧洲。交际教学法体现以学生为中心，能够最大限度地调动学生参与学习的积极性，激发学生自主学习的兴趣并有助于学生养成自主学习的习惯。

　　交际教学法的特点：重视培养学生的交际能力、自学能力，不过多纠正文法错误，甚至打乱了第二语言本身的文法体系。因此，教师在运用交际教学法开展句型教学的过程中需要有一定的容错度。如果没有指导，学生很难主动认识到自己的文法错误。教师纠正文法错误容易打乱学生思路，挫伤积极性。交际教学法要求教师在适当的时候提出引导，把握时机和方法进行干预。尤其是在句型教学环节中，交际教学法更具有挑战性。高校教师的日语句型教学都不同程度地应用了交际教学法，只是程度和方式有所区别。采用的授课模式也有所不同：有些课堂采用纯日语授课，有些汉日语混合，在初级学习阶段绝大多数还是以中文为主。教师采用的全日语教学的程度和模式与交际教学法的应用程度和效果有很大关系。

　　交际教学法是以学生的实际需求为目的，采用学生所熟悉的模式组织课堂活动。因此，教师组织的教学活动应当围绕学习者的语言功能（如信息交流、理性和感性态度的表达等）的内容进行。

二、日语句型教学中的交际训练

　　日语句型教学中的交际训练本质上是一种实践教学活动，学生在具体的交际场景中运用学到的句型进行语言活动。教师设计场景，确保讲解的句型能够自然地融入场景中。交

际场景的基本要素包括时间、地点、动作主体、动作对象、内容、背景等。

当发现学生的错误时，教师不要急于纠正，等完成训练后再指出其错误或引导学生自己发现错误，也可以组织学生交流讨论，互相纠正。交际训练就是模拟真实场景的语言实践应用，学生通过训练不但可以很好地掌握句型的意义和用法，还能锻炼交际能力。

三、交际教学法在日语句型教学中的作用

（一）有效激发学生的学习兴趣

大部分学生很重视句型学习，部分学生会为了考试而学习句型。在实践教学中，教师运用交际教学法，打破单调枯燥的教学现状，充分调动学生的学习积极性、唤起学习意愿，让学生灵活运用所学句型完成场景对话、角色表演等训练活动。

（二）促进学生理解和掌握句型

结合具体情境导入新句型的教学效果更好，也得到了学生的认可。交际教学法主张以对话为教学的基本形式，在交际情境中运用知识点。结合情景开展日语句型教学有助于学生把握句型含义和用法，从而获得理想的教学效果。

（三）有助于提高学生的口语能力和学习信心

交际训练方法往往能够充分发挥他们的学习主体作用，促使其更加积极地参与学习活动，有效锻炼他们的口语能力。

通过自编自导自演的情境对话，学生除了锻炼了自己的语言应用能力，也提高了自己的学习评价，获得了自信和满足感。

（四）有助于养成学生自主学习的能力和习惯

很多学生是被日本动漫、游戏等现代电子文化所吸引，产生了学习日语的兴趣。学生在课堂学习之外，还会出于自身兴趣在课余通过影视等方法了解相关的资讯，在不知不觉中学习日语。在课堂中，模拟使用影视、动漫等出现的情节，能够提高学生的感性因素并达到延长课堂学习影响的效果。

四、交际教学法的难点

交际教学法在高校日语句型教学中起到了一定的作用，但还没有得到充分发挥。交际教学法是一种新教学方法，初期学生会出现不习惯的情况，习惯于传统教学方法的学生会产生一定程度的抵触和困惑。

交际教学法的目的是培养学生的语言应用能力，要求一定的容错度，从而增加了句型教学和习得的难度。句型学习注重句子的内部结构的教和学，不同句型的习得也会因为语言体系的异同出现习得差异和难点。因此，交际教学法对于不同难易度的句型教学也会产生不同程度的正面或负面效果，这一点应在今后的教学实践中继续研究。

交际教学法没有统一的客观标准，教学效果较其他方法更加难以评估和考核。如何根据该校学生的个体差异和整体特点制定合理检验教学效果的评估和考核方式是日语教学的重要课题。

交际教学法要求以实际应用为主要目的，教材的选用要求更有针对性，而且课堂活动内容宽广，会脱离教材出现大量不可预测的情况。因此，可以说交际教学法的效果与教师的水平息息相关，要求教师在教学设计、引入、授课、课后等教学环节中下功夫，提高教学水平才能达到良好的教学效果。

交际教学法以学习需求为教学目的，会驱动教师不断地探索最新的需求，缩短年龄差造成的知识断层，熟练掌握社会发展和知识进步的最新动态。

综上所述，在日语句型教学中合理应用交际教学法，可以有效弥补传统日语句型教学模式的不足，打破单调枯燥的句型教学现状，激发学生的学习兴趣，帮助他们更好地理解和掌握句型含义和用法，从而提高学生的语用能力、交际能力，提升日语句型教学效果。

第三节　商务日语教学中的语言和非语言交际

日中两国关于商务日语教学的研究有一个共同的观点，即商务日语教学中在着重培养学生听说读写译的基本语言交际能力的同时，还应该适时地对学生进行非语言交际的指导。本节从相关理论分析、两者结合的必要性、课堂教学实践的创新尝试和暂存的问题共四个方面，对商务日语教学中的语言和非语言交际指导进行了简要分析。

一、商务日语教学的语言和非语言交际指导的理论分析

商务日语课程所教的典型用语大多是不同商务交际活动中的特殊语言。人们为了传递信息，表达语意，在商务交际活动中不仅需要正常的语言行为，还需要通过不同的方法和手段，用内容极其丰富的非语言行为对正常的语言行为起到补充、强调、重复、否定、代替等作用。非语言交际指的是语言交际以外的所有交际行为，它包括如体态语、副语言、客体语、环境语等，是人类交际活动中不可缺少的部分。另外，从英文的"intercultural communication"翻译过来的"跨文化交际"，指不同国家以及不同文化背景的个人之间的交际，也就是不同国家和不同文化背景的人之间所发生的相互作用。提到这个概念以前，非语言交际和跨文化交际都主要是文化人类学、民族学所关心、研究的问题，近年来由于它在实际外语交际中的重要作用，使得更多学者对其产生了研究兴趣，也引起众多教授语言的教师从跨文化教育的角度对外语教学进行更加深入的思考。

二、商务日语教学过程中将语言和非语言交际指导相互结合的必要性

传统的商务日语教学十分重视培养学生的语言读写能力，容易忽略学生在跨文化交流过程中的口头交际和非语言交际能力。长久以来，人们大都认为跨文化交流主要依靠语言，跨文化交际的工具主要是外语，错误地认为语言是唯一的传递信息的途径，而忽视了信息传递中起着很大作用的非语言行为。因而传统的外语教学十分注重训练学生外语语言的正确性、准确性，完全没有注意到要培养学生其他方面的交际能力。但是随着当今社会的发展，我们生存的世界越来越小，不同国家、种族和民族的人们的交往也越来越频繁。随着信息化技术的进步，现代高科技的不断发展，以及经济的高度全球化，比起从前人们在进行人际交往时的时间和空间都大大缩短、缩小。此种环境下，我们应该努力培养自己的国际化意识，放眼全球，意识到国际人们相互依存、合作的意识，更加看重人们之间的相互理解和相互尊重。为了让自身更好地融入这种跨文化交流的现代社会中，我们必须改变传统的意识观念，培养自己的跨文化意识，并通过实际的交流不断地掌握跨文化交际的能力。因为当今社会中我们外语教学的目的发生了变化，所以如果我们的教学观念和方式不改变，就无法培养出适应时代的优秀外语人才。

从 2014 年起，我们通过对毕业生进行就职信息反馈、问卷调查、网上查询等多种形式，对 100 多家招聘日语专业毕业生的用人单位的招聘条件进行总结分析。从中我们得出如下的结论：要求学生的日语专业能力达到日语国际能力测试二级水平的岗位大约占 90%，要求学生的日语达到一级水平的岗位约占 50%。另外，50% 以上的企业都要求应聘学生能够具备所需行业的相关商务知识，使用与该行业相关的商务日语，即几乎所有企业除了对应聘毕业生的口语应用能力做了要求，还都要求应聘学生具有良好的团队合作意识及强烈的责任感和高度的敬业精神。由此可见，拥有专业知识已经远远不能满足当前社会对日语人才的需求，企业招聘人才的时候更看重学生的知识运用能力、与人沟通交流的能力，团队合作的能力，职业上认真负责的态度和理解、适应跨文化交际的习惯等综合能力。

三、商务日语课程教学过程中语言和非语言交际指导的创新尝试

传统的商务日语教学中教师经常采用语法翻译法和结构分析法去引导学生，把重点放在了日语语言知识的传授上，特别强调语音、词汇、句型、语法等内容的掌握，过于注重语言形式的讲解。这种教学模式存在着很多问题，导致教师的大部分精力都投入在了文章的分析、应试技巧的训练等方面。这种不重视学生的非语言行为能力、文化能力及交往能力的教学模式，使得很多学生在毕业以后虽然语言的听、说、读、写等能力很强，但是到了工作岗位上却无法和日本人真正地进行交流⑫。

---

⑫　杨静.浅谈高校大学日语教学改革与实践 [J].西南大学学报：社会科学版，2011，37（S1）：301-303.

非语言交际这个概念的范围远远超过了单纯的体态语，以往多被认为是包含在体态语的含义之中的。其实非语言交际包括体态语（头部、面部、眼部、手部、腿部等的动作行为）、副语言（沉默、话轮转接、非语言声音等）、客体语（皮肤颜色、体毛、气味、衣着、化妆等）、环境语、校园非言语交际（教师的仪表、课堂内外师生的非言语交际等）等。例如，欧美人的拥抱、接吻，拉美人的脱帽致意以及日本人的鞠躬等都表现出各自的文化特征，并且传递着不同的交流信息。在非语言交际行为方面，日本则是个重视非语言交际的典型，他们不十分推崇语言交际，常常用一系列无言的举动进行交流。

商务日语教学严格意义上应该属于应用型语言的教学，教师需要利用与商务有关的功能日语和语言环境日语教材去开展商务日语教学，是多角度、多方面、多层次的应用型教学，其内容包括书信、报告、文书、访问、交涉、会谈、讨论、发言、礼仪等与交际有关的知识和实践能力。因为以上这些知识和能力除了语言交际指导外，还涉及非语言交际的指导，所以商务日语教学将语言和非语言交际指导相结合成为必然。在商务日语教学中首先应提升教师的跨文化非语言交际的意识和实际的日语交际能力，为了培养学生的跨文化交际能力和学生对跨文化非语言交际行为差异的敏感程度和适应能力，教师应重视利用多媒体、影视和网络等现代教学手段。

经过两届学生的商务日语实际教学，在语言和非语言交际指导上做了如下尝试：将市面的商务日语教材重新整理，与商务语言功能有关的内容进行相关归纳总结，如公司内外的日常寒暄、自我介绍、他人介绍、表达感谢、赞美、批评等相关内容整合起来做成相关资料复印给学生作为手头参考，反复练习；将市面上一些模拟实际的商务日语素材进行整合，如公司拜访、谈判、讨论、产品介绍、会议发言等。让学生听、看、模仿，并加以创新；融入市面上一些与商务活动有关的相关知识和内容，如包含有 IT、银行、保险、会计、运输、贸易、税务等。

四、商务日语教学的语言和非语言交际指导待解决的问题

（一）应用型语言教学的教材相对匮乏

目前，国内外商务日语教育没有比较好的成形教材，国内外商务日语教学和研究的人力和知识经验还相对薄弱、根据地域的不同，有的地方教学资源也十分有限。在此现状下，希望广大高校和教授商务日语的教师能不断创新，多归纳总结有效经验，出版更多实用、可操作的优秀商务日语相关教材。

（二）应用型语言教学在模拟场景教学时对教师的要求较高

教师担任应用型语言教学除要求掌握教学内容以外，还要求担任本课程的教师自身具有交际能力和经验，控制课堂开展交际实践能力的训练，开展灵活而有效的跨文化交际能力的练习。在模拟现实跨文化交际场景的教学时，要求组织教学的教师具备商务日语口语会话的能力、良好的听力、提出问题的能力、沟通能力、交涉能力、思考问题力、领导组

织力、评价力、协调能力等。为了让教师具备更高的相关能力和素质，学校应多派遣教师参加相关主题的学习与进修，并鼓励教师多和社会的相关企业建立产学研的合作点，教师常去相关企业指导其员工的日语，同时也及时把握该企业需要的相关知识。如果能和相关日企直接建立联系，定向培养可就业人员则更佳。

（三）应用性语言教学在涉及特殊行业和领域时受教学条件影响较大

实证法是指交际教学注重场景模拟的实践，给学生创造更多的练习机会，教师要以身示范，做出样板，使用模拟训练、扮演角色、语言实验室、工作模拟、模拟公司等当代商务日语的实际应用角色。在涉及机械制造和平时不太为人熟知的行业领域时，对其相关专业术语的解释说明对教师和学生而言都是挑战。这类问题的解决应该更为关注学校或地方政府促进校企合作的力度，加大彼此的练习，增多校企的相互了解，派相关专业的学生定期走入企业，从而满足企业自身对相关人才的需求⑬。

第四节　基础日语教学与跨文化交际

跨文化交际能力是指在具有不同语言、文化背景的人们之间进行交际的能力。传统的日语教学注重培养学生的语言应用能力，对跨文化交际能力的培养不够重视。曹美兰阐述了日语交际中非语言交际的重要性及几种形式，并提出了日语中非语言交际与跨文化能力的培养策略。目前，如何培养日语跨文化交际能力是各个日语专业院校认真考虑的课题。只注重培养语言应用能力，会在实际的跨文化交际过程中，出现交流障碍及误会。李红指出，"传统的日语教学忽视了其跨文化交际能力的培养，忽视了对日本社会文化现象及其文化内涵的发掘，导致学生在跨文化交际中遭遇挫折，给双方带来误会或不快，使跨文化交际无法顺利进行"。

在日语基础教学中，如何导入和传授日本文化是很多日语教育者认真研究的课题。基础日语教学中课堂是导入日本文化的重要环节。因此，在课堂教学中培养学生的文化敏感度、跨文化意识以及提高学生的日语跨文化交际能力尤为重要。

一、中日文化差异

虽然日语的语言体系来自汉语，但中日两国之间无论是语言还是文化上均存在着巨大的差异。因此，学生即便掌握一口流利的日语，与日本人交流时也难免出现交流障碍或误会。日语教学的首要任务是培养学生的语言应用能力，在这个基础上要注重培养学生的跨文化交际能力。

---

⑬　陈娟.基于专业背景的日语课程教学改革实践研究 [J].天津职业院校联合学报，2016，18（7）：33-37.

掌握了扎实的语言知识，但缺乏了解日本文化、日本人的习惯以及日本人的价值观，会遭遇很多麻烦及误会。比如，日本人是非常有时间观念，严格遵守时间的民族。虽然目前，中国人的时间观念也在不断加强，但是迟到几分钟，在中国人的时间概念里是能够接受的。但是在日本文化当中，做不到严格遵守时间，被认为是没有信用的人，特别是商务活动中很难与对方建立合作关系。在中日文化差异里这样的例子数不胜数。因此，作为日语教师我们不仅要教授日语语言方面的知识，更要重视传授日本节化、日本人的价值观以及日本人的语言习惯。

二、基础日语课程中导入日本节化

培养跨文化交际能力先决条件是语言运用能力。"基础日语""日语会话""日语视听说"这三门课程是日语专业的核心主干课程，承担着培养日语人才的重任。

在日语教学过程当中，首先，教师应该重视学生跨文化能力的培养，提高学生的文化敏感度和跨文化意识。帮助学生了解日本节化，掌握日本人的语言习惯及思维方式。

课堂、课下要对学生渗透日本节化。课下学生可以通过动漫、日剧、漫画以及报刊、网络等了解日本节化。教师可以向学生推荐好的学习资源。

培养跨文化交际能力的首要条件是语言应用能力。"基础日语"是日语专业的核心主干课程，占很大学时。因此，在教授"基础日语"课程时，教师教授日语的专业基础知识以外，应该在课堂中导入与授课内容相关的日本节化，帮助学生了解日本节化，培养学生的文化敏感度以及跨文化意识。

三、听力教学是传授和了解日本节化非常好的环节

在所有的日语基础课程里，"日语视听说"课是学生了解日本节化的非常好的一门课程。听力教学离不开多媒体辅助技术。教师可以找有关日本节化的视频，既练习了听力，也达到了让学生直观地了解日本节化的目的。实际上，看动漫是了解日本社会的非常好的途径。动漫里面会出现很多与日本社会文化相关的场景。比如，看动漫会了解到日本街道和房屋的样子，也可以知道日本人如何严格遵守交通规则，以及了解到日本人的穿着打扮。这些都是通过语言知识无法了解的部分。另外，通过看职场相关的日剧，学生可以了解到日本是怎样的纵向社会，公司里是如何严格遵守上下级关系。有部日剧叫作《不结婚》，通过这个日剧，学生可以了解到现在的日本年轻人的婚姻观，也可以知道现在有 20% 的日本人终身不结婚。了解了这些，就不难理解日本为什么是少子化社会；了解了这些日本社会知识，与日本人交流时不会出现没有话题、尴尬的现象，进而增进两个人之间的交流。通过视频，学生可以学到书本上没有的，或者是学到很多日本节化相关的东西。因此可以说，通过视频直观地了解日本节化是培养跨文化能力最有效的途径。

四、通过外教了解日本节化

大部分的高校，外教都担任日语会话课。外教通过日语会话课，能够指导学生的语音语调、发音及纠正错误表达，以此提高学生的口语表达能力。外教也可以通过会话课，向学生转达日本人特有的习惯表达，同时帮助学生了解日本人的思维方式。外教可以通过语境帮助学生掌握适合各种场合的地道的表达。另外，在课下，与外教直接交流也是了解日本人说话方式和做事方式的很好途径。比如，外教很少像中国老师那样直接严厉地批评学生，有可能学生在课堂上从来也没见过外教严厉批评学生。这与日本人的说话方式及心理有关。日本人喜欢委婉地表达，避免直接伤害对方。另外，日本人以和为贵，避免与周围的人发生冲突。

五、通过其他课程了解日本节化，提高跨文化交际能力

日语专业设有"日本概况""日本节学""商务礼仪"等课程。这些课程也能了解日本节化，提高跨文化交际能力。《日本概况》是了解日本的最好的书本，通过该课程，学生广泛地了解日本地理环境、经济、政治、交通、环境等各方面的文化知识。目前存在的问题是学生不重视"日本概况"的现象，作为教师要正确引导学生，让学生了解学习对方文化的重要性以及通过各种教学方法、教学手段培养学生的文化敏感度。

"日本节学"课程也是不可忽视的课程。对日语学习者来说，作为常识都要懂一些文学方面的知识。就像中国人没有人不知道四大名著一样，作为日语学习者掌握并了解常识性的日本节学方面的知识是非常有必要的。掌握了很多日本人认为的常识，我们就可以在与日本人交流时不会出现一问三不知或尴尬的现象。一个人的日语能力始终要与其文化方面的知识成正比，这样才能保证在跨文化交际当中不会出现误会或障碍。

"商务礼仪"课程在一些日语院校被设置为选修课。笔者认为，"商务礼仪"课程是作为日语学习者必学的一门课程。日语学习者，大部分的就业方向为日本企业或与日本有业务的中国企业。进日本企业首先要通过面试。虽然简短的几分钟的面试，隐藏了众多的商务礼仪细节。毫不夸张，很多日本面试官是通过面试者的举止判断是否录用。在日本社会，面试礼仪是作为社会人必须掌握的最基本的礼仪。如果简单的面试礼仪都做不到，日本人会判断你没有资格成为社会人，因而拒绝录用。可想而知，日本人多么重视礼节礼仪。了解这些日本人的价值观、思维方式，学生会很重视听商务礼仪课。这些需要作为教师的我们能够正确引导学生，让学生意识到文化在语言、工作中的重要性。总之，不能脱离文化，单纯地去学习语言。脱离了文化，语言就失去了作为交流工具的作用⑭。

⑭ 曹大峰.面向大学本科教育的日语教学语法建设：理念、内容、方法的更新与发展[J].解放军外国语学院学报，2014，37（2）：9-17.

六、通过参加交换留学生、短期留学等项目了解日本节化

学生在本科期间，如果能有机会作为交换留学生或者是通过短期留学项目去日本学习一段时间，对跨文化能力的培养是非常有效的。一些高校建立了海外语言实践基地，定期地派送一批留学生，有效提高学生跨文化能力的培养。作为高校，我们有责任促进日本和中国大学的交流，提供更多的机会，让更多的学生能够实际体验到日本节化。随着日本大学生源的减少，日本的大学也在拓展与国外的大学交流项目，因此，将来会有更多的学生能够亲自去体验日本节化。

除了这些项目外，一些高校积极开拓"2＋2""3＋1"等项目，此项目也能够有效培养学生的跨文化交际能力。事实证明，参加这些"2＋2""3＋1"项目留学回国的学生，很受企业青睐，就业质量非常高。比如，世界 500 强的一家 IT 公司的呼叫中心，录用的大部分人员是从日本回国的留学生。因为呼叫中心是通过电话与客户交流，需要更高的语言表达能力和表达技巧，留学生通过在日本的学习，掌握了良好的语言表达能力，也非常了解日本节化。这些都是作为呼叫中心工作的人必备的素质。因此，我们更加意识到跨文化能力在就业中的重要性。

随着很多高校设置日语专业，日语人才培养目标也随着市场需求发生了变化。不管发生怎样的变化，培养日语跨文化交际能力始终应该是日语专业人才培养目标的重点。崔美玉指出，日语跨文化交际能力的培养需要循序渐进，深入浅出，不断积累，并强调帮助学生掌握日本节化的重要性。因此，培养学生的跨文化交际能力要从基础日语教学阶段开始，并且应该贯穿整个日语教育过程当中。

第五节　教师在交际教学中的角色转变

针对传统教学模式的弊病，国外理论界提出"交际教学法"，并被引入我国外语教学界已有 30 多年的历史。交际教学法注重学生的交际能力，而不是纯语言知识，主张在实际交际过程中提高学生以语言为媒介的交际能力。

尽管国内教育界关于该教学方法的理论研究很多，但关于该教学方法在实践上的可行性的讨论、研究很少。在教学实践中也有很多外语教师对"交际教学法"的可行性持怀疑态度，尤其是像日语这样的二外教学实践中，主要以零起点学生为传授对象，在学生还没有一定知识积累的前提下，很难将交际教学方法应用到实践中，结果在教学实践中还是以传统教学方法为主。

一、教师在"交际教学法"中的角色转变

本节将从教师角色的转变这一角度，针对上述问题进行讨论。

（一）从以教师为主、学生为辅到以学生学习为中心、教师传授为支援的教学模式转变

课堂教学以教师传授知识为主、学生为辅，强调教师的传授过程，忽略了学生的学习过程和输出过程。学生在整个教学过程中处于被动地位学习日语，并没有提高自主学习能力，一旦离开教师，仍不会学习，成为可持续性日语学习的障碍之一。此外，以教师为主、学生为辅的传统教学模式决定了教师的绝对权威地位，而学生的主动性、创造性往往被忽视。

然而，学生自主学习能力没有通过外界的刺激无法得到发挥。学生的自主学习能力并不是与生俱来的，而是需要外界的刺激，才能得到发挥。但很多教师只意识到单纯地从说教或测试来刺激学生的学习积极性，也许从短期来看，学生的考试成绩会得到提高，但可持续性学习能力仍有待于提高。笔者曾试从以下方面激发学生自主学习能动性，从而提高自主学习能力。

首先，从学生的发表中找到学生的兴趣爱好，根据兴趣爱好安排教学活动或给学生布置教学任务，如歌曲、动漫配音比赛、日本料理实践、文化祭、模拟面试等活动，促进学生利用多媒体网络，最大限度地发挥自己的潜力。

其次，经常有教师反映即使在课堂上提出大家感兴趣的话题进行讨论，学生参与讨论的积极性也不高，主要是因为学生习惯用母语思维思考问题，一旦换成外语表达，在语言表达上比较困难，单纯用目标语言表达自己的观点，会受语言形式的局限，不能深入实质内容。对已成人的高校学生来说，原本是感兴趣的话题，却因为语言形式的局限而变得无聊，因此，参与讨论的积极性也不高。其实，母语和目标语言并不是对立关系，相反应该是互相促进的关系。教师可以先让学生在课堂上用母语和目标语言同时表达自己的观点，然后再让学生课后把自己的观点用目标语言整理成一篇文章。这一过程即在注重内容的前提下，把课堂学习语言知识环节转移到课后，培养学生自己发现问题、解决问题能力。

在以上教学活动中，都是由学生自己发现问题、解决问题，而教师在该过程中则发挥辅助、支援的作用。

（二）从由教师决定教学内容到由教师、学生共同制定、选定教学内容

在长期的外语教学中，教材选定、制定及教学内容都是由教师决定这一观点是毋庸置疑的。但随着多媒体网络的发展，单纯凭借教材向学生传授知识早已过时，还需要许多与时俱进的材料来充实课堂教学内容。单凭教师力量很难全面地选取教学材料，也忽略了学生的兴趣爱好和自主学习积极性。

在学生掌握利用网络查找资料方法的前提下，利用学生选定感兴趣的阅读材料，进行报刊选读教学。学生感兴趣的内容可以激活学生的图式结构，此外汉语和日语的共同文字

符号——汉字，也可以帮助学生理解文章大概内容，从而提高学生的快速阅读能力。

学生自己根据感兴趣的情景，编写会话内容，进行排练，将其录制成视频，在课堂上发表，并根据视频对其他学生提出问题。该教学环节代替了原来的单纯将教材中的千篇一律的会话内容传授给学生的过程，提高学生的实际交际能力。

（三）从教师评价到学生自评、学生互评、教师评价相结合的评价体系的转变

"交际教学法"所面临的问题之一，即如何评价学生交际能力的问题。在以往的教学改革中已出现形成性评价和终结性评价相结合的评级体系，但不管哪个评价过程，都是由教师决定的，学生并不参与其中。然而，学生的交际能力只由教师评价的话，易导致片面性，并不能真实地反映出学生的实际能力。因此，采取学生自评、学生互评、教师评价相结合的评价体系，能较全面、客观地反映学生的实际交际能力。如课堂发表、作文等练习都可以采用学生自评、互评、教师评价相结合的方法。而且教师评价方面应更注重内容，而不是语法、词汇等形式上的错误。

二、对二外日语教师的要求

如上所述，教师首先要意识到自身在教学中的角色变化，才能提高"交际教学法"在实践中的可行性，这就对教师提出了以下要求。

（一）教师要改变"教师为主、教师绝对权威"等传统观念

意识到自己在整个教学环节中起引导、辅助的作用，从而帮助学生培养自主学习能力，为今后可持续性日语教育奠定基础。

（二）要求教师提高自身的沟通能力

如果教师自身都不会和学生进行沟通，更谈不上提高学生的交际能力。首先，课堂教学不是单向的传授知识的过程，而是互相交换信息的交流过程，通过教师的引导一样可以为学生创造实际交流环境；其次，无论母语还是目标语言，都要求教师扩大自身信息量，才能和学生在感兴趣的方面找到共同话题；最后，除了丰富教学经验和信息量，还要有一定的教育心理学知识储备，从而更快地深入学生心理，和学生进行沟通 ⑮。

如前所述，"交际教学法"已被引入我国外语教学 40 多年，但在实际教学实践中，其可行性还存在很多问题。既有外部环境的原因，也有内部原因。作为外语教师，首先，从自身找原因，意识到教师角色转变的必然性，才能更好地推进新的教学法的实施。当然，在具体教学活动实施环节上都会出现很多问题，如学生长期受应试教育影响，对各项教学活动的接受、适应还需要一段时间，这就需要教师应变能力、善于总结、完善教学实践。把各项教学活动细节化、规范化、系统化将是今后面临的教学改革课题。

---

⑮ 张中华. 日本茶道文化融入高校日语教学的实践与反思 [J]. 福建茶叶，2018，40（5）：258.

第六节　高校日语视听说教学中交际能力的培养

高校日语视听说教学是日语教学的重要组成部分。为提高视听说课程的学习效果，应结合自身教学实践，从影视材料的挑取、课程内容的设计等方面展开相关探讨，更好地激发学生的学习兴趣和培养学生的交际能力。

语言是人们相互交流的载体，日语教学的最终目的就是培养和提高日语交际能力，主要体现在学生对日语语言知识的掌握、运用以及对日本历史文化和社会观念了解这两个方面。高校日语视听说课程的设置为学生提供了逼真的语言环境，在日语交际能力培养方面具有重要意义，不仅训练学生听力和口语等多方面的能力，更能通过直观的视听效果让学生了解日本的人文地理和风俗文化。本节试从以下几个方面阐述高校日语视听说教学中交际能力的培养。

一、精心挑选影视作品

兴趣是最好的老师，教学中如能激发学生的兴趣将起到事半功倍的教学效果。高校日语视听说课程的开设正是为了培养学生的学习兴趣，提高教学质量。日本影视作品赏析是日语视听说课程训练的主要途径，然而，现行的日语视听说教材在影视作品的选材上内容相对陈旧，题材范围具有一定的局限性，不能满足教学需求，因此应精心挑选难易适中、特色鲜明、体现时代特征的影视作品予以补充和辅助。

（一）挑选不同时代背景题材的影视作品，提升学生的文化内涵

不同时代背景题材的影视作品能通过影像和声音还原作品所展现年代的风俗民情和历史文化，学生能通过具体的剧情记住作品中的那段历史，了解历史的发展以及当时的风俗文化。《龙马传》这部电视剧以江户幕府末时三菱社长岩崎弥太郎的回忆为主线，讲述了明治维新志士坂本龙马的一生。观看此剧，学生可从中了解日本明治维新的那段历史，以及那个时代背景下，日本人民的生活状况和精神面貌。因此，通过视听说教学中欣赏和学习不同时代背景的影视作品，能够让学生轻松记住作品中的历史文化，提升学生的文化内涵，有助于交际能力的培养。

（二）挑选台词难易适中的影视作品，提升学生的语言水平

语言运用能力是交际能力的重要方面，包括理解和表达能力，视听说教学中"听"即是理解能力，"说"即是表达能力。学生在精读、语法等课中所学的单词、语法句式一般都停留在理解的层面，并不能灵活运用，因此，根据学生的日语水平，挑选适合学生此阶段学习的影视作品，通过视听说课堂上的难度相当的综合训练，学生边看边听边理解，视听的过程中反复记忆强化，在潜移默化中提升学生的听、说、阅读等多方面能力，达到提

升语言综合水平的效果。

（三）选用各种形式的视听材料，扩展学生的知识面

视听说教学的材料不能仅局限于影视作品和听力片段，应选用各种形式的视听材料补充教学内容，在教学中充分利用视听材料中所含的有效信息，扩展学生的知识面和眼界。比如，日文歌曲、日本新闻、NHK纪录片、日本娱乐节目等都可以作为视听说教学的材料，不同类型的视听材料不仅能吸引学生学习的兴趣，同时也能达到提升学生交际能力的效果，既训练了学生日语语言的运用能力，也增加了学生对日本娱乐、科教、国内大事、社会概况等多方面的认识。

二、合理编排教学内容

（一）适当截取影视作品片段，精看精听精讲

一部日本的电视剧短则十几集长则几十集，一集50分钟左右，一部日本电影也一般是120分钟左右，倘若不进行节选，视听说课就变成了电影课，一味地播放电影，没有教学重点。因此，应根据教学需要对影视材料进行适当的节选，播放影视材料前可以通过教师讲解作品背景、故事梗概、人物关系等要点，以帮助学生了解作品，便于学生欣赏和学习作品片段，有的放矢。由于欣赏的是作品的一个片段，那么教师在教学中的可操作时间就很充裕，可以一边欣赏一边讲解，逐字逐句学习、复述，加强学生记忆，也可以整体反复欣赏和学习，训练日语口头复述的能力，课堂上模仿演示剧情，还原剧中人物的表情、动作及待人接物方式，使得视听说教学发挥其培养学生交际能力的作用。

（二）布置课堂课后学习任务，以问题情境促学习

每节课开始时给学生布置当堂学习任务和结束时给学生布置课后学习任务是至关重要的，让学生带着任务欣赏和学习，这样可以达到较好的授课效果。由于有了一定的学习任务，学生在课堂上学习目的明确，就能够集中精力学习，避免开小差和不学习的弊端。比如，在欣赏《魔女宅急便》这部日本影视动漫节选的琪琪离家的片段时，提前给学生设定问题情境诸如琪琪几岁离家去修行、路上遇到什么人等问题，使得教学重点突出，目的明确。倘若影视材料配有汉语字幕，在欣赏前可以将超出学生学习范围的单词和句子以任务情境形式布置下去，欣赏完之后提问学生，通过这种互动学习达到语言学习的目的。另外，可以通过布置形式多样的课后任务，巩固课堂所学知识，如布置影视片段情景剧表演任务、影视片段字幕配音模仿、影视观后感写作等，寓教于乐，将课堂学习任务延展到课堂之外，激发学生的学习兴趣，挖掘学生的潜力，提高学生的日语交际能力。

（三）恰当运用字幕，发挥字幕在教学中的辅助作用

日本原声的影视视听材料，是视听说教学中理想的训练材料。字幕处理方式一般有四种：无字幕、日语字幕、汉语字幕、日汉双语字幕。情节简单、剧情生活化的剧目一般可

以采取无字幕，如《樱桃小丸子》电影版的家长参观日片段，采取无字幕播放，刺激学生的大脑思维，强化学生对所学知识的运用，并且通过耳濡目染剧中的人物语言、表情、动作，了解日本人的交际礼仪和家庭观念。重在培养学生的理解能力的泛听材料可以采用汉语字幕或者日语字幕，学生通过字幕的辅助，能更好地理解剧情大意，对于听懂材料内容具有积极的意义。剧情复杂、专业词汇多的影视材料，学生仅通过视听无法理解和欣赏，采用日汉双语字幕可以弥补学生听力的障碍，扩展学生的专业词汇量。因此，字幕的恰当运用对视听说教学具有重要的作用，不仅可以提高教学效率，还可以降低视听材料的难度，帮助学生克服惧怕心理。

日语视听说教学是日语语言和日本节化知识传授的重要途径。在视听说教学中为达到培养交际能力的目的，需要教师精心的设计和准备，教学中应注重学习影视材料中的语言并分析影视材料中所体现的人生观、价值观等文化内涵，并积极引导学生思考语言和文化现象，帮助学生理解和掌握视听材料内容，通过丰富多彩的教学方式激发学生的学习兴趣，提升学生的语言水平和文化内涵。另外，日语视听说教学仅利用课堂时间对学生进行日语交际能力的培养是有限的，应充分发挥和调动学生学习的主动性，并鼓励学生利用课堂之外的时间参加日语第二课堂活动，发挥好第二课堂对课堂教学的辅助作用，将课堂概念模糊化，形成课堂内课堂外学习的良好风气。通过不断的探索和改进，发挥日语视听说教学的作用，提高学生的交际能力。

第七节　间接言语行为理论和日语教学中的跨文化交际

塞尔提出的间接言语行为理论不仅是语用学的核心理论，也为日语教学中跨文化交际能力的培养提供了理论基础。将间接言语行为理论引入教学中，引导学生在特定语境中处理好语言的形式与功能、语言的得体性和准确性之间的关系，进而提高跨文化交际能力。

间接言语行为理论是语用学的核心理论，其实质就是语言交际双方如何在特定的语境中正确理解和使用话语。日语是一种间接语言行为高度发达的语言。对日语学习者而言，如果不能正确地理解和掌握日语的间接言语行为，就会频频出现信息表述错误和语用失误，导致交际失败。因此，在跨文化交际过程中，能否使用日语准确表达和理解日语间接言语行为是交际成败的关键因素之一。

本节简要论述间接言语行为理论，阐明日语间接言语行为的高语境文化背景，在此基础上从语言的形式与功能、得体性和准确性的关系角度探讨间接言语行为理论对跨文化交际中语言表述和语言理解的重要启示。

一、间接言语行为理论

日语疑问句除了实施询问语用功能之外，还能分别实施请求、邀请、申请、赞叹等语用功能。这指引在教学中，不仅仅要教授言语的表现形式，更重要的是让学生理解并掌握该语言形式的种种不同的语用功能。只有这样，学生才能在跨文化交流中恰当表述意图，准确理解对方所传达的信息，进行有效的跨文化交流。

二、日语间接言语行为产生的高语境文化背景

日本四面环海的独特自然环境使其长期处于一个高度封闭发展的社会状态，并且种族单一。正是在这样的自然环境和社会构成中，造就了日本人特有的心理特征，形成了"不喜欢直接表达，喜欢暧昧、含糊的表达方式""话语量少""允许逻辑上的跳跃"等日本人独特的语言表现特征，说话时委婉含蓄，给予听者以充分的空间去想象和理解话语。因此，日语是一种间接言语行为高度发达的语言。故而，日本人在交际中对语境有很高的依赖性，日本属于高语境文化。高语境文化交流中，只有少量信息直接出现在相互交流的话语中，说话者真正想要表达的意义大部分都隐含于不明确的语言信息中（如暗示等）或交际时的语境等非语言信息中。在交流过程中，期待听话人的理解能力，需要话语对象从上下文、语气、语境等因素中明辨话语人的言外之意。

三、间接言语行为理论对日语教学中跨文化交际能力培养的启示

语言和文化是相互依存、相互影响的统一体。在跨文化交际中，不同文化背景之间的人们在间接言语行为实施过程中必然存在差异，如果用本民族文化的准则和社会规范作为解释和评价文化人们行为的标准，必然造成跨文化交际失败。日语的间接言语行为高度发达，在与高语境文化环境中的日本人进行交际时，克服言语行为方面的文化差异，得体处理好语言的形式与功能、语言的得体性和准确性之间的关系成为跨文化交际成功的关键所在。下面从语言表述、理解两个层面探讨间接言语行为理论对日语教学中跨文化交际能力培养的重要启示。

（一）语言表述层面

一般而言，语言的结构和其功能间存在着某种对应关系。根据间接言语行为理论，一种语言结构并不仅仅用于表达某一功能，某一功能也并非只能通过一种语言结构来实施。

语言表达的准确性和得体性的统一，可以说是语言知识和交际能力的统一。由于日语"形合"的特点，日语的言语行为大都通过句法形式表现，并且日语间接言语行为高度发达。因此，日语中存在着大量多样化的表达间接言语行为的句型句式。在教学中，应该针对日语该特点，根据不同的交际目的对所收集的语料进行系统分类，归纳出日语不同交际功能

的间接言语行为模式，特别对规约性间接言语行为的类义句进行区别讲解。让学生深刻理解类义句的异同，以便学生在跨文化交流中能结合具体语境选择恰当的表达方式，达到有效跨文化交流的效果。

（二）语言理解层面

塞尔指出，在间接言语行为中，说话者通过依靠本人和听话者共有的语言和非语言的背景知识和信息，以及通过听话者合理的推理，向听话者传递出比说话者实际表述的话语更多的信息。塞尔所言及的语言和非语言的背景知识和信息就是我们所指的语境，言语行为都离不开语境。小泉保在《言外的语言学》中指出："同一个语言表达用在不同的语境中会产生各种各样的意义。换言之，语言表达只有和运用时的语境合为一体，才可能传达出真实生动的意义。"和日语规约性间接言语行为相比，日语非规约性间接言语行为的表现更为隐蔽和复杂，在句式结构和其功能的关系上无任何规律可循，需要在语境中才能理解。在言语行为理解中，语境分为"语言性语境"和"情境性语境"，前者指所使用的语言知识和对上下文的理解等，后者则指交际中出现在视野中的直接情景知识、社会文化背景等常识性知识。

与高语境文化背景的日本人进行跨文化交流时，更需要从对象语的文化背景、上下文、语气、表情、当时环境等因素中识别说话者的言外之意。其实，这并非真正的邀请行为，并不产生"邀请"的言外之意，只是说话人场面的应酬。如果客人真的去访问了，说话人反而会感到吃惊和尴尬。真正的邀请行为会有具体的时间、地点等内容。因此，在日语教学中，为了提高跨文化交际能力，首先，我们有必要给学生分析说明日语的高语境文化特征，使学生理解日本独特的文化风俗及特有的思维方式和表现心理；其次，可以通过对具体语料的语境分析、语境演示等方式指引学生重视语境，特别是关注语境下日语的非规约性间接言语行为的表现形式。以期达到学生能在多样化的语境下准确表达自己的意图，并能利用语境知识对对方的话语进行恰当推断，正确理解对方的言外之意⑯。

间接言语行为理论让我们不仅对话语的形式和交际功能有了更为深层次的理解，并对日语教学中跨文化交际能力的培养提供了理论基础和重要启示。在跨文化交际中，要正确处理语言形式与功能的关系，增强语境的辨识能力，理解汉日语的社会文化差异对间接言语使用的影响。这样才能准确得体地表达和理解话语，从而有效地实现跨文化交际。因此，日语教学中应注重以间接言语行为理论去指导教学，结合教材语料讲授相关的语用知识和日语的文化背景知识，以期加强学生的语用意识。并通过任务型等教学方式锻炼学生的交际能力和主动性，最终实现跨文化交际能力的提高。

---

⑯　史小华，龙臻.高校日语专业云计算辅助教学模式的探究［J］.南通纺织职业技术学院学报，2014，14（1）：105-108.

第七章 高校日语教育教学实践应用研究

第一节 新媒体在高校日语教学中的应用

新媒体教学是将最新的数字、网络和移动技术应用到教学领域的有益尝试。本节试从目前高校日语教学中存在的问题出发，结合新媒体教学的优势和新媒体教学在民营教育体制下所取得的经验，以新媒体应用在高校日语教学中的教改实践为契机，积极探讨微信、慕课、雨课堂这些新媒体在高等日语教学中的具体应用。

建立在计算机信息处理技术和网络互联技术之上的新媒体是当今社会信息来源的主要渠道，并逐渐成为人们获取知识、技能的重要方式。相比传统媒体，新媒体是报刊、广播、电视等传统媒体以后发展起来的新的媒体形态，是利用数字技术、网络技术、移动技术，通过互联网、无线通信网、卫星等渠道以及电脑、手机、数字电视机等终端，向用户提供信息和娱乐服务的传播形态和媒体形态。它在传播的时间和地域覆盖上，在文字、图片、声音和影像的应用广度、深度上都具有传统媒体所无法比拟的优势。更为重要的是，它呈现出新的科技发展趋势下的媒体的互动性功能和创新性功能。进入 21 世纪以来，外语教学朝向"以学习者为中心"的理性回归使得高校的外语工作者在教学的各个环节中不断引入更具有建构意义的教学理念。当今新媒体的使用情况和发展趋势无疑使其成为外语教学法改革研究的又一有力工具。日语教学作为国内继英语之后的第二大外语教学，长期以来在外语教学法的沿革过程中始终紧跟时代的发展步伐。笔者在其所任教的高校的教学改革中，试以新媒体应用融入教学实践的各个环节中，并通过相应的教学设计、教学实施和教学反馈对新媒体在日语教学中的应用做出全方位的总结和可具参考性的理论与实践评价。

日语作为国内外语教学的第二大语种，在传统纸质化的教学资源上存在很大的优势。日语教材，尤其是日语专业教材的系统配置还是比较完备的。但在教学资料充沛的环境下普遍存在有教学内容陈旧、重复、更新慢的弱点。以"日本概况"课程为例，传统教材只涉及百科普及性的日本介绍和相关常识，没有纳入对日本 21 世纪以来的社会、政经和文化的最新研究介绍以及更加深入的日语知识介绍。这样的教材难以满足学生在学习过程中日益增长的知识更新需求以及深化需求。

此外，和国内其他语种的外语教学一样，日语教学一贯以来存在重读、写、译，轻听、说的问题。而这一缺陷实际上又与外语教学过程中有关语言沟通能力培养的目的相违背。在目前的日语教学课堂上，"听"和"说"往往被割裂开来。以听说课为例，教师把大部分时间放在对听力材料的理解上。在传统的语音教室里，教师往往反复播放听力材料，注意对词句含义和句型构造的分析，旨在让所有学生能完成信息接收的听力训练。与此同时，也占据了大量课堂时间，难以保证课堂上的每位同学都能实现与课程目标相符的会话训练。

另外，尽管近些年来日语教学在教学法上有着各种形式的探索和研究，但仍旧是以教师为中心的知识传授形式。这种形式一方面受限于教师个人的知识量与讲课思维；另一方面，难以考虑到学生的个体接受能力并进一步满足他们的个体接受需求。事实上，当前高校学生的日语学习动机各异，早已超越了获取学分、进一步升学的传统需求。而存在于日语教学过程中的一些方法缺陷不仅降低了预期的教学效果，而且进一步挫败了处在语言学习初期和平台期的学生的学习积极性，这就造成了学生初期满怀激情的学习热情与后期消极乏怠的学习状态之间的强烈反差。

课程设置同样也是困扰日语教学效果提升的老问题。在传统的日语课程设置上，教师会将大部分时间放在基础日语和日语语法的教学上。基础知识的讲解在任何一门语言课程的教学安排中都占据着重要地位，但必须被控制在一定的时长和时效内。课堂上长时间反复讲解和大量的语法练习不仅占据了太多的教学时间，让其他课程安排难以实施，也给学生带来了枯燥乏味的学习体验，进一步挫伤了他们的学习积极性。

一、新媒体融入高校日语教学的理论可行性

从 2017 年的中国日语教育研究综述中的相关数据分析中可见，"利用网络资源的课堂教学研究、翻转课堂、微课、移动技术等，利用现代信息化手段的'互联网＋'模式日语课堂教学研究正悄然兴起"。新媒体教学是科技融入高校外语教育领域的必然结果和发展趋势。纵观目前全国的教育行业和教育市场，研发新媒体教学的科技企业日益增多，相关的科技手段不断得到提升，新媒体教学已经在新东方、好未来等多家民营教育企业里被铺展开来。在目前幼小教育和中小教育的私立教育市场，新媒体教学的应用带来了良好的教学效果，并已成为衡量各大私立教育企业的教学水平的重要参照标准。即便是在公立的中小学教育机构里，新媒体业已成督促学生学习，关联课上课下，联系教师、学生与家长之间沟通的重要辅助工具。与初级教育和中等教育相比，目前，高等教育的新媒体化还未被真正重视起来。但在其他教育领域里已应用的新媒体技术、已展开的新媒体实践、已获得的新媒体教学经验都是可以在高等教育新媒体化过程中被用来参考借鉴的。

从理论上讲，新媒体所带来的受众接受方式的改变更符合当下大学生的学习和生活习惯。它所带来的多媒体融合信息更符合青年人的审美情趣。区别于传统教学内容，新媒体所带来的强大数据库极大地丰富了学生的学习资源，带来了更强的选择性。新媒体教学带来的另一个优点是其教学形式的娱乐性。无论是 APP 学习平台的动画和情景设计，还是

以雨课堂为例的新媒体课堂教学管理中的弹幕和发红包功能，虽然是教学内容的辅助支持元素，却能在极大程度上调动学生的学习热情、积极性和参与度。另外，鉴于课堂教学时间的有限性和固定性，新媒体教学为学生带来了更为机动灵活的时间安排。新媒体将传统面授式课堂教学和以报刊、广播、电视为载体的传统多媒体教学有效地融合在一起。从本质上说，"数字新媒体的发展优于传统媒体的方面主要在于无国界性、即时性、互动性、多媒体和超文本链接，可以使受众享受到更加个性化的信息服务"。这一点与当下对"以学生为中心"的教学方式的强调和倡导有着相同的理论呼应。可以说新媒体已逐步通过现代技术将教育主体中教师与学生，教育时段上的课前、课中与课后，教育空间上的课上与课下、教育工具上的白板、手机与电脑，教育内容上的书本与课外，有效而紧密地连接在了一起。这种教学方式能有效地弥补传统课堂教学法和传统多媒体教学法的弊端，并在新媒体技术的不断创新、融合和推动下，成为今后教学改革和发展研究的一个重要方向。

二、新媒体在高校日语教学实践中的实施例证

在《国家中长期教育改革和发展规划纲要（2010—2020）》中，对当今教师就提出了这样的要求："提高教师应用信息技术水平，更新教学观念，改进教学方法，增强运用信息技术分析解决问题的能力。"正是在这一要求下，在笔者所在学校2018—2020年的教学改革实践中，我们试以新媒体融入当前的日语教学实践中，旨在提高我校目前的日语教学综合水平，提升日语学生的学习成效，锻炼日语教师将最新的科学信息技术应用到日常教学实践中来的能力。考虑到实践操作的初步性和实验例证的对比性，我们从2018级日语专业的三个班级中选出一个班级作为此次教改的对象。2018级日语专业二班一共有34名学生。该班学生人数比较多，学生的学习热情、学习能力和学习成绩在教改活动开展前的半年学习过程中皆表现为中等水平。在这之后的一学期的教改实践中，我们将新媒体技术下的微信、慕课和雨课堂应用到了该班的教学实践中。此外，为了保证教改实践的顺利实施，也为了改变学生的手机使用习惯，我们在此次的教改课堂上允许学生上课使用手机，但仅限于开启手机的学习功能。

（一）微信及微信公众平台在日语教学过程中的使用

微信已成为大学生日常生活必备的学习和生活工具。近年来，在微信公众平台上推出的各类日语学习公众号和小程序为广大日语学习者带来了丰富的教学资源和实践训练。在此次的教改活动中，除了利用已有的日语学习公众平台满足学生多样化的学习需求，我们的教改团队在整合各类日语学习资源的基础上，推出了符合本班教学需求的公众平台。在此平台上，我们完成了与课本知识相辅相成的教学资源的管理，并给出课本范围之外的自测练习和知识拓展延伸内容。例如，在该平台上我们推出了课本语法板块的可视化动画讲解，将书本上的大块语法内容分成小的动画知识点。这在一定程度上改变了学生对日语语法枯燥、难懂的成见，打破了学生的语法学习恐惧和抵触心理。通过微信公众平台的学习

辅助功能，2018级二班的学生在课后使用手机的过程中，比同级别的一班和三班的学生在相同时间总量里平均每天要多花去大约24%的时间用来进行日语学习。另外，此次教改活动考虑到"微信"强大的通讯交流功能，以及当下高校外语学习者普遍存在的"哑巴口语"现象，故而将"微信"提供的交流平台应用到我校日语学生的语言表达训练中。目前，日语班学生的日语会话课由日本老师任教。虽然有日语外教的现场带动和指导，但鉴于学生们普遍存在表述上的紧张困难以及每周只有两小节会话课的课堂时长限制，我们利用微信群聊平台建立了日语角。学生和中教、外教老师共同参与其中，并只能用日语进行语音、视频交流和文字信息传递。由于微信日语角的虚拟性、开放性和非时限性，学生参与其中的热情非常高涨。日语角搭建的聊天平台不仅成为他们向老师求教的新途径，也成为鼓励学生自己在日常生活表述中开口说日语的有力工具。它不仅拉近了学生和老师间的距离，锻炼了学生的口语表述，也开发了他们的日语思维。

（二）慕课在课后日语自主学习过程中的使用

作为一种新的在线课堂教学形式，慕课在中国这不到10年的迅猛发展中已成为传统课堂教学创新改革中的新动力和新手段。"慕课课程模式应用于高校日语课程改革中，能够有效促进日语课程资源的开发和利用，整合优质的日语教学资源，改变传统的日语教学方式，促进日语教学质量不断提升，对于日语人才的高质量输出具有重要意义。"另外，在目前的高校学习环境中，慕课已逐渐被广大学生所熟悉和接受。这些为此次教改中的慕课融入奠定了一定的理论、认知和操作基础。目前，笔者所在学校日语专业2018级二班开设的专业课程有日语精读（8学时/周）、日语听说（4学时/周）、日语能力实践（2学时/周）和日语会话（2学时/周）。尽管这些课程的设置符合基础日语教学阶段的任务要求，但很难照顾到学生在不同科目学习上的个性化时间配置，以及在学习内容上的个性化需求。因此，在这次的教改实践中，我们为学生找来相关课程的慕课资源，并为他们推荐能满足个性化需求的慕课课程。例如，在中国大学MOOC网上由西安交通大学团队录制的"大学日语""大学日语进阶篇"和"大学日语提高篇"，由电子科技大学团队录制的"日本节化解读"，由华东师范大学团队录制的"东亚文化视野下的日本语言文学"，由吉林大学团队录制的"中国文化的日本之旅"和由上海外国语大学团队录制的"中国传统音韵学"；以及在学堂在线精品课程网上由清华大学团队录制的"日语与日本节化"和"日语与日本节化进阶"、由暨南大学团队录制的"日语——自由自在日本行"和由天津外国语大学团队录制的"世界跨文化交流"。通过线上这些多样化的慕课资源，学生的学习时间不再受到限制，学习内容也更加丰富多彩。另外，为了对课后的慕课学习起到有效的督促和监管控制，我们要求2018级日语二班的学生至少选择以上列举慕课课程中的两门，并每两周向老师提交一次学习笔记。通过一定时间内的实践操作，我们发现学生的课后学习氛围更加浓郁，学习目的性和方向性也更加明确，一改过去课后不知道干什么，不知道学什么以及不知道怎么学等长期存在的老问题。通过慕课所带来的课后学习引导，二班学生的日语甚至语言知识面以及对日语知识的掌握程度均优于同级别的其他两个班级。

（三）雨课堂在日语课堂教学管理中的使用

雨课堂作为将 Word、PowerPoint、Excel、Windows player 等传统多媒体教学工具与 MOOC 视频、"微信"等新媒体教学工具融为一体的智能终端，已陆续出现在国内高校的教学课堂上。在此次的教改活动中，为了进一步发挥新媒体的课堂教学功效、管控广义教学过程、紧密联系线上和线下学习，我们首次将雨课堂教学工具应用到我们的教学中。首先，学生对雨课堂的教学形式非常感兴趣。它在一定程度上将学生从对手机的娱乐、通信功能的兴趣上转移到对其学习功能的兴趣上。其次，雨课堂能对课堂起到智能化的管控。例如，我们让学生自主参与签到，及时掌握班级的出勤率，并在课程进行过程中对学生进行有针对性的线上提问。再次，我们在雨课堂上提前给学生们发布预习资料、学习课件和课后习题，并进行线上答疑和辅导。这在一定程度上节约了学生的学习资源获取时间，提升了他们的课堂时效利用率。最后，我们每完成一个主题的教学单元，都会在雨课堂上进行分组讨论，集中解决这一学习过程中出现的问题。可以说，此次教改实践中的雨课堂应用不仅提升了教学效果，也在一定程度上改善了学生的新媒体应用习惯，是寓教于乐的一次有益的教学尝试。

通过笔者所在学校 2018 级日语专业二班在此次教改实践中的综合表现，我们观察到在将新媒体应用到日常教学活动之后，该班学生的学习热情明显高涨，学习形式也更为新颖有效。在各类型日语考试的班级综合排名中，二班平均成绩屡次位列第一。此外，通过一段时间的新媒体应用，二班学生的日语表达力和表达意愿与教改实践前相比以及与同级别的其他两个班级的学生相比有着明显的提升。可以说，此次的教改活动取得了预期的效果。它例证了微信、慕课、雨课堂这些新媒体工具能逐渐改变传统教学思维和教学模式，改变传统的师生课堂关系和课后联系，是提升教师教学效果、学生学习效果的有效途径。因而在实际教学过程中，我们要积极尝试新科技的教学功能，及时调整教学环节中的每个步骤，真正做到科技融入课堂的教学变革和"以学生为中心"的教学目的。

第二节　微课在高校二外日语教学中的应用

目前，微课作为一种新型教育理念及教学方法，正以良好的态势迅猛发展，掀起了教育界的变革。通过对微课特点的了解，结合高校日语教学的现状，论述微课在高校日语教学中的应用设想，旨在为提高教学质量做一些有益的探索。

我国高等教育自 20 世纪 90 年代末以来稳步迅速发展，已经实现了由"精英化"向"大众化"的转变。随着 1978 年后中日两国交流的日益频繁，日语专业在我国高校中被广泛设置。目前，在外语类专业中，已成为仅次于英语专业的"大语种"。基于此种情况，高校日语教学也在积极探索新的教学方法，把提高高校在校生的日语应用能力放在核心位置。随着信息社会的到来和信息新技术的发展，我国正在进入一个"微"时代，微信、微博、微小说、微电影等随处可见，微课作为一种全新的教学理念和教学方法，已经日益深入高校日语教学活动中。随着各省部级高校的积极推进，各种微课教学比赛、全国高校微课大赛、外语微课大赛等赛事正在如火如荼地举行，微课在国内教育领域蓬勃发展，受到教育工作者的普遍关注。在这种背景下，将微课与高校日语专业教学有机地结合起来，不但能够推进高校日语专业教学的信息化、资源化进程，更容易激发学生的学习兴趣，增强学习效果，使学生切实增强日语应用能力。

一、微课的概念和特点

"微课"是指按照新课程标准及教学实践要求，以视频为主要载体，记录教师在课堂内外教育教学过程中围绕某个知识点 (重点、难点、疑点) 或教学环节而开展的精彩教与学活动全过程。目前，国内对微课进行研究的专家学者有胡铁生、张一春、焦建利、郑小军、吴秉捡、黎加厚等。其中，张一春教授认为，"微课"是指为使学习者自主学习获得最佳效果，经过精心的信息化教学设计，以流媒体形式展示的围绕某个知识点或教学环节开展的简短、完整的教学活动。微课具有以下十大特征：

(1) 主持人讲授性。主持人可以出镜，可以话外音。

(2) 流媒体播放性。可以视频、动画等基于网络流媒体播放。

(3) 教学时间较短。5~10 分钟为宜，最少的 1~2 分钟，最长不宜超过 20 分钟。

(4) 教学内容较少。突出某个学科知识点或技能点。

(5) 资源容量小。适于基于移动设备的移动学习。

(6) 精致教学设计。完全的、精心的信息化教学设计。

(7) 经典示范案例。真实的、具体的、典型案例化的教与学情景。

(8) 自主学习为主。供学习者自主学习的课程，是一对一的学习。

(9) 制作简便实用。多种途径和设备制作，以实用为宗旨。

(10) 配套相关材料。微课需要配套相关的练习、资源及评价方法。

张一春教授在此基础上，还从宏观上总结出微课具有"四微"特点：

(1) 微课"位微不卑"。微课虽然短小，比不上一般课程宏大丰富，但是它意义非凡，效果明显，是一个非常重要的教学资源。

(2) 微课"课微不小"。微课虽然短小，但它的知识内涵和教学意义非常大，有时一个短小微课比几十节课都有用。

(3) 微课"步微不慢"。微课都是小步子原则，一个微课讲解一两个知识点，看似很慢，但稳步推进，实际速度并不慢。

(4) 微课"效微不薄"。微课有积少成多、聚沙成塔的作用，通过不断的微知识、微学习，从而达到大道理、大智慧。

目前，我国高校的日语专业学生基本上都是日语"零起点"，他们上大学前基本上尚未系统地学习过日语，所以进入大学后，要在 4 年的时间内达到日语熟练的水平，任务较为繁重。我国高校日语专业在学生大一开始就设置基础日语课程教学，仅仅是基础日语这一门课程就达到周学时 8~10 节。另外，还有与之辅助的其他"听、说、读、写、译"各项课程。学生刚刚从高考的压力中释放出来，继而又投入一门新的语言环境中去，往往无从适应。加之对日语专业及语言学习缺乏了解，如果在开始发音基础阶段跟不上进度，就会严重打击学生的日语学习兴趣和积极性。

在我国高校的其他专业教学中，很多都已经采取形式多样的多媒体教学。由于日语专业属于小语种，教学网络资源和可用的信息化手段相对较少，所以在专业日语的教学上往往采取教师利用黑板、粉笔或者 Word 以及 PPT 文档罗列单词、例句的模式，教学手段相对较为单一、落后。长此以往，学生的学习兴趣自然降低，教师的教学积极性也会受挫，难以达到培养学生良好学习能力的目的。

在对学生的考查形式上，大多数高校日语专业教师往往采取闭卷考核的形式，考试题型也往往是给汉字标假名，给假名标日语汉字，外来语、词组、语法选择、阅读理解以及日汉翻译等。平时给学生留的作业，也是默写单词、背诵、日汉互译等。虽说在基础日语学习阶段，这些基本功的语言训练必不可少，但是在 4 年的日语学习中，总是如此，既容易打击学生的学习积极性，又无法综合全面地考查学生的实际日语应用能力。

二、微课在高校日语教学中的应用

（一）可行性分析

基于上述微课的特点和我国高校日语教学的现状，为了提高学生的学习兴趣和自主学习能力，提升日语教师的教学能力，促进日语教学与现代信息技术手段的融合，将微课运用到高校日语教学中势在必行。

首先，学生的自主学习能力可以支持微课学习。据我国学者调查统计，目前的高校在校大学生中，6% 的学生能够自觉独立自主地学习，28% 的学生在想学习的时候可以独立自主学习，42% 的学生在无人打扰和没有烦心事的时候能够用心学习，只有 24% 的学生易受外界干扰、自学能力较差。总体来说，我国的高校学生自主学习能力现状能够支持微课的学习。

其次，日语专业师资情况具备将微课应用到高校日语教学的条件。目前，我国高校日语教师队伍中，青年教师是主力军，他们都具有高校教师资格证，具备较好的计算机网络及信息技术应用能力，并且很多都具有留学或者访学的经验，善于接受新事物，还积极参与各级各项教学改革项目，具有较强的创新意识。这些为微课在高校日语教学中的应用奠定了良好的人力资源基础。

最后，网络基础和通信设备的发展为微课学习提供了技术资源支持。随着科技的发展，生活水平的提高，现在的高校在校生几乎人人拥有一部智能手机。再加上网络通信技术的蓬勃发展，利用智能手机及 iPad 等移动终端设备，获取各类信息与知识已成为当今高校学生的现状。微课以"短小精悍""主题突出"，通过流媒体播放为特点，非常适合高校学生利用碎片化的时间，基于移动设备进行移动性学习。

（二）实践性探索

据心理学的调查统计，学生注意力的高度集中一般能够保持在 10 分钟左右，这是能够达到最佳学习效果的"黄金点"。相对于传统课堂教学的 45 分钟，微课可以在 5~15 分钟内，有力地占据学生注意力的"黄金点"，从而有效地提高课堂效率，保证学生学习质量。下面就微课在高校日语教学中哪些环节可以应用，做进一步具体的探讨。

1. 复习环节

由于现阶段我国高校的基础日语课在大一、大二阶段往往是周学时为 10 左右，即每天基本上都要上两节课。在新的知识点学习之前，教师通常对前一天所学的重点难点内容进行复习。如果一味地采用默写单词例句、口头强调重点、背诵或者日汉互译的方式，势必会令学生感到枯燥，缺乏新鲜感。所以在日语专业教学中，根据教学内容和要求，教师可以采用翻转课堂的形式，制作一些复习旧课的微课视频，作为课堂教学的辅助，让学生课后观看学习，对所学的知识点进行巩固。尤其是日语学习中的大量相近难点语法，学生都可以通过这种方式进行复习。如武汉科技大学城市学院方兰老师的作品《机器猫的"敬语"大测试》，以机器猫为主人公，带领大家复习日语敬语的知识点，采取对易错点找错进行晋级冲关的游戏，对易错点进行分析，并且讲解避免其错误的技巧，从而达到让学生边复习边自我检测，学有所乐，学有所得的效果。

2. 导入环节

语言是文化的重要载体，语言本身亦是文化的一部分，体现了各民族独特的社会文化背景。大学日语教学也要求教师要注意培养学生的跨文化交际能力，不但要使日语专业的学生掌握日语这门语言，而且要了解学习日本节化。尤其是我国现阶段的基础日语、高级日语的课文，日语泛读、阅读的材料，往往要求学生有一定的日本节化背景，方可顺利进行。在这种情况下，教师可以利用精美的视频和图片，根据新课主题设计问题，制作导入材料型微课，在课堂一开始就吸引学生的注意力，让学生观看，激发其浓厚的学习兴趣。如西华大学杨清老师的微课作品《从「まあまあ」看到的日本人的心理》，就利用通过播放动画片《机器猫》中"息怒棒"这一小段视频，结合课文中的问题进行提问，引起学生对这一课内容的学习兴趣。在此基础上导入课文，进行语言点以及背景文化的讲解，从而顺利地进入高级日语精读课文的学习。

3. 课堂教学环节

在高校日语专业的教学中，由于学生的语言水平、专业知识的限制及文化的差异，有一些较难理解的知识点使学生颇为费解。这时，如果教师只是一味地用语言、板书、文字来讲解，就很难有效地达到教学目的。为了达到良好的教学效果，教师可以在课堂上让学生在充分思考讨论后，观看微课视频，使学生对难点知识有更加直观的认识。例如，在进行单词讲解时，相近的拟声拟态词一直是讲授的重点及难点，如果只是用汉语或者日语解释，很难让学生搞清楚其用法。笔者在一次讲课时，对于"うきうき、わくわく、どきどき"这几个表示高兴的拟声拟态词的用法及区别，让学生首先自己动手查字典，采取分组讨论的形式自己进行理解说明。然后给学生观看大连理工大学毕杨老师的微课作品《嬉しさを表す擬態語—うきうき、わくわく、どきどき》，最后，再进行归纳总结。该微课作品大量引入图像、动画和影视等多模态手段进行近义拟态词的讲解和辨析，让学生从直观上对相近拟态词有一个较为清晰的印象，时长也只有7分多钟，达到了在最短的时间内，让学生清晰掌握这三个词用法区别的目的，收到了较好的教学效果。

另外，在讲解日本古典文学中的"妖艳美"时，对这个概念很难用精确的对应汉语词汇讲清楚，并且由于中日两国文化、文学及审美差异，加之讲解时都是日本文学、文化的专业术语，学生往往听得似懂非懂，一头雾水。苏州大学李东军老师的微课作品《〈新古今和歌集〉的妖艳美》，就妖艳美的定义、美学风格、时代风格，通过举例说明加以介绍。最后将妖艳美的美学特点概括为：具有感伤主义色彩的时代风格，具有的象征性、情绪性、梦幻般、绘画般等美学特点。该微课只有短短10分钟左右，内容非常适合日语专业的高年级学生学习日本节学时观看。虽然主要使用日语讲解，但配有中文字幕，利用图片、动漫、歌曲、俳句及视频等多种形式，让学生直观清晰地了解日本古典文学常识。

4. 拓展练习环节

教师在完成课堂教学后，可以预留一些拓展微课供学生课后学习观看。这些微课视频可以是对本次课程的相关专业知识扩展延伸，引导学生扩展知识，对重点进行总结。如在讲授日语助词"で"表示地点的相关用法后，也可以给学生留下观看湘潭大学刘点老师的微课作品《場所を表す「に」と「で」の使い分け（表示场所的"に"和"で"的区别）》的作业。让学生在8分钟的微课程中，通过精心选取的具有代表性的例句，配以适当表格及PPT动画效果的展示，逐步梳理出表示场所地点时"に"和"で"的区别和使用规律。通过此微课程的学习，学生能够更为直观、形象地理解并掌握"に"和"で"的区别和使用规律，减少在日语表达上的错误与不自然，提高日语运用能力，扩展学生的知识面。

另外，教师在给学生布置作业时，可以让他们课后分组进行一些对话练习及表演，自己用手机制作简单视频交给教师，教师看后进行点评并一一指导。这样相对于传统单一的背诵及练习，一是可以节约课上教师检查学生作业的时间；二是更能激发学生的学习积极性及创造性，能够更好地真正掌握日语，达到一举多得的目的。

5. 预习环节

教师在进入新知识的学习之前，通常会在上一次课结束的时候，留下让学生课前预习的作业。此时，教师可以向学生推荐与下节课重点知识点相关的微课视频，让学生利用课余时间自主观看、学习。这样预留的微课视频作业，有利于引导学生自主学习。在讲授新课时，教师就可以有效地节约课堂时间，采取翻转课堂的形式，在新课课堂教学中对学生自主学习时的难点进行答疑解惑，对新知识的重点进一步强调、归纳、拓展，起到良好的教学效果。此种形式特别适合高校基础日语教学，学生在日语入门后对一些系统语法知识的教学。如在进行日语中表示愿望的语法讲解课之前，可以让学生作为作业，事先观看常州工学院李哲老师的微课作品《小丸子的梦——愿望的表达方式》，预习新课。在第二天的课堂教学中，教师采用翻转课堂的形式，直接对学生预习时产生的问题进行解答，并通过进一步归纳、讲解、练习，强调日语中愿望各种表达方式的难点重点，达到事半功倍的效果。

综上所述，将微课这一崭新的教学方法，通过现代化的信息技术手段，在高校日语教学的复习、导入、课堂教学、扩展练习和预习等各个教学环节进行应用，对全面推进我国高校日语专业的教学改革，提升教育质量，具有深远的意义。另外，对引导学生自主学习、提高学习积极性，培养适合社会需求的、具有较好日语应用能力的复合型、应用型人才，也具有实际意义。

第三节　混合式教学在高校日语教学中的应用

在当前中日经济往来不断深化的情况下，对日语人才的需求也在不断增加，同时，对日语人才的专业技能提出了更高要求，这就要求高校在开展日语教学中，必须要采取有效的教学手段，提升教学水平。混合式教学作为一种新的教学方式，能够将各种教学手段的优势发挥出来，实现整体教学水平的提升，为学生提供更为优质的教学服务。因此，通过在高校日语教学当中应用混合式教学，能够更好地实现整体教学理念的革新，增强课堂教学效果的有效性，提升学生的专业技能，为以后的学习与工作打下良好基础。

随着教学体制改革的不断深化，对于高校教学模式的创新提出了更多的要求。特别是在信息技术与多媒体技术快速发展的过程中，高校教学模式迎来了新的发展机遇，基于大型开放式网络课程引发的混合式教学模式，受到了广大高校的关注。混合式教学模式实现了数字化教学与传统教学的融合，能够发挥各自的优势，实现学生学习效率的提升。教师借助网络信息技术，能够开展线上备课、批改作业及答疑等教学活动，学生在课堂学习之外，也可以利用课下时间进行在线学习。所以在当前的高校日语教学中，教师要积极地发挥混合式教学模式的优势，从而为学生提供一种全新的教学服务，实现整体教学水平的提升。

一、混合式教学模式的内涵与特点

（一）混合式教学模式的内涵

从 2012 年开始，混合式教学模式中的 MOOC 得到快速发展，在国内外各大教学平台中得到广泛应用，在这种情况下，混合式教学模式的应用范围得到了极大拓展。混合式教学模式是在传统教学模式与数字化教学模式实现有机融合以后，形成的一种新的教学模式。通过借助混合式教学模式的优势，能够改变传统教学模式中存在的一些缺陷，不仅强调整个教学过程中的"教"，同时也对"学"进行了重点延伸。在采用这种教学模式的过程中，不再是简单地进行学科知识的教学工作，而是需要从整体的层面，对学科进行多角度的讲解，帮助学生对学科知识形成更好的理解，实现学习能力的提升。在混合式教学模式中，能够更好地引导学生进行自主学习，通过教师的引导，激发学生的学习兴趣。

（二）混合式教学模式的特点

混合式教学模式建立在网络信息技术基础之上，通过视频课件的方式，向学生展示课堂内容。作为一种传统课堂的延伸，这种教学模式能够借助教学平台及课程体系等，提供全方位的教学工作。混合式教学模式的特点表现为互动性、规模性、开放性、新颖性等。这些特点之间存在着一定的联系，在混合式教学模式中，课程结构与内容的设计从教师为中心转移到学生层面上，学生能够借助互联网技术，自主选择学习内容。同时，结合教师授课内容，实现两者之间的有效融合，从而改善了学生自主学习的能力，体现了教学课程中的开放性与延伸性。

二、混合式教学模式在高校日语教学中的可行性分析

共性分析。高校开展的混合式教学模式，建构主义、以人为本、认知主义是其存在的基础，同时也符合高校日语教学的本质内涵，两者之间存在很大的共性。在以人为本理念的要求下，需要为学生提供更好的学习与成长环境，提升受教育水平，根据学生的实际情况，进行课程计划的设置，从而实现学生学习兴趣与知识的有机融合，提升学生的自主学习能力。认知主义与建构主义，作为两种系统概念的理论，重点在于实现教学目标、过程、方法的协调统一，从而增强学生的创新创造力与自主性。

互补分析。从当前高校日语教学工作的开展情况来看，混合式教学模式应用中的互补分析主要体现在两方面，即内部层次与外部层次。在外部层次中，能够从资源、环境与学习方式展开，尽管高校作为一个开放式的学习环境，能够为学生提供更好的学习条件，但是受到空间、时间等因素的限制，这种开放性存在一定的局限。特别是在日语教学中，学生缺乏日语交流的机会，影响了自身的实践能力，而借助混合式教学模式，能够构建一个互补机制，不仅能够打破时间与空间的限制，同时，能够为其提供更多的实践机会，提升

教学水平。从内部层面来看，两者之间的互补主要体现在需求的互补，在课程的不断推动下，能够重点分析学生对知识的掌握程度，从而以学生综合素养提升为目标，对课程设计进行补充。混合式教学模式能够从特点、形式以及结构等多方面，实现学生学习兴趣的激发，同时对学生学习思维模式进行调整，更好地增强师生之间、学生之间的互动性，改善学习效果。

三、混合式教学模式在高校日语教学中的应用

贯彻教学始终。在当前高校日语教学中，必须要将混合式教学模式贯彻到教学全过程中，从教学目标开始，到教学过程实施及完成教学，必须将混合式教学模式的作用充分发挥出来。在进行日语教学目标设定的过程中，需要从学生的实际情况出发，以学生为主体，对学生的个性与共性进行全面分析，从而更好地提升教学水平。在这一过程中，需要充分地发挥出学生的主观能动性，通过让学生自主进行教学内容的选择，参与到教学内容设计，实现学生综合能力的提升。借助混合制教学的优势，对教学情境进行优化，设计符合学生发展的教学方案，从而提升学生的创造性思维。

开展混合模式。在开展日语教学中，需要从学科课程出发，结合内外知识与学习进行完善，实现理性与感性的结合，开展综合应用。从混合式教学模式的特点来看，需要保证混合式教学模式的完整性，从教学资源、方式及环境等多角度出发，理清整体教学思路，从而开展多元化的资源教学模式。通过实现课堂讲授与课堂资源的拓展，利用超星资源，实施教学模式。与此同时，利用翻转课堂的方式及学习小组汇报的手段，强化师生交流，提升资源共享效率，为学生提供更为优质的日语教学服务。在翻转课堂教学模式下，能够让学生借助超星学习通等资源，开展课前自学，从而实现课堂效率的提升，改善教学效果。

延伸教学内涵。在高校开展日语教学的过程中，需要对混合式教学模式的实施进程进行有效的划分，包括感性阶段、理性阶段及综合阶段，营造良好的教学环境氛围，从而做到因材施教，提升教学水平。通过对教学内涵进行延伸，更好地引导学生参与到教学过程中，为学生提供更多日语交流的机会，实现学生理论知识与实践能力的全方位提升。在这一过程中，教师需要对学生的学习过程进行有效的监督与管理，从而引导学生在正常的方向上进行延伸，实现学生自主学习能力的提高。

在当前的高校日语教学工作中，通过采用混合式教学的方法，不仅能够提升学生的学习效率，还能为学生创造更好的实践机会，从而提高学生的逻辑思维及解决问题能力。在此后的教学工作中，需要对教学模式以及教学方法进行完善，为学生营造更好的学习环境，创造良好的学习机会，将混合式教学模式的优势发挥出来，实现学生学习积极性的提升。

第四节　全语言思路在高校日语教学中的应用

随着中国和日本的商务交往越来越频繁，社会对多功能日语人才的需求越来越大，所以如何让日语专业的学生符合社会的需要，就需要各大高校从教学现状进行解析。本节主要是从全语言思路指导下的日语教学模式进行探究，并分析全语言思路是如何在高校日语教学中运用的。

高校在培养学生学习日语时，主要是培养他们在日语这一语言的阅读能力，让学生能够把日语运用得像母语一样熟练，也就是说把日语作为一种交流的工具，高校的日语教学就是要给学生熟练运用日语能力做好坚实的根基，比如培养学生的日语翻译能力、听力能力和日语交流的能力时需要给学生提供哪些基础的课程。改革开放之后，我国的教育部就针对高校日语制定了详细的教学大纲。但是随着国际交流越来越密切，日语的教学越来越不能使社会的需求得到充分的供给，所以激烈的就业环境就需要高校对学生提供更高的结业要求，现在的日语教学完全不能满足社会对日语人才的需求，也使得日语专业的学生很难和人才市场进行良性的互动。主要原因有以下几点：

教学资源内容陈旧。对日语教学来说，各大高校都面临着这样的现状，就是日语教学的教材比较单一，更新的速度较慢，很多学生在进入高校的时候就已经在电视和网络上对日语有一定的了解，而日语教材却没有把这个因素考虑进去，导致高校的教材只是在对学生进行重复教育，而现在的日语知识点教材却没有把重要的知识点进行突出。尤其是现在很多学校都有些浮躁的心理，为了更大范围地招生，把日语专业进行不合理的细分，导致原本较为完整的日语教学系统被打破，这导致很多不同的日语专业所教的内容都是重复的，这就让日语专业的学生的基础不能得到巩固，更糟糕的是有些日语相关专业课程安排很不合理，导致学生在日语学习时语言能力没有得到实质性的改善。这些教学安排都会严重阻碍学生语言交流和实际应变能力的发展。最为关键的是各大高校认为日语是一门小语种，所以在教学资源的投资上力度不是很大，严重轻视日语。这种态度也导致了学生在学习日语时积极性不是很高。而且在教学的过程中，很多高校的日语老师不够专业，出现偷工减料的情况。所以各大高校应该高度重视日语教学，尽可能将日语的教学资源和教学力量做到完美，尤其是要把日语教学放在正确的教学位置上。

日语教学的定位存在偏差。在很多高校，在对日语教学的定位上，有的老师为了让学生的卷面成绩好看，过分地看重学生对基础知识的记忆，所以日语老师也就会着重强调对日语教材知识的讲解，这是一种本末倒置的教学方式。考试成绩并不能全面代表学生对日语的学习情况，语言学的培养需要注重学生的综合能力和职业素养的培养，如果知识是片面的，而且是通过死记硬背的方式来学习日语的话，就会让日语专业的学生缺乏学习日语的动力，也会让学生养成应付考试的心态去学习日语。思想和日语教学的真正目标相反，日语教学的目标是让学生可以通过自己的所学应对日语对话，真正处理实际的日语交流问题。而且当前的日语教学模式也制约着日语的教学效果，使得日语的教学跟不上社会发展的需要。尤其处在中国这种以应试教育模式为主的高校日语教学的环境下，每个学生学习日语的目的都是多样的、与众不同的，有的学生是为了以后的就业，有的学生仅仅是为了多修一点学分，而有的学生学习日语是为了更好地观看日本动漫和歌曲，还有的学生是为了更好地接触日本的经济和文化，所以这种日语学习目标多样的教学环境，导致了我们国家在日语教学上的困难。

日语专业的师资队伍落后。在现在的社会就业环境下，复合型的和多功能的日语专业人才更能够受到大型企业的青睐。而且最近几年我们国家和日本的商务来往越来越频繁，所以对于日语专业的人才需求量在不断增大，但是现在的高校在聘请日语老师时，由于很多老师的教学经验很少，而且日语老师的来源也比较单一，一般都是高校刚毕业的硕士研究生，这些老师普遍不具备作为老师的职业素养，因为他们没有经过正规的高校教学的考核，所以和那些优秀的日语老师有很大的差距。年轻的日语老师除了没有经验之外，由于对日语教学的工作不是很熟练，所以他们需要更多的时间在完成日语教学工作上，没有时间去出国进行交流和深造。因此，我们国家的日语教学水平依旧处在一个较低的专业水平上。

一、国外关于全语言的研究

国外对全语言的定义是：全语言教育是一种视儿童语言发展和语言学习为整体的思维方式。国外的语言学家认为，语言是具有整体性的，所以语意、语形和语用都是不可分割的整体。所以在学习语言的时候，最先要认识语言的完整性，才能了解释部分与整体以及整体中各部分之间的关系。他们认为语言教学的理论与外语教学的理念是相同的，因此，在教学的过程中，需要时刻与教学的大纲相靠近，特别是需要突出学生在学习语言时的主体地位，对学生要因材施教，也要采用真实的教学材料，这样才能让学生明白学习语言的真正意义和语言所带来的好处。要反对应试教学的方式，在语言学的教学中要看重学生听说读写的能力，让学生在语言学的学习中各种技能都能得到发展，也就是维持语言学习的平衡性。有一个国外的语言学家对个别的老师进行由传统教学转换成系统性语言教学的变化研究，在这个转变中，老师和学生都发生了很大的变化：学生方面，学生成绩得到提高，在写作和阅读方面的能力得到很大的提高，参加活动的热情也得到了激发，而且学会了独立思考和工作。尤其是具备判断是非的能力，也更加有主见。老师方面，老师通过用不同的方式取得课堂的相对主动权，在教学上也更加有批判思维，而且也能相对做出新的决定，对语言教学的看法也有所改变。还有一个国外的专家探讨全语言教学思路指导下的教学法和传统教学理念，研究的对象是以老师为主，主要探讨的是课程、教学、学习、教师的评价在两种不同的教学模式卜有怎样的不同，从而得出较为优秀的教学模式。语言活动对于语言学习的功能性是很有必要的，也是很有成效的。这就是全语言思路所强调的语言活动的本质，而且有研究表明，在全语言思路指导下的语言教学方法对于学生的书面表达和口语表达方面都有很大的促进作用。

二、国内学者对于全语言思路的认识

我们国家对全语言的认识，主要因为在字面上有"语言"两个字，所以我国的语言学者就把全语言理解为与语言教学有关的事物。但是事实上，全语言的关键在于一个"全"字，主要是指教师、学生、学习、课程、语言和教学等各个方面都有涉及。老师和学生的"全"主要是指师生的整体发展、需求、能力和习惯的学习方法，还有他们所处的社会、文化以及他们的生活背景形成的学习经验。所谓学习的"全"主要是指语言学习要从整体来看，因为语言的学习和其他的学习要相辅相成。而语言的"全"主要是指语言的整体性，对口语、书面语、语言的情景和一些相关的社会情景都是整体运行的。教学和课程的"全"主要是指学习所采用的组织方式和策略导向。总的来说，就是全语言把学生和老师作为一个整体，在完整的情景中，把语言作为主要的存在，学习与之相关的事物。

三、有关全语言思路下高校日语教学的研究

对于全语言的运用，不仅在第一语言的教学中有所运用，在日语的教学中也会采用以全语言思路为导向的日语教学方式。在安吉尔的研究中，以大一的学生为研究对象，研究他们在全语言思路的指导下，日语的教学课堂发生了哪些改变和发展。通过对教师的工作样本、学生的观察记录和师生访谈记录等各种资料的收集，得出了研究结果，结果显示，几乎所有的实验对象，他们在日语的学习中都获得了比较好的写作技巧和阅读能力，学习的意愿也得到广泛的提升，尤其是学习态度的改观，在学习的过程中学会了主动学习也学会了自我尊重。全语言思路是让实验对象发生这些变化的关键。在使用全语言思路之后老师也发生了很大的改变，比如老师转变了传统的教学方式和教学思想，通过全语言思路的引进，也让日语老师对自己的工作有全新的认识，也在一定程度上让他们的工作积极性得到了提高。所以可以得出以下结论，全语言思路的指导可以让日语教学课堂具备更多的积极性和主动性，且让学生和老师都发生了巨大的改变。

四、全语言思路对高校日语教学改革的启示

创设轻松的大学日语的语言教学环境。在我国，传统的日语学习环境是比较单一的，而且在学习日语时，大部分是运用教材这个单一的输入渠道。而从这种渠道中学习所能获得信息是不足的，信息也是比较陈旧的。在全语言思路的课堂中，日语老师所用的教材应该是日语环境中日常生活中真实存在的生动且题材足够新颖的最新资料。比如最新的网络

报刊和娱乐文化资讯以及与日本节化息息相关的旅游指南。通过这些日语信息更新较为正规且正确的资料，来让学生尽可能接近日语的真实原貌且能真正感受到日语的语感。除此之外，老师在日语的教学中尽可能使用计算机技术，比如可以通过多媒体教学，让日语专业的学生有一种语言交际的即视感，这种方式还可以让学习的趣味性更加浓厚，通过一些专业日语的情景剧，可以让日语专业的学生置身于真实的日语语言环境中。尤其是可以借助一些语言学习的 APP，通过在线学习，让学生可以在这个轻松的日语教学环境中，激发对日语的学习兴趣。

在高校日语教学中建立新型的关系。第一，要让有经验的教师根据社会的需要以及学生情况选择优秀的教材；第二，在日语的教学过程中，老师要从知识的灌输者转变为知识的指导者。同时，可以帮助学生在学习日语的时候制订学习计划，并且督促学生们完成他们的日语学习。学生方面，也要让他们从接受知识转变成主动学习知识，老师应该帮助学生在自己的日语水平的基础上选择与自己兴趣相关的学习方法并制定学习目标。

全语言思路改革着教学评估和考核手段。在国内很多高校都会把日语国际能力考试作为衡量日语能力的一个考核标准。但是在改革之后日语国际能力考试对于日语的运用能力更加突出。考核内容的变化需要随着每个阶段的教学内容、教学观念及对听说读写方面的要求而改变。除了考核方式，日语的教学评估也要在全语言思路下进行相应的变革。如果要充分贯彻全语言思路的原则，需要对日语教学进行全方位多角度的评价，这样才能对日语专业的学生进行全面的培养，高校在对日语教学的探索中需要保持高度的谨慎。合理的考核方式和评价方式可以让学生有更加积极的学习动机。

五、全语言的不全之处

虽然全语言思路指导下的日语课堂追求着学生对日语这门语言进行整体性的认识，但是这种整体性的认识需要学生具备和日语相关的常识和背景知识，这样的基础才能让学生解读一篇日语文章。尤其是在中国这种幅员辽阔的国家，很多地区的教育都存在很大的不同，特别是外语的基础更加不同，所以在针对日语文章的解读时也会千差万别。在强调以学生为主体地位的日语教学过程中，基础比较差的学生在自主学习的时候会有很多的困难，所以针对语言的纠错问题需要和学生的语言掌握水平相结合。

总的来说，在全语言思路下的日语教学可以让学生的口语和书面语的能力得到很大的改善，以及对学生的其他学习动机起到积极的作用，但也存在着一些不足，还需要继续进行探索。

第五节　体验式教学模式在高校日语教学中的应用

　　作为邻国，日本与我国有着广泛的政治、经济和文化交流。语言是两国之间交流的基础，因此，正确地用日语沟通是两国合作的前提。通过将体验式教学模型应用于日语教育中，学生就可以激发主动性来运用日语并塑造创造性思维。在一定的教学过程中，日语教师可以通过体验式教学模式来刺激学生的学习兴趣，创建学生的学习体验情况、协作对话、内部化知识建设和实践。对于特定的应用，日语教师还可以使用多媒体设备，将语言教育与科学实践活动相结合，并将日语教育与翻转课堂教育相结合，以提供日语的实践教育，从而提高日语教育的效果，体验式教学模式的应用需要不断改进。

　　从我国进入世界贸易组织以来，我国的经济已然和世界经济深深地结合在了一起。在世界 500 强公司中，第二大常用语言就是日语，所以说日语在全球经济中占有重要地位，熟悉使用外语是加深我们经济全球化的一项根本挑战，也是现代人才市场的必要条件。体验式教学模型是基于学生的学习和情绪认知特征，通过再现相同的情境或情绪，最大限度地减少课本内容，在体验中加深学生的理解并一步步让他们的认知能力得到进步，亲身体验的过程将让学生建立情感体验，这是一种非常高效的教学形式。我们强调学生参与课堂活动，它是师生之间、学生与学生之间的一种多方向的互动，这是一种促进学生心理功能全面协调发展的教育方法。因此，在日语课程的教学中，教师要重视体验式教育的进展与使用，为学生创造舒适的日语学习课堂气氛，这将有效提高大学日语的教育效果和水平。

一、什么是体验式教学

　　教育模式是一个相对稳定的教育活动结构框架，可以在特定的教育理念或基于丰富的教育工作经验的教育理论的指导下，实现特定的教育目标并承担特定的教育任务，确定要完成的教育活动程序。体验式教育模式可以定义为："教师以特定的理论为指导，故意创造教育环境，以此激发学生的情感，并引导学生认识和理解自己的知识。事实上知识得到了验证，学生就会成为真正的自由和独立的'完美人'，体验式教学就是这样的教育模式，具有情感和知识的统一性以及创新的实践。"体验式教育模型具有以下主要特征：设计教学方法和内容以适应学习者设计的实际需求；教师使用沟通技巧教授语言知识和现代教学方法，使学习者踊跃地参与到语言的运用中；学习如何创造性地使用学习者的语言；在课堂上学习各种有效的学习策略；学习如何使用这些策略。下课后，学习者组成队伍或小组进行学习，这种与他人合作的技能可以让他们征求学习的意见和增进学习情感，学习者还可以自己评估学习的进度并发现优点和缺点。

二、高校日语教学与体验式教学的联系

高校学生是现如今社会人才培养的重点，所以选择好的教学方式对于高校日语人才培养有着事半功倍的效果。

（一）增进师生之间的情感认知，并增强学生的日语意识

作为一种外语，日语对我们的学生来说是陌生的。学生是教育活动的主体，是人才培养的中心。在传统的以教师为中心的课堂形式中，学生被看作拥有独立思想的个体却老被忽略，每个学生对日语课程的学习都有自己独特的理解和认知。素质教育的目的是培养学生独立学习的能力，语言学习的目的是用作学习日常交流或者学习其他知识的工具，我们应该为学生增加在课堂上用日语交流的机会，而体验式课堂教育将使课堂更加轻松愉快。老师使用日语词汇来教学生进行日常日语对话并表达内心所想，通过在上课前设置互动的导入，学生可以充分利用上课时间并参与日语学习。这种体验式的教育模式极大地增强了学生学习英语的积极性，它也可以在师生互动过程中激发学生积极健康的情感体验，直接激励学生学习，并使学习活动让学生产生快乐和积极向上的情感，增进师生之间的理解和沟通。作为学生，老师是成长路上的引导者，是成长路上的朋友，这种教学模式加强了老师与学生之间的沟通，逐渐实现了老师与学生之间的精神融合，这将改善教师的日语教育效果。

（二）体验式教育可以锻炼学生的创造性思维

体验式教育通过进一步完善和处理社会和生活（包括角色扮演、榜样和课堂游戏）来影响学生。所有这些都对学生的学习产生了微妙的影响，因为它们将教育内容结合到了具体的形象中。换句话说，体验式教育中的某些情况提供了一些线索来调动人们的自然认知结构，通过思想的内部整合，人们要么获得灵感，要么创造新的认知结构。这种教学形式带来的线索在智慧的觉醒和启蒙中发挥了作用，在教育中运用体验式教育模式可以帮助学生发展创新思维。

（三）课堂小组合作，培养学生语言适应性

传统教室的庞大系统使教师很难考虑每个学生的学习情况。在与日本人接触之前，我们的学生很难对日本产生浓厚的兴趣。在新课程标准背景下，学生可以分为几个研究小组，在日语课上，小组每天就该主题进行交流，从而充分利用语法知识和日语词汇。这样，学生不仅习惯了交流过程中的日常表达，还可以学习其他学生所学到的知识。在增加学生的口语能力的基础上，人们的原始认知结构得到了充分动员，并且根据思维的创新融合，创造了不一样的认知结构，让学生互相监督，共同学习日语，共同提高水平。小组之间的交流提高了学生的语言能力和学习能力，并促进了学生的团结与合作。

三、体验式教学在高校运用的现状

（一）教材问题

根据调查，目前，在我国高校日本专业中使用的教科书通常是人民教育出版社出版的《标准日语》（上、下）。这本教科书近十年来一直没有更新或修订，不仅赶不上社会的前沿，而且在某些情况下人们的日常生活一直在向前发展，教材中的内容如果没有与时俱进会让对话产生矛盾感，大多数的课后练习都是传统的词汇和语法练习，缺少上下文对话练习。随着时间的流逝，由于教材的限制已大大减少了学生在课堂中的参与度并降低了学习兴趣。

（二）教师问题

首先，教师现在的教学方法较为枯燥。在课堂上，老师主要教语法知识和知识要点，这种以教师为中心的教学模式缺乏与学生的有效互动。学生是课堂上的被动参与者，不是真正的主动学习者。其次，日语会话课程中的教育内容缺乏真实性，老师安排学生根据课本中指定的主题模拟和练习上下文相关的对话。但是，这种情况模拟是基于知识点训练的目的和假设，没有一定的真实性。换句话说，进行这样的对话，只是为了交流或信息传递，这种方式对于鼓励学生学习日语并没有太大用处。在实际交流中，学生还可能面临无法灵活使用单词的情况。同时，日语属于一门小语言，因此，学校可能不会专注于日语专业，缺少教师是日语教育的重要障碍。与对教师有严格要求的英语专业不同，大多数学院和大学在招聘英语老师时都要求具有硕士学位，而本科生必须是211、985或其他名校毕业的，但是，日语老师的最低学历是大学本科。由于学校缺乏重视，对教师自身的要求低，许多教师的教育水平无法达到要求的高水平，直接影响了日语教育质量。

（三）学生问题

学生在课堂上是学习的主体。中国和日本的关系在近代历史上非常紧张与复杂，而在第二次世界大战当中，日本入侵中国并屠杀了很多中国人。第二次世界大战结束后，日本不面对历史的态度直接使中日两国关系变得更加复杂。近年来，日本传播"中国威胁论"的行为使两国关系复杂化和紧张，作为历史学习者的学生对日本抱有偏见。因此，许多学生在选择专业时不会考虑学习日语。另外，日语仅是大学提供的新学科，学生学习日语的基础较差，很难专心学习日语。在大学期间，许多学生将花费大量时间在英语四级和六级英语的考试上面，而不花大量时间和精力去学习日语。

四、体验式教学运用的操作过程

（一）增进互动并激发兴趣

兴趣是学习的明灯。在日语教学中，激发学生的学习兴趣不可忽视。同时，老师与学生之间良好的交流将会对学生的学习效率有提高的效果，加深他们对日语知识的理解。体验式教育模式的目的就是让学生对学习日语有兴趣，而对学生兴趣的激发则取决于教师的教学体系和教学设计。日语老师使用启发式教学法、情境教学法和其他方法，让学生可以参与到课堂活动中去，以便他们可以融入课堂并有真实的个人体验。可以在这种情况下大大增强学生之间以及老师与学生之间的交流，在课堂上，学生能够感受到自己的价值，并逐渐专注于日语学习中。

（二）创造情况

学习环境应有助于建立学生正在学习的内容的含义。因此，在体验式教育模型中，教育设计不仅应考虑教育目标，而且还应创造情境问题，并将情境创造用作教育设计之一。学习情境的创建应支持学生的不同学习方式，通常可以促进最佳学习效果，包括问题情境、任务情境、案例情境、讨论情境、成果情境等。在某些情况下，一节课在回头反思的时候会发现可能创造了各种各样的学习环境及良好的情绪环境。

（三）协作性对话

教导学生在创作过程中进行协作性对话是体验式教育的重要组成部分。协作式对话贯穿于体验式教育的整个过程中，学生必须使用协作式对话来有效地内化相关知识。体验式教学使教师可以通过小组教学方法教学生进行协作式对话，在小组合作中，教师需要充分调动学生的积极性和主动性，并发挥引导作用。这样可以确保教育始终是师生协作或者是学生与学生协作的。请注意，在此过程中，分组可以是固定的或者是灵活的，教师需要能够根据学生的具体情况随时协调小组成员，以便他们能够相互学习和互相促进。

（四）知识内部化，组成体系

学生在上一个环节中获得的认知基本上是感知性认知，其表达不够规范，可能存在缺陷。体验式日语教育模式的最后一个环节是知识的内部化和知识体系的构建。学到新的日语知识后学生将在情境中表达它，老师分析学生表达的内容，将其与所学内容关联起来，纠正他们对语言的误解并内化他们的知识。老师还需要创建学生反馈的摘要，以帮助学生建立自己的思想体系。学生将接受课堂培训，获得独特的经验，通过教师的解释加深对所学知识的了解，并通过教师的总结建立知识体系，实现传统教育模式无法实现的教育效果。因此，培养学生独立获得知识的能力至关重要。体验式教学模式使学生能够在整个学习过程中积极参与课堂活动并培养学习情绪、创新精神和实践能力。

五、体验式教学在高校日语教学中的运用策略

对于如何在高校日语教学中运用体验式教学以激发高校日语人才的培养，有以下几点建议可供参考：

（一）激发日语学习兴趣，打开日语人才培养大门

学生的好奇心和创造力紧密相连。我国的高校教师必须不断创造能够激发学生好奇心

和学习兴趣的教育环境。在语言学习过程中，学生无法立即提高其外语学习水平，学生需要保持对语言的高度兴趣，并继续每天学习以提高其日语水平。日语是一门全新的专业课程，学生入读大学后会与之接触。因此，在教学之初，教师需要激发学生的积极性，养成学习习惯，才能打开培养日语口语人才的大门。在日语课程的第一节课中，老师通常不应该热衷于讲授困难的"五十音图"，而是创造一种特定的情况来要求学生说出他们对日本和日本的印象，激发好奇心。之后，使用多媒体向学生展示日本文化、日本风俗、人文特征以及日语知识的特点，在整个过程中渗透学习日语并不难的观点，并激发学生的兴趣。在解释日本文化、习俗和历史的过程中，教师可以穿插一些与语言有关的文化背景，以激发他们对日语的兴趣并加深他们对日语的印象。它扩大了所学知识的范围，并防止了学习过程中由于文化差异而引起的一些实际错误，从而提高了学生的跨文化交流能力。

（二）充分利用多媒体设备

多媒体是指可以将图像、声音、动画、文本等有机地组合在一起的信息载体。它多样化的表达形式使我们能够将抽象的课本知识具体化、可视化和可直观化。因此，将多媒体设备应用到体验式教育过程中不仅使建造出来的情境更具吸引力，而且可以调动学生参与进来，加深学生在体验过程中的情感投入，减轻班级学习紧张的问题。高素质日语人才是通过多样的教学方式培养出来的，所以教师可以在日语教学中多多用到多媒体教学方法。例如，在创建接待场景的过程中，教师直接使用多媒体教学方法向学生展示接待人员接待的情况，然后将学生带到这种情况下组织体验活动。请注意，多媒体教学法在某种程度上增加了学生的"依赖性"。这与语言教育中强调的举措和创新背道而驰。因此，在体验式教学中多媒体设备充当的角色很重要，同时，应有意识地把多媒体方法与其他教育方法相结合。

（三）领导课堂上的协作讨论，为社会人才打下基础

想要培养日语人才，合作教育是不可避免的，因为在社会中没有人是孤立存在的，都需要同伴之间的相互合作来完成工作。众所周知，对话在外语学习中的重要性要求教师在学生之间组织尽可能多的对话学习，并在协作学习过程中引导他们，这能帮助学生进行知识的建立和发展。此过程使学生可以分组学习，小组学习是将班级中的学生分为小组并一起学习，小组中的学生交换信息，包括从问题和答案到最终的教育结果。小组中的学生主要需要提出和解决问题，在此过程中，教师必须小心"隐藏"自己，去强调学生的主体性；分组可以是固定的或灵活的，简而言之，它必须有助于实现教育目标。在此过程中，教师可以鼓励学生进行诸如表演、对话和主题讨论之类的形式，以激发兴趣，纠正错误并改善知识结构。

在新课程改革的大背景下，高校日语教学的体验式教学模式不仅增强了课堂上师生之间的知识传递，而且促进了师生之间感情的交流与互动，可以获得双向的情感体验和情感交流。这将使大学教师更加关注使用日语的学生的整体发展，在教室中精心设置师生互动

环节，增加学生对日语口语对话的参与度，营造良好的日语学习校园氛围，有效地提高高校日语人才培养的效率和水平。

第六节　多模态教学在高校日语听力教学中的应用

日语听力教学是一种多模态的学习过程，既要通过听觉、视觉等对语言知识的学习，又要掌握相应的语言技能。多模态教学模式坚持互动性与学生主体性的原则，具有灵活多样的教学手段，重视教学内容的实践性、评价方式的多元化等特征，该模式应用于日语听力教学，可以使学生的各种语言感官同时受到刺激，大大提高日语听力学习效率。

在目前的日语听力教学过程中，教师虽然采用了多媒体教学，也尽可能将课外听力资源转移到课堂上，调动学生日语听力学习积极性，但是教学模式单一，难以实现学生与机器或者学生与教师之间的双向互动交流。部分学生在日语练习时感到紧张、焦虑，在听解表达中常常出现汉语思维方式，再加上缺乏有效的课下听力学习的监督等，导致日语听力课程教学效果不理想。

多模态话语分析理论于 20 世纪 90 年代在西方国家兴起。西方诸多学者，如 Butler&Mau，Jr；O'Toole 等结合社会符号学、系统功能语法和传统话语分析等领域的研究成果提出这种理论。在国内，多模态研究始于 2003 年李战子教授对此理念的引介。李战子认为，"多模态话语可以促进外语教学改革并提供有利条件。"李战子最早将多模态话语分析框架引入教育领域，顾曰国与胡壮麟等最早研究多模态和外语教学关系。此后，李欣、胡永近、蒋超男、谢倩等诸多专家学者关注多模态与外语课堂教学。目前，国内外对多模态模式应用于教学中的研究已经处于应用实践与理论探索相结合的阶段。

一、多模态教学应用于日语听力教学的有效性

外语教学是一种多模态的学习过程，既要通过听觉、视觉等对语言知识的学习，又要掌握相应的语言技能。"多模态教学强调外语学习要调动学习者的多种感官参与语言学习，充分利用多种教学手段，如角色扮演、图片和网络等多模态符号资源，重视培养学习者的多元读写能力"。"多模态外语教学提倡教师考虑学生的特点和兴趣，根据不同的教学目的综合运用多种教学方法，如交际法、情景法、任务教学法等。教师应结合自身的教学经验和学生的水平，采用多元化的手段来呈现同一项教学内容"。由于多模态教学的有效性，近年来，日语听力教学领域的多模态现象日益引起外语听力学界的关注，已经成为一个重点研究领域。因此，从多模态教学角度来讲，如果教师在日语听力教学过程中充分利用多媒体教学资源动静皆宜的特点，将语言与形象联系起来，建立生动、形象的情景语境，就会使学生有一种身临其境的感觉，而且学生的各种语言感官同时受到刺激，将大大提高学

生的日语听力学习效率，增强教师的教学效果。因此，要实现日语听力教学改革的最终目标、提升教学质量，必须全面整合信息技术与日语听力课程教学，将多模态教学理念融于听力教学实践。

二、高校日语听力多模态教学应遵循的原则

（一）互动性原则

互动性是当代语言教学的核心原则之一，包括人际互动（师生之间、学生之间）和人机互动。"多模态日语听力教学互动可以分为主体间互动和主客间互动。主体间互动包括师生互动和学生间互动。主客间互动主要指学生与多媒体间的互动"。日语听力课堂教学过程应该是一个多向互动的过程，通过合理的人机互动和人际互动，可以促进模态之间的合理搭配，避免因滥用多媒体课件而忽视学生主体性、分散学生注意力，从而削弱教学效果。"在听力多模态教学模式下，要求教师充分利用各种符号资源，发挥各种资源模态的协同作用。"教师可以利用图文并茂的多媒体课件及日语听力内容多声资源，引导学生积极参与听力课堂教学。坚决避免单向的、教师示范学生模仿的传授交流方式。在教学过程中，既要加强人机互动，更要注重多模态语境下的人际互动，创造互动式学习环境，这一过程要注重相互合作、强调合作学习。课堂学习要强调由学生积极参与，共同讨论，共同承担多样化的角色。根据学生的接受程度，教师可侧重听力教学内容。为了确保学生的参与度，教师要特别注意将课堂教学任务延伸到课外，充分发挥技术和资源优势，强化以学习小组为主要形式的协作学习，教师可以把人机互动作为一个教学实践环节。若有时间与精力，教师可以有计划地跟踪学生的日语听力训练；若由于资源设备、教师精力的限制，教师可以组织学生开展小组合作，进行听力实践应用能力的训练。总之，教师可以充分利用媒体的空间性，为学生自主学习提供多模态的学习资源和多样性的学习实践认知体验。

（二）学生主体性原则

在多模态教学模式下，教师要从课堂主导变成课堂引导的角色，以学生为中心。在多模态日语听力教学模式中，教师首先要精心准备课堂知识，鼓励学生积极参与，注重培养学生积极参与能力。根据教学目标与内容选择合适的听力教学策略模式，在这个过程中，教师起到一个咨询者和引导者的角色，教师的辅助作用主要体现在合理设定小组、积极引导学生进入听力情景及对学生听力水平进行合理评价等方面。积极鼓励学生充分利用现有的丰富的网络资源学习日语和文化及相关知识。老师引导学生利用现有的日语学习网站、日语论坛等网络资源进行日语学习，获取最新信息，培养学生的自主学习能力，使日语听力实践练习学习朝着"不受时间地点限制"的方向发展。

教师必须掌握较为熟练的多媒体信息技术，设计出真实的、针对性强的且具有可操作性的日语听力任务。这样一来，日语听力教学能突破时间与地点的限制，由课内延伸到课外，从而激发学生的日语听力学习兴趣，调动学生的学习积极性。教师在这个过程中更多

地体现为"隐性"引导。

对学生来说，在多模态课堂教学中，学生应积极调动自身视觉、听觉等多重模态的信息，通过日语听力资源的搜集、多媒体资源的利用、教师的指导，学习与他人合作，完成日语听力知识体系的建构。在整个教学过程中，学生不仅要掌握认知过程，更要直接参与听力教学过程，增强自我专业实践应用能力。

三、多模态日语听力教学模式设计策略

（一）灵活多样的教学手段、模式

多模态教学模式坚持"听说能力的培养和训练"的基本教学理念，"多模态教学理论认为，在课堂教学活动中，教师应为学生提供交替丰富的感官刺激，创设多种教学情境，呈现出动态、交替、多样的形态特征的教学活动形态，引发学生的注意、情绪、记忆等反应，促使学习者积极利用各种感官来获取、认知和传递信息，进而建构学生自己的知识内容，共同促进教学过程的发展"。针对学生的特点，灵活使用多种教学方法，激发学生兴趣，以各种手段提高学生日语听力水平。探索融合传统教学与现代技术教学的日语听力教学模式，该教学模式基于多媒体网络环境下课堂内与课堂外听力教学相结合，以调动学生的积极性为核心，主张教师精讲、学生多练；构建交互式教学，将教师讲授法、启发式教学法、情景互动式教学等贯穿在课堂教学中。通过课堂讨论、角色扮演、模仿角色声音、跟读、学唱歌谣等形式与手段，实现"寓教于乐"的教学理念。

（二）教学内容的实践应用化

多模态教学内容强调实施更新教育观念，保持教学内容的先进性，突出实用性特色。选用内容浅显、发音清晰准确的教材，重点培养辨音、识物能力。初级阶段选用以日常生活情景为主的教材，重点训练听后应答能力。因此，教学内容改革注重新形势下的日语听力课程的教学内容、教学计划改革，大力引进原版日语视听说教材，吸取并消化国内外日语教育教学研究的新成果，课堂教学中积极推进多媒体课件的使用，课外借助网络多媒体，让学生零距离接触和感受日本节化，提高学生的日语学习兴趣和学习自主性。

教学内容不过于追求学科体系的完整性，不罗列抽象概念，而是注重实际应用，重视学生实践能力、创新精神的培养，训练学生灵活运用知识解决实际问题的技能。精选实践性、趣味性较强、反映社会现实、贴近生活的第一手日语视听内容。课堂教学内容以训练"推测""预测""选择自己所需信息""监控"等听解策略为主，旨在教会学生"怎样听"。以训练学生的听音、辨音、快速捕捉信息的能力，可以通过超链接，使学生通过点击超文本链接而阅读或观看其他相关学习资源，接触和熟悉与学生将来从事职业相关的语言情境，突出真实性、实用性。

（三）评价主体和评价形式的多元化

在多模态教学评价中，学生学习效果不能单纯依靠一次测试判断，而是需要综合评定学习者在整个学习过程中的表现，且应将评价主体和评价形式的多元化融入整个教学评价过程中。

多模态日语听力教学的评价主体包括教师、同伴和学习者本人，涵盖教师对学生的评价、同伴间的评价和学生的自我评价三个维度。除课堂观察和交流外，教师可以随时通过多媒体软件平台进行评价，如可以借用sakai学习软件平台，查看学生浏览教学资源的情况、参与讨论的次数和内容等，通过"作业"和"测验"等工具了解学生学习状态和检测学习效果，利用"问卷调查"工具获得教学反馈。

多模态日语听力教学结合了传统课堂和多媒体学习的优势，凸显学生学习的视觉、听觉等模态，既充分发挥教师的引导作用，又突出学生的主体地位。多模态教学应用于日语听力课程，使得学生不仅能够通过传统教学和在线方式进行自主学习，而且能够通过线上和线下小组讨论、合作探究活动进行同伴协作学习。除传统课堂开展的师生互动、小组活动外，网络教学平台的师生、生生交互功能一方面帮助教师对日语学生听力学习行为和学习进度进行监管；另一方面，帮助学生解决听力学习中的问题和反馈教学。多模态教学注重评价主体的多元化和评价形式的多样化，同时，为学生提供展示学习成果的平台，这种评价体系需要贯穿整个听力教学过程。

参考文献

[1][瑞士] 索绪尔 . 索绪尔第三次普通语言学教程 [M]. 上海：上海人民出版社，2007.

[2] 樊和平 . 儒学与日本模式 [M]. 五南图书出版公司，1995.

[3] 陈俊森，樊葳葳，钟华 . 跨文化交际与外语教学 [M]. 华中科技大学出版社，2006.

[4] 贾玉新 . 跨文化交际学 [M]. 上海：上海外语教育出版社，1997.

[5] 何自然，冉永平 . 语用学概论 (修订本)[M]. 长沙：湖南教育出版社，2006.

[6][日] 金田一春彦 . 日语概说 [M]. 北京：北京大学出版社，2004.

[7] 金陵 . 翻转课堂与微课程教学法 [M]. 北京：北京师范大学出版社，2015.

[8] 教育部 . 九年义务教育课程标准 [M]. 北京：北京师范大学出版社，2001.

[9][日] 高见泽孟 . 日语教学法入门 [M]. 北京：外语教学与研究出版社，2009.

[10] 吴耘 . 电影视听英语教程 [M]. 北京：北京大学出版社，2002.

[11] 张汉昌 . 开放式课堂教学法研究 [M]. 开封：河南大学出版社，2000.

[12] 山田忠雄，等 . 新明解国語辞典（第五版)[Z]. 东京：三省堂，2005.

[13] 陈岩 . 语法指导与实践 [M]. 大连：大连理工大学出版社，2010.

[14] 林璋 . 汉日语言对比研究论丛 [M]. 北京：北京大学出版社，2013.

[15] 吴薇，泉田真里 . 那些无法忘记的日剧 [M]. 大连：大连理工大学出版社，2009.

[16] 颜晓东，董博 . 日语情景口语 [M]. 上海：世界图书出版公司，2009.

[17] 王忻 . 新日语语法时体态语气 [M]. 北京：外文出版社，2001.

[18] 彭宣维 . 功能语法导论 [M]. 北京：外语教学与研究出版社，2010.

[19] 鲍海昌 . 日语表现 [M]. 北京：外语教学与研究出版社，1998.

[20] 真田信治 . 日本社会语言学 [M]. 北京：中国书籍出版社，1996.

[21] 朱京伟 . 日语词汇学教程 [M]. 北京：外语教学与研究出版社，2005.

[22] 刘元满 . 汉字在日本的文化意义的研究 [M]. 北京：北京大学出版社，2003.

[23] 李福贵 . 职场日语实训综合教程 [M]. 上海：复旦大学出版社，2012.

[24] 刘金才 . 敬语 [M]. 北京：外语教学与研究出版社，1998.

[25] 陈望道 . 修辞学发凡 [M]. 上海：复旦大学出版社，2008.

[26] 翟东娜 . 日语语言学 [M]. 北京：高等教育出版，2006.

[27] 皮细庚 . 日语概说 [M]. 上海：上海外语教育出版社，1996.

[28] 翟东娜 . 日语概论 [M]. 北京：高等教育出版社，2008.

[29] 战宪斌 . 日本语语法 [M]. 北京：外语教学与研究出版社，2007.

[30] 皮细庚 . 新编日语语法教程 [M]. 上海：上海外语教育出版社，2011.

[31] 孙义桢 . 西班牙语实用语法新编（修订版）[M]. 上海：上海外语教育出版社，2010.